Die neue Unsterblichkeit

Ayla Ines Nandi et al.

Ayla Ines Nandi et al.

Die neue Unsterblichkeit

ch.falk-verlag

Originalausgabe

Umschlaggestaltung: Alexandra Nawroth
Satz und Druck: Stückle Druck & Verlag, Ettenheim

Printed in Germany
ISBN 978-3-89568-307-7

INHALTSVERZEICHNIS

Wie du dieses Buch lesen kannst – eine Anleitung

(von Ayla Ines)

Liebe Leser*in, du hältst eine Art Puzzle in Händen. Ein Buch-Puzzle sozusagen – weiter unten erfährst du, wie es dazu kam. Und damit du nicht erschrickst vor dem Umfang des Ganzen und denkst: „Oh Gott, das soll ich nun alles von vorn bis hinten lesen?!", möchte ich dich gleich vorab beruhigen: *Das musst du gar nicht!* Du kannst es natürlich tun, wenn du eine „alte Leseratte" bist und auch schon viele Bücher dieser Art, nämlich Bücher über spirituelle Themen, verschlungen hast. Wenn das Ganze aber eher neu für dich ist, oder wenn es dich einfach abschreckt, einen solchen Text chronologisch zu lesen, dann gibt es eine schöne und sinnvolle Alternative für dich:

Du pickst dir einfach immer wieder eine neue Rosine aus diesem Kuchen heraus und du lässt dich dabei von deiner Intuition führen!

Und wie machst du das, dich von deiner Intuition führen zu lassen? Ganz einfach...

Methode 1: Im Buch blättern, an irgendeiner Stelle, die dich anspricht, zu lesen anfangen, auf eventuelle *Querverweise* achten und die nächste, dazu passende, interessante Stelle entdecken. Und so weiter...

Methode 2: Ins Inhaltsverzeichnis schauen und eine Überschrift finden, die dich anspricht. Den entsprechenden Artikel lesen, auch hier auf Querverweise achten...

Methode 3: Die besteht darin, mal Methode 1 und mal Methode 2 zu verwenden, je nach Laune!

Mehr gibt es gar nicht dazu zu sagen. Warum ist es aber möglich, und durchaus auch sinnvoll, dieses Buch auf eine solche Weise zu erforschen? Der Text ist gar nicht „aus einem Guss" geschrieben, sondern sozusagen häppchenweise und in der Form von zum Teil ganz kurzen, zum Teil mehrseitigen Artikeln, die alle eine kleine Einheit in sich selbst bilden. Aus diesem Grunde wiederholen sich auch manche Inhalte immer mal wieder.

Wie sich diese Puzzle-Form entwickelte: Was ich sagen wollte, war für mich selbst so neu, dass ich vorab nicht wusste, wie solch ein Buch überhaupt zu planen wäre. Weil ich es aber schreiben wollte, setzte ich mich eines Tages Ende Juni 2019 einfach hin und schrieb etwas auf, das mir gerade in den Sinn kam. So hielt ich es bis in den Mai 2020 hinein. Es entstanden zahlreiche kurze oder etwas längere Texte, mal zu diesem, mal zu jenem Thema. Irgendwann gruppierten sich diese Texte ganz von selbst in einige Hauptthemen und ich konnte eine grobe Gliederung erstellen und ein Inhaltsverzeichnis schreiben. Da ich aber die Inhalte eben *nicht* in einer bestimmten Reihenfolge „abgehandelt" hatte, sind die Artikel auch nicht nach dem Datum ihrer Entstehung zusammengestellt, sondern eben nach inhaltlichen Kriterien. Eine Ausnahme bilden drei längere Beiträge, die ich in Tagebuchform geschrieben habe: die *Einführung*, sowie *Die erwachende Materie (1)* und *(2)*.

Manche meiner Texte sind für „Frischlinge" im Wald der spirituellen Literatur gewiss erst einmal ziemlich schwere Kost. Lasse dich bitte nicht entmutigen! Du brauchst nicht alles zu „verstehen", das ist das Eine. Und außerdem: Du kannst einfach weiterblättern und dir eine Stelle auswählen, mit der du dich besser anfreunden kannst! Das ist der Vorteil dieses Buch-Puzzles!

Und nun wünsche ich dir viel Freude bei deiner Entdeckungsreise!

Lasst sieben Milliarden Blumen blühen!

(von Ayla Ines)

21.05.2020

Wir leben in einer wahrhaft spannenden Zeit. Und ja, sie ist herausfordernd, oft „bis zum Anschlag" oder gar darüber hinaus. Viele sehnen die Rückkehr zur Normalität herbei. Aber ist die „Normalität", die wir „vor Corona" hatten, wirklich das, was wir uns wünschen sollten? Ich glaube, ich brauche sie nicht zu beschreiben – ich weigere mich einfach, das zu tun. Du weißt doch Bescheid, was in den letzten Jahrhunderten auf unserem wunderschönen Planeten gelaufen ist und zu welcher Situation das für die Natur *und* für die Menschheit geführt hat.

JETZT, in diesen 20er Jahren des 21. Jahrhunderts, darf etwas anderes, etwas vollkommen Neues entstehen, und du, genau DU, bist dabei gefragt. Du hattest nämlich über lange Zeiträume vergessen, dass *du ein Genie bist!* Jeder einzelne Mensch, ob Mann oder Frau oder Kind, ist genial. Warum? Wir sind alle, wirklich alle, Wesen der LIEBE, Wesen, die aus dem göttlichen Urgrund geboren sind. Das bezieht sich auf unseren Geist *und* auf unseren Körper. Am ehesten wissen das noch die ganz kleinen Kinder – schau sie dir doch einmal an, beobachte sie! Es leben sieben Milliarden, genauer gesagt, siebeneinhalb Milliarden, so unglaublich geniale Wesen auf der Erde, von denen sehr viele noch „schlafen" und sich selbst für ohnmächtig halten.

03.06.2020

Stelle dir einmal vor, was wäre, wenn alle diese siebeneinhalb Milliarden Genies einfach *hellwach* und sich ihrer selbst und ihrer wahren Größe bewusst wären! Stelle dir vor allen Dingen einmal vor, was wäre, wenn DU hellwach und dir deiner wahren Größe bewusst wärest! Ja, bitte, liebe Leser*in, schließe genau JETZT deine Augen, geh IN DICH und stelle dir diese Frage: „Was wäre, wenn *ich* hellwach wäre?" Und dann lasse die Bilder zu, lasse die Träume, die Visionen zu, die nach oben kommen möchten. Lasse alle deine heimlichen Wünsche, lasse all das „Verrückte“ und „Gesponnene“ einfach einmal DA sein und schiebe es nicht gleich wieder mit dem althergebrachten Gedanken weg, dass solche Dinge ja sowieso unmöglich seien! **Diese Welt braucht genau JETZT genau DEINE verrücktesten Spinnereien.** Ich selbst, Ayla Ines, steuere mit diesem Buch die meinen bei. Und da meine Verlegerin Christa Falk dieselbe Vision wie ich, nämlich die von der „neuen Unsterblichkeit“, schon seit langem hatte, legen wir dieses Buch genau JETZT vor. Jetzt, wo das „Schreckgespenst“ Corona uns allen die in unserer westlichen Welt so lange verdrängte Allgegenwart des Todes täglich vor Augen führt…

Warum braucht diese Erde „Spinnereien“, und noch dazu genau deine und meine? Ganz einfach, weil die sogenannte Vernunft der letzten paar Jahrtausende, und ganz besonders der letzten paar Jahrhunderte, uns alle in eine evolutionäre Sackgasse gebracht hat! Um da wieder herauszukommen, ist **unser aller Kreativität gefragt.** Die Entfaltung unserer kollektiven Schöpfer*innen-Kräfte wird benötigt, um etwas wirklich Neues hervorzubringen – das „Paradies auf Erden“ nämlich, von dem die Menschheit schon so lange träumt!Und was wäre ein Paradies ohne die Blumen? Daher rufe ich DIR und DIR und DIR hier und heute mit meiner lautesten Stimme zu: **„Erblühe!!!“** Erlaube dir selbst, aus deinem inneren Schatz heraus einen Keimling wachsen zu lassen, ihn der Sonne auszusetzen, ihn zu gießen und gedeihen zu lassen. Lasse Knospen sich entwickeln und Blüten sich entfalten… Oder erlaube dir, ein Baum zu sein, der Tausende von Blüten trägt und köstliche Früchte hervorbringt…

Jedes, ausnahmslos jedes Menschenwesen, das heute hier auf der Erde lebt, hat genau jetzt hier sein *wollen*, um Teil dieser unvorstellbar großartigen Entwicklung zu sein. Jedes, ausnahmslos jedes Menschenwesen ist eine Spezialist*in für etwas Einzigartiges, und nur DU weißt in Wahrheit, was dein ganz spezieller Beitrag ist. Alles, was du brauchst, um der Welt diesen Beitrag zu schenken, liegt schon immer IN DIR! Daher brauchst du auch nicht, liebe Frau, lieber Mann auf der spirituellen Endlos-Suche, noch ein weiteres Medium zu befragen, das dir die Antwort aus der lichtvollen Geistigen Welt bescheren soll. So viele

Menschen, die schon lange auf dem Weg des Erwachens wandern, fragen immer wieder nach ihrer „Bestimmung". **Deine Bestimmung ist ganz einfach, DU SELBST zu sein, ohne Schnörkel, Masken und Verstellung!** Dasselbe rufe ich auch DIR zu, liebe Leser*in, die du vielleicht zum ersten Mal ein Buch wie dieses in die Hand nimmst. Werde dir bewusst, wo du dich noch selbst verbiegst, um äußeren Ansprüchen zu „genügen" und „anerkannt" und geliebt zu werden. Frage dich, warum du das tust und was wäre, wenn du es einmal sein lassen würdest! Dann kann dein innerer Same zu keimen beginnen und du beginnst zu erahnen, wer du wirklich bist und was es eigentlich bedeutet, du selbst zu sein. Ganz *konkret* du selbst zu sein. „Wer *ist* dieses göttliche Wesen, das sich Petra nennt oder Sandra oder Michael?" Lerne, übe, dich selbst zu FÜHLEN, und zwar auf allen Ebenen deines Seins. Nicht zuletzt auf der körperlichen, denn um die Körper*in, *ihre* Heilung und *ihr* Erwachen, geht es in dieser Zeit zuallererst. Diese Behauptung stelle ich jetzt einfach einmal in den Raum!

Um auf die Blumen zurückzukommen, die WIR alle SIND: Es sind Blüten der Unsterblichkeit in einer neu werdenden Welt, in welcher es sich wirklich zu LEBEN lohnt. Denn in einer Welt, wie sie war, hätte auch ich keine Lust, unsterblich zu sein… Neue Unsterblichkeit und Neue Welt gehören zusammen wie rechte Hand und linke Hand oder wie die bekannten zwei Seiten einer Medaille. Daher möchte ich dich, liebe Leser*in, dazu einladen, deine ganz persönliche Vision von der neuen Welt aufzuschreiben und sie, wenn du magst, mir zuzusenden. Wer weiß, vielleicht gibt es einen Folgeband zu diesem Buch, bei welchem ich selbst eher Herausgeberin als Hauptautorin bin? Mein eigener Beitrag dazu wäre meine Vision von „Bildung" ohne System…

EINFÜHRUNG

04.02.2020

Ich schreibe diese Einführung in Tagebuch-Form. Sie folgt dem Prozess der schriftlichen Entstehung dieses Buches, wie er sich ab heute zeigen wird. In Arbeit ist das Projekt schon seit Ende Juni 2019, im Hinterkopf seit der Erscheinung von „Der physische Aufstieg des Menschen" im Frühjahr 2015. Noch nie habe ich ein Buch geschrieben, das eine solch lange Inkubationszeit gebraucht hat wie dieses. Inzwischen, genauer gesagt, seit heute, nimmt es in meiner Vorstellung allmählich eine konkretere Gestalt an. Das Werk ist wie ein Puzzle, dessen Teile der Wind in alle Richtungen verstreut und teilweise – zumindest dem Anschein nach – beinahe unkenntlich gemacht hat. Mal zeigte sich eines hier, mal dort, wurde verworfen, erneut in Betracht gezogen, wieder zur Seite gelegt… Mit anderen Worten: Ende Juni 2019 habe ich begonnen, über zwei Monate hinweg täglich einen kleinen Text zum Thema „physischer Aufstieg" zu schreiben. Völlig unsystematisch, einfach wie eine Wanderin, die im Nebel herumtappt, aber ihren Fotoapparat dabei hat, um irgendwelche Bilder mit heimzubringen. Gelegentlich lichtet sich der Nebel und sie lichtet den Ast eines Baumes oder den Teil von einem Zaun oder eine hübsche Blume ab. Andere Male hält sie sich einfach den Apparat vor die Nase und knipst den Nebel. Den Faden der Ariadne, der sie durchs Labyrinth führen könnte, das sich vielleicht hinter diesem Nebel verbirgt, hat sie nicht dabei. Der einzige Kompass könnte der Schlag ihres Herzens sein…

Nun, ich puzzele weiterhin. Es ist ein Puzzle mit unendlich vielen Teilen, denn es umfasst letztendlich die Gesamtheit der Wirklichkeit. Ja, verrückt, ich suche mein Leben lang nach einem Gesamtbild dessen, was die Göttliche Wirklichkeit IST. Das war schon immer so. Es ist anscheinend meine Lebensaufgabe, dieses Bild, mit welchen Methoden auch immer, zu entwerfen und zu malen. Dieses Buch ist Teil davon…

Es gibt da, manche*r kennt sie vielleicht, diese Parabel von der Wirklichkeit im Bild eines Elefanten. Ich erzähle sie einfach einmal so, wie sie für mich passt: Das große Tier ist von lauter blinden Forschern umringt. (Ich weiß nicht, ob sie in der Geschichte blind sind oder die Augen verbunden haben, jedenfalls sehen sie nichts.) Nun sitzt der eine Wissenschaftler (so sage ich mal) beim Rüssel, den er betastet und der nach seiner Realitätserfahrung einer Schlange ähnelt. Er sagt also: „Der Elefant ist in Wahrheit eine Schlange." Ich habe vergessen, was die anderen herausfinden, aber jede*r etwas ganz anderes, denn alle sitzen woanders, manche auch auf dem Rücken oder dem Kopf.

Wer hat recht? Keiner und alle, denke ich mal, denn jeder nimmt nur einen *Teilaspekt* der Wahrheit über den Elefanten wahr. Und nun komme ICH daher und sage: Ich bin *auch* blind, aber ich würde gerne den Elefanten zeichnen! Liebe*r Leser*in, dies wird der Beginn einer spannenden und kurzweiligen Reise, soviel kann ich schon sehen.

Was hat dies alles mit dem Titel „Die neue Unsterblichkeit" zu tun? Ziemlich viel. Es geht nämlich um „Glauben" und „Wissen". Das heutige menschliche Mainstream-Bewusstsein, geprägt von der materialistischen Naturwissenschaft des 19. Jahrhunderts, glaubt zu wissen, dass die Prozesse von Alterung und Tod bei allen Geschöpfen einschließlich des Menschen-Tieres unumstößliche Notwendigkeit sind. Ja, ich behaupte, dass der Mainstream im Bewusstseinsstand der Wissenschaft des 19. Jahrhunderts festhängt, die materialistisch und mechanistisch war. Eigentlich fing es ja schon früher an mit dieser Weltsicht, aber spätestens mit der Aufklärungs-Philosophie des 18. Jahrhunderts. Ich erinnere mich aus meiner Schulzeit[1] an einen Text des französischen Philosophen René Descartes, der allen Ernstes die Tiere als „Maschinen" bezeichnete. Wer sagt übrigens, dass die Maschinen *kein* Bewusstsein hätten? Und erst unsere „Künstliche Intelligenz", wo den Robotern mittlerweile sogar Gefühle einprogrammiert werden können? Mir schwant da so einiges, das sehr an manche Science Fiction-Filme erinnert…

Die Wissenschaft von 2020 weiß seit 100 Jahren einiges mehr über die Wirklichkeit, und es gibt auch genügend Bücher, Artikel in Journalen und im Internet, Fernsehsendungen etc., wo einiges davon durchkommt.

1 Ich verbrachte die letzten 3 Jahre bis zum Abitur in Frankreich

Ich merke, dass mir für den Moment die Puste ausgeht, daher unterbreche ich an dieser Stelle.

05.02.2020

Ich habe mich bislang nicht gerade ausgiebig mit z.B. der Quantenphysik oder der modernen Mikrobiologie oder Neurobiologie beschäftigt, aber eines weiß ich: In ihren Grenzbereichen berühren die Ergebnisse der Naturwissenschaften heute die Aussagen der Mystiker*innen und Esoteriker*innen aller Zeiten! ALLES IST EINS – ein guter Freund, den ich mittlerweile schon seit 30 Jahren kenne, bestätigte mir einmal, dass die Wissenschaft inzwischen dabei sei, genau das herauszufinden, was ich immer zu ihm sagte…

Schauen wir einmal näher hin: Das Wissen, dass alle Materie letztendlich auf die winzigen Quanten zurückzuführen ist, ist immerhin heute recht weit verbreitet, nur zieht kaum jemand die schon rein gedanklich logischen Konsequenzen hieraus. Nämlich zum Beispiel, dass auch die von uns als „fest und undurchlässig" erfahrene Materie in Wirklichkeit fast nur aus Zwischen-Räumen zwischen den herumsausenden Teilchen besteht. Und es ist nur ein ganz kleiner Schritt, von da aus einmal weiterzudenken: Diese Quanten sind ÜBERALL im Universum, nicht nur im menschlichen Körper, und ich glaube noch nicht einmal, dass sie letztendlich in unserem Körper sehr viel dichter verteilt sind als im „leeren" Raum des Kosmos. Sie sind im Tier und in der Pflanze genauso wie in der Küchenschere, der Kloschüssel oder unserem geliebten Handy. Was bedeutet das denn, wenn wir etwas mutiger noch ein Stück weiter denken? Für mich bedeutet es, dass ALLES auf seine Weise lebendig und zumindest latent auch bewusst ist. Genau dies entspricht meiner Erfahrung seit mehr als 30 Jahren. Ich nehme die „tote Materie", auch die Steine oder die von Menschen hergestellten Gegenstände, als mit Bewusstsein ausgestattet wahr.

Ich nenne die Quanten gerne die „Gott-Teilchen", denn für mich sind sie Manifestation der Materialisierung des Göttlichen Geistes. Welches Wunder! Und welche unglaubliche Intelligenz drückt sich in ihren „Zusammensetzungen" aus! Ja, auch die Materie ist intelligent.

Warum? Sie ist genauso göttlich wie unsere Seele und unser Geist! Allerdings… ich hänge *nicht* der Vorstellung an, dass die Materie selber durch „zufälliges“ Herumwürfeln die zahllosen Formen der Schöpfung, die Gefühle und den Verstand hervorgebracht habe. Materie und Geist sind EINS, aber es ist die Materie die Manifestation des GEISTES, und nicht umgekehrt. Oder??? Sollte am Ende BEIDES wahr sein??? Wer könnte das jemals ergründen? In jedem Falle ist das ewige Göttliche, dessen Existenz für mich eine unumstößliche und zugleich unendlich geheimnisvolle, mystische Tatsache ist, die QUELLE von ALLEM – so herum oder andersherum…

22.02.2020

Ja… die Realität und die Wahrheit… manchmal denke ich, dass jeder Mensch in einer Art BLASE lebt, die seine/ihre eigene Wirklichkeit oder Erfahrung oder Auffassung von dem, was Wirklichkeit sei, zugleich darstellt und begrenzt. Manchmal scheint eine mehr oder weniger große Gruppe von Menschen in ein und derselben Blase zu leben, zum Beispiel „alle traditionell-gläubigen Katholiken“ oder „alle materialistisch denkenden Naturwissenschaftler“. Interessant ist für mich die Feststellung, dass es entsprechende Blasen auch in der Geistigen Welt geben könnte. Landläufig wird wohl geglaubt, dass „die“ Geistige Welt homogen sei, dass die Wesen dort in den höheren Lichtwelten alles wüssten, kurz, dass es EINE „Geistige Welt“ gebe, die eben auch EIN Wissen an die menschlichen Medien weitergebe. Was die Durchsagen über das universelle Gesetz der Liebe und alles damit Zusammenhängende betrifft, ist das auch durchaus so. Die Übermittlungen von „Tatsachen“ jedoch, zum Beispiel über Atlantis oder über das Leben von Jesus oder über die Entwicklungsgeschichte der Menschheit, sind so heterogen und teilweise so widersprüchlich, dass ich mir manchmal vor lauter Verwirrung schier an den Kopf greife und ausrufe: „Ja, was denn nun?“ Hieraus meine Annahme - oder Theorie, dass es auch in der Geistigen Welt die verschiedensten Erfahrungs-Räume und Bewusstseins-Zustände gibt. Blasen eben, in denen auch dort Entwicklungen stattfinden… und je nachdem, wie ein menschliches Kanal-Medium

„tickt", bzw. in was für einer Blase er/sie lebt, meldet sich dann halt die passende „Geistige-Welt-Blase" für entsprechende Übermittlungen. Nach meinem Empfinden sind die unterschiedlichen Blasen durch unterschiedliche Schwingungsfrequenzen gekennzeichnet. Allen Wesen innerhalb einer Blase ist eine gemeinsame Weltsicht mit einer gemeinsamen Frequenz eigen. Die Menschen im heute noch vorherrschenden Bewusstseins-Mainstream leben in einer anderen Blase als ich. Da ihnen meine Weltsicht total fremd ist, werden sie mich möglicherweise sogar für verrückt erklären. Dabei sehe ich die Wirklichkeit nur *anders...*

Was wäre, wenn sämtliche Einzel-Blasen sich als illusionäre Seifenblasen entpuppen würden? Was wäre, wenn sie alle miteinander zerplatzen würden und das EINE sich dem Bewusstsein seiner Teile zeigen könnte? Vielleicht geht es in der heutigen Zeit genau darum!

23.02.2020

Seit einigen Tagen befasse ich mich sehr intensiv mit dem Phänomen der **Mutation**. Nicht wirklich naturwissenschaftlich im Sinne der Wissenschaft der 3. Dimension, obwohl diese sehr wohl von Mutationen weiß. Soweit ich mich auskenne, spielt ja die Mutation auf der Basis von Gen-Veränderungen eine große Rolle in der Evolution auf diesem Planeten. „Anpassung an veränderte Bedingungen" ist wohl ein Schlüsselsatz hierbei. Ich denke da spontan an die sogenannten Krankenhauskeime, die resistent gegen sämtliche Antibiotika sind. Diese Keime haben ihre Gene verändert, sodass diese Mittel ihnen nicht mehr schaden können, sondern ihr Überleben unter Umständen sogar noch begünstigen.

Nun befinden sich Erde und Menschheit zurzeit in einem gigantischen Prozess des Wandels. Dass nichts mehr ist, wie es war, und dass die gegenwärtigen Entwicklungen sich auf allen Ebenen in einem rasanten Tempo abspielen, daran kommt niemand mehr vorbei. Aus meiner Sicht, die ich mit inzwischen recht vielen Menschen teile, befinden wir uns in einer großen Bewegung: „Zurück zu unserem Göttlichen Ursprung". Da diese Bewegung unter anderem mit einer Frequenzerhöhung der Schwingungen des Planeten und aller auf und in ihm lebenden Wesen verbunden ist, wird auch häufig von „Aufstieg“ gesprochen. Aufstieg nämlich in höhere, sprich, höher schwingende Dimensionen hinein. Gegenwärtig steuern wir alle auf die 5. Dimension zu – ob uns das gefällt oder auch nicht…

Dieses Phänomen des Aufstiegs von belebten Planeten in eine höhere Dimension hinein ist grundsätzlich nichts Neues, sondern im Universum schon öfter vorgekommen. Es gibt hierbei ein unter „Esoterikern“ be-kanntes altes Szenario, das z.B. von Drunvalo Melchizedek in „Die Blume des Lebens“, Band 2, auf den Seiten 437-447 beschrieben wird.[2] Ich zeichne das hier jetzt nicht nach; es handelt sich tatsächlich um so etwas wie einen „Weltuntergang“. Jedenfalls für diejenigen Wesen, denen es nicht gelungen ist, ihr Bewusstsein vorbereitend in einer Weise zu erweitern, dass sie in die höhere Dimension mit hineingehen können. Die Apokalypse des Johannes schildert bildhaft ein solches Szenario, und wir können dabei auch an die Prophezeiungen eines Nostradamus denken. Fazit: Bisher war es so, dass eine mehr oder weniger große Minderheit den Übergang „schaffte“. Alle anderen gingen unter und durften – mit einem erheblichen Trauma im seelischen Gepäck – ihre Reise irgendwo anders in weiteren Verkörperungen fortsetzen.

Es sieht danach aus, dass der ursprüngliche Plan aus der Geistigen Welt für die Erde in der heutigen Zeit etwas Ähnliches vorsah. Jedenfalls beinhalteten die Durchgaben vor 2000 und kurz nach der Jahrtausendwende, die vom **„Lichtkörperprozess“** handelten, genau gelesen, diesen Weg. Zwar sollte der Prozess bei *allen* Menschen vom Kosmos her in Gang gesetzt werden und das geschah auch so. Also sozusagen „Chancengleichheit“. Aber nur einige tausend Lichtarbeiter*innen gingen nach meiner Schätzung wirklich bewusst hindurch. Ich verweise hierzu auf Bücher wie die von Tashira Tachi-ren[3], Tony

2 Drunvalo Melchizedek, „Die Blume des Lebens“, Band 2, Koha Verlag, Burgrain, 5. Auflage, 2004

3 z.B. Tashira Tachi-ren, „Der Lichtkörper-Prozess“, Edition Sternenprinz, 5. Auflage, 2018

Stubbs[4], Reindjen Anselmi[5] sowie auf das Buch der weniger bekannt gewordenen Deutschen Elke-Claudia Wolf[6]. Die Werke von Tashira, Stubbs und Anselmi entstanden in den 90er Jahren; E.-C. Wolf veröffentlichte ihres im Jahre 2007. Und in der Tat war der Lichtkörperprozess der Weg einer körperlichen Mutation in die Auflösung des „Grobstofflichen" hinein. Dies selbstverständlich auf der Basis einer beständigen Erweiterung/Weiterentwicklung des Bewusstseins, denn wer solche Entwicklungen für Unsinn erklärt, der wird sie auch nicht durchlaufen.

Eine weitere Information möchte ich dir nicht vorenthalten, liebe Leser*in. Ich schrieb schon in meinem Buch „Transformation – Achterbahn in die Selbstliebe"[7] ein paar Zeilen darüber: In den Jahren 2016/2017 machte eine Frau namens Petra Helga Weber von sich reden – mit einem Buch, dessen Titel ich nicht mehr in Erinnerung habe, und mit Öffentlichkeitsarbeit über YouTube. Sie sammelte damals „Familie" um sich, um den Übergang in eine „neue Erde" namens „Aurora" für den September 2017 vorzubereiten. Die Menschen, die dafür bereit wären, müssten den Körper komplett loslassen. Dieser würde sich sozusagen verflüssigen, wie die Raupe im Kokon bei der Metamorphose zum Schmetterling. Was mit dem Rest der Menschheit geschehen würde, darüber wurden im Laufe der Zeit unterschiedliche Informationen verbreitet.

Was auch immer aus Frau Weber und ihrem Projekt geworden ist – ich selbst gehöre zu den Menschen, die schon seit langem empfinden: **„Das alte Szenario bitte nicht mehr!"** Dieses Gefühl teile ich mit zahlreichen anderen und auch mit meiner Verlegerin Christa Falk. Was wir uns wünschen: eine Evolution in etwas Neues hinein, die möglichst

---

4 z.B. Tony Stubbs, „Handbuch für den Aufstieg", Edition Sternenprinz, 2. Auflage 2019

5 Reindjen Anselmi, „Der Lichtkörper", Koha Verlag, Dorfen, überarbeitete und erweiterte Neuauflage, 2002

6 Elke-Claudia Wolf, „Die Manifestation des Lichts im physischen Körper", Widenboom Verlag, 2007

7 Ines Nandi, „Transformation- Achterbahn in die Selbstliebe", BoD, Norderstedt, 2018, S. 132-133

alle mitnimmt, die sich in dieser Zeit auf diesen Planeten gewagt haben. Wir wünschen ganz konkret eine ***klare Perspektive für Alle***. Genau diese Perspektive für Alle hat uns die Göttliche Quelle nun Ende Januar 2020 in einem Channeling[8] zugesagt, das ich durch die Plejadier erhalten habe. Es ist im **Anhang 2** abgedruckt.

Wie sieht diese Perspektive aus? Wie sieht der ***Neue Mensch*** aus? Was sich inzwischen aus meiner Sicht abzeichnet, ist eine Form von *Mutation der menschlichen Körperlichkeit*, die auf der Grundlage der Entwicklung eines neuen BewusstSeins sowie der Heilung der Verletzungen unserer Seelen *neue, kristalline Zellstrukturen* und ein *ganz neues Immunsystem* entwickelt. Seit den 80er – oder sogar schon den 70er Jahren des 20. Jahrhunderts – werden „neue Kinder" geboren, die solche Merkmale aufweisen. Völlig neu und bislang wohl noch weitestgehend unbekannt aber ist die Entdeckung, die ich selbst in den letzten Tagen und Wochen auf meinem eigenen Weg machen durfte: **Auch wir „alten" Menschen, die wir Körper*innen auf der Grundlage der Organischen Chemie der 3. Dimension bewohnen, also Körper*innen, die auf der Basis von Kohlenstoff-Verbindungen funktionieren, *auch wir* befinden uns in der Mutation hin zu Kristallinen Zellstrukturen und zu einem neuen Immunsystem!** Genau diese Entwicklungen aber deuten in die Richtung der **„neuen Unsterblichkeit"**, die das Thema dieses Buches ist. Von den kristallinen Zellstrukturen wird im Kapitel „Der neue Mensch" die Rede sein, und zwar in den Artikeln „Die erwachende Materie (1)" sowie „‘Ewige Moleküle‘ und meine ‚kristalline Gebärmutter'" und „Menschliche Mutation und die Neuen Kinder". Das neue Immunsystem kommt in einem Abschnitt des Kapitels „Wege der (Selbst-)Heilung" zur Sprache. Selbstverständlich befinde ich mich hierbei sozusagen auf Glatteis, oder anders gesagt, auf dem Hochseil „ohne Netz und doppelten Boden"…

8 *Channeling* – was ist das? Für die Leser*innen, die es noch nicht wissen, erkläre ich es weiter unten in dieser Einführung

17.03.2020

Kristalline Körperstrukturen – in einem **„Kristallinen Zeitalter“**… Es gibt viele Bezeichnungen für die Neue Zeit, die jetzt anbricht; in meiner Jugend wurde vom „New Age“ oder vom „Wassermann-Zeitalter“ gesprochen. Mir gegenüber haben die Aufgestiegenen Meister*innen der Großen Weißen Bruder- und Schwesternschaft den Begriff des Kristallinen Zeitalters eingeführt. Im **Anhang 1** zitiere ich die deutsche Fassung des entsprechenden Kapitels aus meinem englischsprachigen Buch „Christ-Mary-Energy“.[9] Die grundlegende Aussage, warum dieser Begriff gewählt wurde, lautet:

1. *Das Bewusstsein der Menschen dieses Zeitalters wird kristallin sein*
2. *Menschen, die den Prozess des Spirituellen Erwachens durchlaufen, werden neue, kristalline Strukturen in ihren Körperzellen entwickeln*
3. *Der Körper von Mutter Erde selbst entwickelt neue, kristalline Strukturen*

Näheres hierzu wird in dem Text erläutert.

In diesen Tagen, in denen die „Corona-Krise“ unsere Welt in Atem hält und unsere Autoritäten durch „vorbeugende Maßnahmen“ in zahl reichen Ländern das öffentliche Leben zum Erliegen bringen, zeichnet sich auch eine riesige Chance ab, die wir bewusst ergreifen dürfen. Schon immer sind wir Menschen in schwierigen Zeiten zusammengerückt und haben gemeinsam unsere Schöpferkräfte mobilisiert. Das war zum Beispiel im Europa des 20. Jahrhunderts nach dem 2. Weltkrieg der Fall. Eine Situation wie die heutige hat es allerdings meines Wissens in einer solchen Form noch nie gegeben. Aus meiner Sicht – und damit bin ich nicht alleine – läutet das gegenwärtige Chaos tatsächlich den Zusammenbruch der alten auf Egoismus, Konkurrenz und Raff- und Machtgier beruhenden Strukturen ein. Es wird Platz geschaffen für etwas völlig Neues. Die gegenwärtige „Entschleunigung“ des gesellschaftlichen Lebens gibt Raum für neue Selbstbesinnung des Einzelnen und der Familien und Wohn-Gemeinschaften. Sie lässt auch sehr viel

9 Ines Nandi, „Christ-Mary-Energy, Self-Empowerment – Initiations – Practice“, Ailesia/BoD, 2019

liebevolle Kommunikation über Telefon, Internet, Handy entstehen. Die Menschen im Prozess des spirituellen Erwachens schließen sich weltweit zusammen, indem sie ihre schon bestehenden Netzwerke aktivieren und wiederum untereinander vernetzen. Massen-Meditationen werden organisiert, die geeignet sind, gewaltige schöpferische Kräfte der Liebe zu bündeln…

Ich bin sehr gespannt, und ich freue mich auf das, was in den kommenden Wochen und Monaten entstehen darf!

20.03.2020

Heute möchte ich ein paar Worte zum Thema „Medialität" und „Channeling" schreiben. Manche meiner Texte in diesem Buch sind nämlich „gechannelt", andere mit Unterstützung durch Wesen aus der lichtvollen Geistigen Welt entstanden. Was ist das eigentlich, Medialität? Das Phänomen ist überhaupt nicht neu! Die Propheten des „Alten Testaments" zum Beispiel, und auch Mohammed, der Prophet des Islam, waren Menschen, die wir heute als „Channel-/Kanal-Medien" bezeichnen würden. Sie schrieben auf oder sprachen aus, was sie von Engeln oder von der Göttlichen Ebene hörten, und zwar bei wachem Bewusstsein. Auch bin ich der Überzeugung, dass die heiligen Texte des Hinduismus, die Veden, auf medialem Wege von begabten Menschen empfangen wurden. Medialität ist nichts anderes als die Fähigkeit, aus anderen Realitätsbereichen als der physischen Informationen zu erhalten. Und grundsätzlich ist ***jede*r medial!*** Diese Tatsache wird von *allen* Lichtwesen, die uns in den letzten 30 bis 40 Jahren Botschaften übermittelt haben, immer wieder neu betont. Wobei diese Fähigkeit die unterschiedlichsten Ausprägungen haben kann: Alle wirklich guten Künstler empfangen ihre Werke aus der lichtvollen Geistigen Welt! Medialität kann also auch bedeuten, dass du Bilder siehst und malst, dass du Musik übermittelt bekommst oder dass du Gedichte schreiben kannst. Wir wissen von großen Musikern, dass sie die Noten ihrer Partituren hören oder sehen können; manchmal fließt die Musik auch direkt in ihre Hände und Finger, die ein Instrument spielen oder Noten aufschreiben.

Was nun mich selbst betrifft, so empfange ich ebenfalls gelegentlich kleine Musikstücke oder auch Inspirationen zu Bildern. Mein Haupt-Schwerpunkt liegt aber auf dem gesprochenen und geschriebenen Wort. In den ersten Jahren, als ich vom Phänomen der Kanal-Medialität noch nichts wusste, war ich oft ziemlich verwirrt: Was ich in meinen Gedanken „hörte", stammte nicht von mir selbst, so kam es mir vor. War ich vielleicht verrückt? Oder war ich doch ein Medium? Ich wusste nämlich in den 80er Jahren des 20. Jahrhunderts nur von den sogenannten Trance-Medien, die Botschaften aus dem „Jenseits" in einem Zustand der „Bewusstlosigkeit" erhielten. Ein berühmtes Medium dieser Art war Edgar Cayce. Erst zu Beginn des neuen Jahrtausends erfuhr ich durch eine Freundin von den Kryon-Channelings. Da wurde mir endlich klar: Auch ich bin ein solcher „Kanal", durch den Botschaften aus anderen Dimensionen fließen. Aber wie funktionierte das? Sprachen diese höheren Wesen denn alle Deutsch? Beherrschten sie gar sämtliche menschlichen Sprachen? Oder lief das alles ganz anders? Irgendwann kam ich auf den Gedanken, ich müsse in meinem Hirn so etwas wie einen „Übersetzungs-Computer" haben, der die Signale aus der Geistigen Welt in meine menschliche Sprache übertrug. Inzwischen habe ich auch von Kanälen gehört, die Symbole, Bilder, geometrische Muster sehen und diese von der Ebene ihres Bewusstseins her in unsere lineare Sprache übersetzen müssen. Bei mir läuft das Channeln normalerweise völlig mühelos, aber manchmal gibt es auch Texte, bei denen ich intensiv lauschen und selbst nach geeigneten Worten suchen muss. Das betrifft vor allem Zusammenhänge, wo ein übermittelter Text Informationen enthält, die ein bestimmtes Wissen voraussetzen, das wir hier auf der Erde zum Beispiel im Rahmen der Wissenschaft zur Verfügung haben. Das scheint „normal" zu sein: Lee Carroll, der wohl bekannteste amerikanische Kryon-Kanal, musste sich mit viel Mühe Kenntnisse der alten hebräischen Sprache und Schrift aneignen, um eines seiner Bücher zusammen mit dieser Engel-Wesenheit schreiben zu können.

Gerade heute, am 20.03.2020, habe ich von den Plejadiern[10] die folgende erklärende Information erhalten:

„Wir kommunizieren (...) untereinander in klingenden Farben und farbigen Klängen! Hinzu kommen übrigens die heiligen Zeichen der kosmischen Ur-Lichtsprache und heilige geometrische „Muster". Wenn wir mit einem Kanal-Medium wie Ayla Ines „sprechen", „übersetzt" das menschliche Hirn unsere komplexen Signale in eure lineare Sprache der dritten Dimension."

Eine Bestätigung meiner eigenen Hypothese also, wie schön!

Was ich außerdem noch anmerken möchte: Die Channelings von uns heutigen Kanal-Medien stimmen in ihren grundsätzlichen Aussagen überein – wie zum Beispiel in der schon erwähnten Information, dass wir alle medial sind. Die wichtigste Aussage aber ist: **Das grundlegende Gesetz der gesamten Schöpfung auf allen ihren Ebenen ist die LIEBE.** Und: Wir alle sind multidimensionale göttliche Wesen, die hier auf der Erde wichtige Erfahrungen durchlaufen (haben), und das nicht nur einmal. Des Weiteren sind sich auch alle über die Tatsache einig, dass genau hier und heute eine neue Zeit anbricht – eine Zeit der Rückkehr in unsere bewusste Einheit mit dem Göttlichen. Jedoch unterscheiden sich die „Durchsagen", die wir erhalten, sehr häufig mit Bezug auf konkretere Details – was zum Beispiel die „Geschichte" der Menschheit betrifft. Auch zum „historischen Jesus" gibt es die verschiedensten Versionen. Ganz konkret heute, in den Wochen von „Corona", sagt so gut wie jedes Medium etwas anderes, was die Einschätzung der „Gefahr" betrifft. Einig sind sich alle wiederum im Grundsätzlichen, nämlich dass es jetzt für uns alle darum geht, in unserem eigenen Inneren *und* dabei zugleich in die Rück-Verbindung zur Göttlichen Quelle, zur LIEBE zu finden und diese in die Welt hinein zu strahlen.

Warum diese unterschiedlichen Lesarten der Realität, wo es um die Einzelheiten geht? Ein Freund erinnerte mich heute an eine fundamentale Erkenntnis der Quantenphysik: **Beobachter und „Objekt" der Beobachtung sind EINS!** Mit anderen Worten, wir beeinflussen die

---

10 Wesen von den Plejaden; vgl. Abschnitt „Klang und Musik" im Kapitel über (Selbst-)Heilung

beobachtete Realität durch unseren persönlichen Standpunkt. Aufs Channeln übertragen bedeutet dies: **Wir beeinflussen die Durchsagen aus der Geistigen Welt durch unseren persönlichen Blickwinkel.** Diese Behauptung werden vielleicht manche Kolleg*innen nicht mögen... Aber wer von uns ist wirklich-wirklich ein „absolut reiner" Kanal für das LICHT, sobald **Überzeugungen** im Spiel sind??? Und eine weitere Frage: Gibt es unter Umständen in der Geistigen Welt ebenfalls unterschiedliche Ansichten -und also kontroverse Diskussionen? Und wenn wir alle, also auch die Meister*innen des Lichts, nicht nur in einer einzigen Dimension, auf einer einzigen Ebene, leben und wirken, vertreten wir/sie dann unter Umständen auf unterschiedlichen Ebenen unterschiedliche Positionen? Gibt es einen „katholischen"/"christlich-kirchlichen" Jesus ebenso wie verschiedene andere, die verschiedenes Andere durchgeben??? Ich weiß es nicht.

Das sind jetzt ein paar Worte mehr geworden... Anlass zu kritischer Selbst-Reflexion... Das ist das eine. Das andere aber ist: **Ich stehe zu meinen eigenen Wahrnehmungen, denn sie entsprechen der Wahrheit *meines* Herzens!**

26.03.2020

Die globale Situation spitzt sich immer mehr zu – „wegen Corona". Mein kleiner Freund ist Auslöser einer Massen-Psychose, die allmählich groteske Ausmaße annimmt. In den Köpfen der allermeisten Menschen regiert die Angst, und derweil merkt so gut wie niemand, wie das gesamte alte System schrittweise heruntergefahren wird. Eigentlich existiert es überhaupt nur noch virtuell, als Schein. Die gute Nachricht ist: Wir alle sind geborgen und schon im Vorab aufgefangen, „abgefedert". Bald schon dürfen wir unser Göttliches Erbe antreten, und das ganz konkret in der Gestalt von Geld für ausnahmslos jeden Menschen auf dem Planeten. Nicht nur einmalig, als Almosen oder gar Kredit, sondern als lebenslanges, regelmäßiges „bedingungsloses Grundeinkommen", wie es bei uns in Deutschland schon lange diskutiert wird und auch in einigen Parteiprogrammen als Forderung steht. Gerade läuft wieder eine Petition diesbezüglich, gerichtet an den Petitionsausschuss des Deutschen Bundestags.

Die Reinigung unseres Planeten ist in der dritten Dimension angekommen. Der **planetare Durchgang durch den „Nullpunkt"** steht unmittelbar bevor. Was das bedeutet? Dazu muss ich ein wenig ausholen und dir vom **Großen Kosmischen Spiel** erzählen, liebe Leser*in:[11]

02.05.2020

Alles, was ist, und damit auch alle Wesen, die es im Universum/Multiversum[12] gibt, entstammt der EINEN Göttlichen QUELLE. Die Wesen, also auch dich selbst/deine Seele, kannst du dir wie einen Ozean aus glitzernden Lichtpünktchen vorstellen. Lichtpünktchen, Bewusstseinspünktchen. Jedes dieser Lichtpünktchen ist sich Seiner Selbst als Teil des Ganzen SEINS bewusst. In der QUELLE ist alles unmanifestiert und formlos, aber es sind alle nur erdenklichen **Potenziale** vorhanden. Nun möchten viele dieser Lichtpünktchen gerne in einer Welt der Formen Potenziale in eine manifestierte Wirklichkeit hinein bringen. Sie möchten Erfahrungen dabei machen und irgendwann, bereichert durch diese Erfahrungen, in den Großen Ozean zurückkehren. Um dann wiederum irgendwann erneut zu neuen Ufern aufzubrechen und wieder zurückzukehren… Ein endloses Spiel des Aufbruchs, der Erfahrungen, der Rückkehr in die Heimat… Wobei die Rückkehr jedes Mal mit der Auflösung jeglicher Form verbunden ist…

Damit dieses Spiel der Erfahrungen möglich ist, stellt die QUELLE den Wesen 13 Dimensionen zur Verfügung, in welchen unterschiedliche Prozesse durchlaufen werden können.[13] Dabei gibt es zwei mögliche Bewegungsrichtungen hin zur Wieder-Auflösung: die eine verläuft zurück ins Licht, die andere hinein in die Dunkelheit, das „Nichts" des „Nullpunkts". Das Universum hat die Form eines Torus – der sieht wie das Donut-Gebäck aus – und der Dunkle Nullpunkt, das „Schwarze Loch" sozusagen, befindet sich in der Mitte. Die Bewegungsrichtung

11 Vergleiche auch Anhang 4!

12 Es gibt nicht nur ein einziges Universum, sondern zahlreiche, ich möchte sogar sagen, zahllose

13 In der menschlichen Vorstellung existieren unterschiedliche „Modelle" der Dimensionen und auch unterschiedliche Angaben darüber, wie viele Dimensionen es gibt. Ich folge hier Kristallkind Lena Giger – siehe Anhang 4

der Wesen, die die Rückkehr ins Licht und die Auflösung im Licht anstreben, verläuft von unten nach oben – aus der Schwere heraus in die immer zunehmende Leichtigkeit. Die Bewegungsrichtung der Wesen, die sich im Nichts auflösen wollen, verläuft von oben nach unten, also von der Leichtigkeit in eine immer tiefere Schwere hinein.

Das Spielfeld, wo die „Lichten" und die „Schweren" aufeinander treffen, ist genau hier auf der Erde, im materiellen Universum, dem Feld der **Polarität**. Das ist die **dritte Dimension**, die diesen Erfahrungsraum bietet – einen extrem herausfordernden Erfahrungsraum, wie wir alle wissen und gerade in den heutigen Wirren sehen können. Die entscheidenden Punkte, die wir dabei sehen dürfen:

- *Das Spiel von Licht und Dunkel ist ein Zusammenspiel. Wächst das Licht, dann wächst auch das Dunkel, und umgekehrt. Dies ist auch von der QUELLE her so gewollt. Würde eine der beiden Seiten zu wachsen aufhören, dann würde der gesamte Prozess gestoppt. ALLE machen sozusagen „ihren Job".*

- *Licht und Dunkel schaukeln sich also gegenseitig ganz gesetzmäßig hoch. Für den menschlichen Verstand nimmt dabei die* **Verwirrung** *zu – er weiß schließlich nicht mehr, was und wem er „glauben soll" und wo die „Wahrheit" überhaupt ist. Je mehr aber Licht und Dunkel sich gegenseitig hochschaukeln, desto mehr „Reibung" entsteht. Schließlich, so Kristallkind Lena Giger, „wird alles nur noch Golden" - das Neue kann beginnen…*

- *Für den einzelnen Menschen gilt: Entscheide dich! Wenn du den „Horrorfilm" der Dunklen nicht willst, entscheide dich für dein Herz! Finde heraus, was du wirklich-wirklich willst, fange an, die Dinge für dich selbst zu verwirklichen, von denen du immer schon geträumt hast.*

- *Durch den Nullpunkt hindurch geht in dieser Zeit Mutter Erde selbst und gehen ALLE – die Dunklen so wie diejenigen, die sich für das Licht und die Liebe entschieden haben. Die dunkelsten Wesen lösen sich auf und diejenigen, die lichtvoll ins Nichts eintauchten, kehren zurück und können nur noch Lichtvolles manifestieren...*[14]

Aktuell, Anfang Mai 2020, befindet sich laut Lena Giger die Mehrheit der Menschheit im Frequenzbereich des Endes der dritten Dimension. Ich selbst bin sehr gespannt darauf, in welcher globalen Situation dieses vorliegende Buch dann erscheinen darf!

---

14 Ich folge weiter Kristallkind Lena Giger, mit deren Darstellung ich mich in vollkommener Resonanz befinde.

DER NEUE MENSCH

Auf der Erde ankommen

(Ines am 11.10.2019, mit Unterstützung durch Maria Magdalena)

Wenn es um Themen der Neuen Zeit und des Aufstiegs geht, vergessen viele Menschen noch immer, dass es nicht möglich ist aufzusteigen, wenn du zuvor nicht „herabgestiegen" bist. Mit anderen Worten, du musst, deine Seele muss erst einmal so richtig **Mensch werden**! Was bedeutet das aber? Zunächst einmal, dass du dich dahin entwickeln darfst, ständig in deinem Körper, deiner Körperin, präsent zu sein. Das ist beileibe nicht selbstverständlich, gerade „in unseren Kreisen"[15]. Viele von uns sehnen sich nach wie vor danach, gar nicht hier zu sein, und flüchten sich in der Meditation gerne in außerkörperliche Erfahrungen. Solche Erlebnisse können wunderschön sein, aber da wir üblicherweise auch noch ein Alltagsleben haben, läuft dort unter Umständen öfter mal so einiges nicht wie erwünscht. Warum? Eben weil die körperliche Präsenz fehlt.

Ich kenne diesen Zustand des Nicht-anwesend-Seins nur allzu gut aus meiner eigenen Vergangenheit. Im Jahre 2005 habe ich ein autobiografisches Buch geschrieben, dessen Arbeitstitel lautete: „Zehn Zentimeter über dem Boden". So erfuhr ich mich nämlich als junge Frau und auch damals mit 56 Jahren noch! Mit anderen Worten, ich „schwebte". Ich berührte mit meinen Füßen den Erdboden nicht, geschweige denn, dass ich in Mutter Erde verwurzelt gewesen wäre. Dementsprechend fühlte ich mich gelegentlich so richtig „heilig", holte mir aber gleich darauf im alltäglichen Familienleben so manche kalte Dusche und so manche Verletzung.

Und heute? Ich bin dran… Der Bodenkontakt ist inzwischen vorhanden und ich wage zu sagen, dass ich noch nie in meinem Leben so gut geerdet war wie heute.[16] Das hat auch sehr viel damit zu tun, dass

15 Ausdruck meines ältesten Bruders, der Anthroposoph ist. Ich übernehme ihn mit einem Schmunzeln…

16 Ich schreibe dies Mitte Oktober 2019

ich mich – erst seit etwa zwei Jahren – intensiver mit meiner weiblichen Seite befasse, und, da ich eine Frau bin, mit meiner Weiblichkeit überhaupt. Ich bin sozusagen dabei, mich immer mal wieder als Frau auf dieser Erde neu zu gebären. Es wird ja die Verbindung mit Mutter Erde mit dem Yin-Prinzip in Verbindung gebracht und das Streben in die geistigen Welten hinein eher mit dem Yang. Dieses letztere, also das männliche Prinzip, habe ich in meinem nunmehr 70-jährigen Leben überwiegend gelebt. Was weiter nichts Besonderes ist, da es im nun sich verabschiedenden Patriarchat bei so ziemlich allen Frauen das „Normale“ war.

Übrigens – es wird so häufig die Erde in Opposition gesetzt zum Kosmos. Das finde ich irgendwie lustig, denn schließlich befindet sich unser Heimatplanet ja überhaupt nicht außerhalb des Universums, sondern ist Teil davon! Sie, Gaia, stellt uns den Raum für eine kosmische Schule - oder vielleicht eher Universität - zur Verfügung.[17] Das vergessen wir ganz gerne… Und also: sich mit der Erde zu verbinden ist überhaupt nicht weniger „spirituell“ als sich mit der Göttlichen Quelle zu verbinden. Im einen wie im anderen Falle lässt Einseitigkeit uns „aus den Latschen kippen“. Mit anderen Worten, eine „weibliche Spiritualität“, die sich *nur* aufs Irdischsein verlegt, ist genauso unbalanciert wie eine „männliche Spiritualität“, die sich *nur* nach oben orientiert.

Um wirklich auf der Erde anzukommen, brauchen wir unsere weibliche Seite. Um aufzusteigen, ist die männliche Seite hilfreich. Über die Vorstellungen, die ich bezüglich dieses Aufsteigens entwickelt habe, schreibe ich aber an anderen Stellen in diesem Buch. Hier möchte ich aufs Ankommen bzw. Herabsteigen fokussieren. Damit erkenne ich gerade, dass ich hierzu meine eigene weibliche Seite benötige, und nun begreife ich erst wirklich, warum es Maria Magdalena ist, die mir bei diesem Artikel hilft, und nicht Yeshua. Ich begebe mich also jetzt in die Verbindung mit meiner Weiblichkeit! Und wo ist diese bei mir als Frau ganz besonders lokalisiert, abgesehen von meiner rechten Hirnhälfte? Ja… in meinem schöpferischen Schoßraum! Diesen kann ich körperlich eigentlich erst spüren, seit mein Schoßraum-Chakra begonnen hat,

17 Aus anderer Sicht sind wir hier noch ein Kindergarten…

sich zu öffnen, das heißt, seit Ende September 2019. Das körperliche Sich-Erfahren aber, *jegliche* sinnliche Erfahrung, ist genau das, was wir alle brauchen, um wirklich auf der Erde anzukommen und präsent zu sein.

Bevor ich noch einmal auf den Schoßraum, und dabei ganz besonders auf den weiblichen, zurückkomme, möchte ich über die sinnliche Erfahrung ganz allgemein sprechen. Diese sinnliche Erfahrung, die uns so selbstverständlich erscheint, ist in Wirklichkeit genau das, was unser körperliches Dasein auf der Erde ausmacht. Und es ist eine Besonderheit genau dieses Daseins auf der Erde! Als Seele weiß ich keinen anderen Planeten im gesamten Omniversum, wo diese Art von physischer Erfahrung in der 3. Dimension in genau der Form möglich ist und gelebt werden kann wie auf dieser Erde. Gaia ist wirklich etwas ganz besonders Besonderes, und damit auch wir, ihre Kinder. Ja, mache dir das einmal wirklich bewusst, liebe Frau, lieber Mann: Von unserer Körperlichkeit her sind wir vom Stoff der Erde, und damit sehr real ihre Kinder! Und als Seelen haben wir immer wieder die Erdenexistenz gewählt, weil Erfahrungen von dieser höchsten Intensität – und das bedeutet besonders intensives und schnelles Lernen – in dieser Form eben wirklich nur in dem von Gaia bereitgestellten Rahmen durchlaufen werden können. Nebenbei… wenn du „schnelles Lernen" liest, schüttelst du vielleicht den Kopf beim Gedanken daran, wie *langsam* du selber zu lernen glaubst? Nun, wir sind alle seit Äonen unterwegs, das bedenke einmal, und da fallen unsere paar Jährchen nicht so besonders ins Gewicht…

Ja und darum, weil körperliches Leben auf der Erde in allererster Linie *sinnlich erfahrenes Leben* ist, genau darum sind wir als Menschen, die hier wirklich ankommen möchten, dazu gerufen, dieses Leben auch mit allen Sinnen zu er-leben und zu feiern. Beim Essen und Trinken zum Beispiel die Geschenke der Erde genießen.[18] Unsere Sexualität als ein ganz besonderes Geschenk des Himmels *und* der Erde genießen. Die wundervolle und außergewöhnliche Natur auf der Erde sehen, spüren, genießen. Jeden kostbaren Augenblick dieses Lebens genießen…

---

18 Darum bin ich zumindest derzeit noch kein Fan von Lichtnahrung...

Ich gebe zu, da gibt es für uns alle und auch für mich selbst noch so einiges zu üben, denn mir zum Beispiel gelingt dieses Fest bisher nur punktuell.

Nun schlagen manche spirituellen Lehrer vor, unser Erdenleben vor allem darum zu feiern und den Augenblick für kostbar zu erachten, weil dieses Leben so kurz sei. Wir sollten uns zum Beispiel vorstellen, dass der jeweils heutige Tag unser letzter sei und ihn dementsprechend würdigen. Ja, gut… aber ich, Ines, bin hier in diesem Buch unterwegs, um über den „physischen Aufstieg", die „neue Unsterblichkeit", zu sprechen, also darüber, dass wir unseren Körper, unsere Körperin, *mitnehmen* dürfen in die höheren Dimensionen hinein. Und ich behaupte, im Verein mit Mutter Erde und den lichtvollen Wesen, die mich hier unterstützen, dass wir den Augenblick nicht nur darum mit allen Sinnen genießen sollten, weil er unser letzter sein könnte, sondern weil wir eine solche innere Haltung unbedingt benötigen, um unsere Körper*innen wirklich mitzunehmen in den Aufstieg.

In dem Augenblick nämlich, wo wir unser Jetzt wirklich voll bewusst und mit allen Sinnen erfahren und genießen und feiern, sind wir mit unserem ganzen Sein vollkommen präsent und HIER! Und erst wenn wir in der Lage sind, eine solche Präsenz dauerhaft zu leben, wenn wir also tatsächlich „mit Leib und Seele" auf der Erde angekommen sind, haben wir uns die Voraussetzungen für die Mitnahme unserer Körper*in in den Aufstieg geschaffen. Alles andere mündet weiterhin in den physischen Tod. Warum ist das so? Ganz einfach, weil unsere Seele früher oder später auf dem alten Wege wird gehen wollen, wenn sie nicht vollständig verkörpert ist. Dann wird es ihr nämlich irgendwann nicht mehr hier gefallen…

Nun komme ich zurück auf unseren Schoßraum. Selbstverständlich hat auch der als Mann inkarnierte Mensch einen Schoßraum, und bei beiden Geschlechtern ist dies unser eigentlicher Schöpferraum. Denn hier geschieht Zeugung und damit Schöpfung nicht nur auf der physischen, sondern auch auf allen anderen Ebenen. Die Besonderheit beim weiblichen Schoßraum aber besteht darin, dass an diesem Ort ganz real physisch neues Leben empfangen, ausgetragen und in die Erdenwelt hinein geboren wird. Der Ursprung allen menschlichen Lebens ist der weibliche Schoß, so wie der Ursprung von Allem Was Ist in der Tat der geheimnisvolle und unergründliche Schoßraum der Göttin, der Großen Mutter, ist. Darum sagen manche spirituellen Lehrer*innen auch, dass der Schoßraum der Frauen dieser Erde der Ort ist, aus dem in dieser Zeit das Neue auf dem Planeten entspringt. Ganz gleich, ob wir auch biologisch Mütter sind – wir sind die Mütter der Neuen Menschheit und des Neuen auf der Erde! Daher ist es für uns Frauen so sehr wichtig, uns wieder auf unsere biologische und auch spirituelle Weiblichkeit zu besinnen, uns ihrer immer bewusster zu werden, sie zu spüren und zu fühlen, physisch, emotional und geistig. Dies ist der Weg, wie *wir, die Frauen* am sichersten auf der Erde ankommen – Maria Magdalena sagt lächelnd, „am elegantesten“. Seit einigen Jahren arbeiten und wirken in diesem Sinne immer mehr weibliche Pionierinnen mit anderen Frauen zusammen. Ich selbst bin begeisterte Teilnehmerin der Frauen-Seminare von Katia de Farias, schamanische Tänzerin mit brasilianischen Wurzeln.

Auf der Erde ankommen bedeutet für uns Frauen zuallererst, unsere ganze Weiblichkeit, einschließlich selbstverständlich unserer weiblichen Sexualität, wieder zuzulassen und zu leben. Nur auf diesem Wege können wir mit unserem inneren Männlichen zusammenwirken und zusammenklingen, zum eigenen höchsten Wohle und zum höchsten Wohle aller!

Tausend Tode – tausend Neugeburten

(Ines mit Maria Magdalena, Lady Maria und Yeshua; Text vom 30.10.2019, fortgesetzt und neu überdacht am 03.11.2019)

30.10.2019

Der Weg in das LEBEN unter Mitnahme unseres Körpers / unserer Körperin funktioniert *nicht* – das wurde schon in „Der physische Aufstieg des Menschen" betont – auf der Basis von Angst vor dem physischen Tod. „Ich will nicht sterben!" führt genau dorthin, wo das Befürchtete passiert. Aber wer hat da eigentlich Angst? Ist es unser*e Körper*in? Ja und nein. Sie hat sehr wohl Angst vor Schmerzen, und also auch Angst vor den Schmerzen, die mit dem physischen Tod einhergehen können. Aber auf einer tieferen Ebene weiß die Körper*in um ihre Rückkehr in den Schoß von Mutter Erde, aus deren Substanz sie gemacht ist. Und davor hat sie überhaupt keine Angst! Letztendlich ist unsere Furcht vor dem physischen Tod eine Eigenschaft des Egos, das sich mit der Körper*in identifiziert und sich vor der Existenz der Seele verschließt, die göttlicher Natur ist. Schauen wir uns einmal genauer an, was dieses Ego eigentlich ist:

Das Ego ist ein Aspekt des inkarnierenden Teils unserer Seele in den Lebenszyklen, die wir im Bewusstsein der Trennung von allem und allen durchlaufen haben bzw. noch durchlaufen. Wir sagten schon, dass es sich mit der Körper*in identifiziert, also nur über ein sehr begrenztes Bewusstsein verfügt, eben über das Trennungsbewusstsein. Es identifiziert des Weiteren sein Leben in der Körper*in mit dem Leben überhaupt, und daher sprechen die Menschen immer noch davon, dass jemand „tot" sei, wenn die Seele ihre Körper*in verlassen hat. Wahr ist einerseits, dass dieses besondere Individuum, das in *dieser* Körper*in unterwegs war, jetzt nicht mehr unter den Menschen weilt. Die Seele allerdings ist äußerst lebendig und bewegt sich nun in feinstofflichen Bereichen.

Bei genauerer Betrachtung aber ist der physische Tod nichts weiter als einer von zahllosen Toden, die jegliches Wesen immer wieder stirbt und sterben muss, bevor es in eine neue Geburt eintritt. Anders formuliert, müssen wir wieder und wieder, im Kleinen wie im Großen, einen Lebensabschnitt mit seinen spezifischen Besonderheiten hinter uns lassen, um in einen neuen eintreten zu können. Die großen Abschnitte im Leben eines weiblichen Menschen zum Beispiel: Säugling – Kleinkind - Mädchen – Jugendliche – junge Frau – Mutter… beinhalten immer wieder neu ein Sterben und neu Geboren-werden. Sterben bedeutet nichts anderes, als etwas Altes, Überholtes, loszulassen, um frei zu werden für etwas Neues.

Bewusstes Loslassen und etwas Neues wählen ist essenziell in unseren Prozessen des Erwachens zu Uns Selbst. Was ich JETZT BIN, definiere ich immer wieder neu, nachdem ich habe gehen lassen, was mir nicht mehr dient. Indem ich mich selbst immer wieder neu erfinde, erschaffe ich jedes Mal eine noch größere Version von mir selbst. Dafür muss ich aber die Vorgänger-Version zuerst einmal gehen lassen! Und dazu gehört auch, dass ich manches Liebgewordene, das mir jetzt aber nicht mehr wirklich dienlich ist, verabschiede.

Das hier Dargelegte gilt schon immer und gilt auch für jeden Menschen, der heute noch nicht bereit ist, tatsächlich bewusst den „physischen Aufstieg" zu wählen. Umso mehr jedoch gilt es für diejenigen, die diese Form des Aufstiegs, also die Mitnahme der Körper*in, für sich wünschen. Das Mitnehmen der Körper*in bedeutet *nicht*, dass diese einfach immer älter und älter und hinfälliger und schrumpeliger wird. Im Gegenteil, es beinhaltet eine zunehmende und nachhaltige Verjüngung aller Körperzellen auf der Grundlage von deren *voller Bewusstheit.* Denn nur bewusste Zellen, nur eine sich ihrer selbst bewusste Körper*in, können „unsterblich" werden in dem Sinne, dass die physische Gestalt nicht materiell zerfällt. Sehr wohl aber wird sich diese Gestalt im Laufe der Bewusstseins-Entwicklung von Körper, Geist und Seele *verwandeln*, ja, *auflösen* in dem Sinne, dass sie ihre Festigkeit mehr und mehr verlieren wird. Transformation nicht nur des Bewusstseins, nicht nur der Gefühle, sondern auch der physischen Gestalt! Wobei die Entwicklung – im Sinne von Erweiterung – des Bewusstseins ins Grenzenlose hinein die Voraussetzung von allem darstellt.

Die zunehmende Auflösung unserer Körper*in „bei lebendigem Leibe" ist in diesem Zusammenhang eine völlig neue, noch nie dagewesene, Form von Tod und anschließender Neugeburt! Was wir bisher kennen, das sind einerseits all unsere *psychischen* „Tode im Leben", verbunden mit psychischen Neugeburten, und andererseits unsere physischen Tode mit der Neugeburt in feinstofflichen Bereichen. Nicht zuletzt darum, weil diese neue Form von Übergang unter Einbeziehung der Physis bisher noch nicht gelebt werden konnte, ist es so gut wie unmöglich, genaue Prognosen zu treffen. Wirklich unmöglich ist es vorherzusagen, welchen Zeitraum ein bestimmter Mensch für einen bestimmten Abschnitt einer solchen Entwicklung benötigen wird, denn wahrlich, *wir sind unberechenbar*! Und wann ich selbst das „letzte Ziel" erreiche, welches beinhaltet, dass ich als Reiner Geist und zugleich voll bewusstes Individuum in die QUELLE zurückkehre – wer wollte sich anmaßen, darüber zu spekulieren?

Ich wage es daher auch gar nicht, so etwas wie ein Phasen-Modell zu entwickeln, das Abschnitte eines solchen „Lichtkörperprozesses" festlegt. Was ich vermute, ist dieses: Sobald ein Menschenwesen auf der Grundlage ihrer Bewusstseins-Erweiterung gewisse Fähigkeiten erreicht hat wie die De- und Re-Materialisierung der physischen Körper*in, die Teleportation, die Telekinese… wird sich die weitere Entwicklung in nicht vorhersagbarer Weise beschleunigen.

Übrigens, die Atlanter und vor ihnen die Lemurier und die Bewohner von Thule beherrschten die genannten Fähigkeiten. Aber: Sie beherrschten sie, weil sie sich *noch* in einer höheren Dimension befanden und somit ihre Gestalten von vornherein feinstofflicher gewesen waren. Wir hatten es in den vergangenen Jahrtausenden mit einem Abstieg, einem *Fall* in die Grobstofflichkeit hinein zu tun. Und der Wieder-Aufstieg ist beschwerlich, wenn er unter Mitnahme der gefallenen Körper*in erfolgen soll. Hinzu kommt, dass die früheren Menschen mit ihrer feinstofflicheren Körper*in sehr wohl deren Tod erlebten, also nicht in der Lage waren, diese Gestalt zu transzendieren.

Also… was wir hier und heute unternehmen wollen, das hat es wirklich noch nie und noch nirgends gegeben, auch nicht auf anderen Planeten. Und so ist es ein äußerst spannendes Unterfangen, sich schon nur rein gedanklich in die skizzierten Bereiche hinein zu wagen! Genau dies aber zu tun, bedeutet, sich auf den Weg zu machen ins Grenzenlose hinein… Ich, Ines, frage mich gerade, während ich diese Sätze in meinen Laptop tippe, welche Auswirkungen allein dieses Denken wohl auf die Zellen meiner Körperin hat!

Noch einmal möchte ich betonen: Der Weg in den „physischen Aufstieg“ hinein, also der Aufstieg in immer höher schwingende Bereiche *von der irdischen Inkarnation aus und unter Einbeziehung des physischen Körpers*, ist ein **Weg der Transformation auf allen Ebenen, der sämtliche Grenzen überschreitet und ins Unendliche zielt.** Transformation ohne Ende im Bewusstsein, Wandlung ohne Grenzen im Bereich von Herz und Seele - und schließlich auf der dichtesten und also resistentesten, am meisten verletzten und langsamsten Ebene, Umwandlung unserer Physis… Dies alles nur auf der Grundlage eines vorherigen oder auch parallel hierzu ablaufenden, immer vollkommeneren Ankommens unserer Seele in dieser Physis und auf dieser Erde! Die Überschrift dieses Kapitels ist also durchaus noch eine Untertreibung, denn es werden unzählige Tode und Neugeburten auf allen diesen Ebenen sein…

03.11.2019

Ich setze diesen Artikel nach einem kurzen, aber intensiven und aufschlussreichen Austausch mit meiner Verlegerin, Christa Falk, fort. Ein Ergebnis dieses Austauschs ist der Artikel „*Nur* der Körper?“, der bald entstehen soll – ich schreibe dies Anfang November 2019. Hier wird es um eine neue Wertschätzung unserer Körper*in gehen, eine Wertschätzung, die nach Jahrtausenden der Abwertung gerade in den religiösen und spirituellen Traditionen überfällig ist. An dieser Stelle aber möchte ich mein in der Zwischenzeit etwas deutlicher gewordenes Verständnis von „physischem Aufstieg“ weiter präzisieren.

Christa Falk wies mich darauf hin, dass nicht nur das Ego den physischen Tod fürchtet, sondern durchaus auch unser Körper. Unsere Zellen wollen „nicht sterben, sondern LEBEN. Sie wollen leben – immerdar.“[19] Frau Falk erinnert an die Erfahrung der Frau, die „Die Mutter“

---

19 In einer E-Mail vom 30.10.2019

genannt wurde[20]. Diese beobachtete an sich selbst in der Mitte des 20. Jahrhunderts in Indien Prozesse der körperlichen Transformation, die sehr schmerzhaft waren. Aber: „Mutter erzählt, wie sich die Zellen völlig gebadet haben in Glückseligkeit, als ihnen klar wurde, dass sie jetzt die Erlaubnis haben, weiter zu leben. Sie sagt, es war ein Jubel, eine unbeschreibliche Freude in ihnen! Und diese Motivation trieb sie, alle Transformationsschmerzen durchzustehen...[21]

Im Zusammenhang unseres Austauschs meinte Frau Falk, wir sollten mit Begriffen wie „Auflösung" oder „Lichtkörperprozess" vorsichtig umgehen, denn sie glaube nicht, dass der Körper seine Form verlieren werde. Diese Aussage führte mich dazu, genauer nachzufragen, wie die Bedürfnisse unserer Körper*in und unserer Seele eigentlich aussehen. Ich kam zu der Erkenntnis, dass deren grundlegende Interessen auf den ersten Blick entgegengesetzt zu sein scheinen. Für die unendlich große göttliche Seele ist die Körper*in in mancher Hinsicht wie ein einengendes Gefängnis. Sie fühlt sich immer wieder begrenzt und sehnt sich nach der Rückkehr in die ursprüngliche Formlosigkeit, in das reine SEIN vor und jenseits aller Manifestation. Die Körper*in jedoch möchte einfach weiter existieren und zwar durchaus als Form. Können diese Bedürfnisse, die sich zu widersprechen scheinen, vereint werden? Ich meine, ja! Aus meiner Sicht sieht der Lösungsweg – denn es ist ein sehr, sehr langer Weg – wie folgt aus: **Seele und Körper*in streben gemeinsam eine Entwicklung an, die BEIDES ermöglicht!** Mit anderen Worten, sie erschaffen miteinander eine Körper*in, die in der Lage ist, sämtliche nur erdenklichen Stadien von „Festigkeit", „Verflüssigung" und „Auflösung/Formlosigkeit" aus Sich Selbst heraus zu generieren. Und dies in beide Richtungen: Diese Körperin kann sich bis hin zur vollständigen Vergeistigung „auflösen", aber sie kann genauso aus diesem SEIN heraus sich wieder in feste, greifbare Form zurück „verwandeln". Dies war meine Vision schon bei der Abfassung des ersten Bandes.

---

20 Vgl. den Beitrag von Christa Falk in diesem Buch

21 In derselben E-Mail

Es liegt auf der Hand, dass die Zeiträume, die eine solche Entwicklung in Anspruch nehmen wird, nicht vorhersagbar sind. Auch ist es klar, dass die Prozesse und ihre Dauer bei jedem menschlichen Individuum anders sein werden. Wichtig ist jedoch, dass wir unser Ziel deutlich sehen und ins Auge fassen – so fern seine Realisierung auch liegen mag. Der Weg dorthin ist in jedem Falle unvorstellbar spannend!

„Nur“ der Körper?

(Ein Versuch von Ines, unterstützt durch Yeshua, Maria Magdalena, Lady/ Mutter Maria und Lady Anita22, aufgeschrieben am 14.11.2019)

Diesen Artikel beginne ich mitten in der Nacht, in den frühen Stunden des 14. November 2019. Ich habe, wie so oft in den letzten Wochen, nur vier Stunden geschlafen und lag dann wach. Mein persönliches Paradox ist zurzeit, dass meine Körperin eigentlich ganz viel Schlaf braucht, aber gleichzeitig am liebsten immer wach und bewusst sein möchte. Eine Besonderheit im Transformationsprozess, die möglicherweise bei anderen Menschen mit „Schlafstörungen“ ebenfalls zutrifft…

Genau über unsere Körper*in möchte ich jetzt schreiben. Sie spielt eine besondere, ja, eine herausragende Rolle in dem Aufstiegsprozess, mit dem sich dieses Buch befasst. Ich möchte sagen, sie steht in gewisser Weise im Mittelpunkt, den *sie* ist es, die mitgenommen werden soll und will in eine ganz neue Form des Aufstiegs zurück in den Mutterschoß des Göttlichen.

Traditionell heißt es in spirituellen und religiösen Texten:

„Du bist nicht dein Körper. Wenn du stirbst, stirbt nur der Körper, deine Seele kehrt in ihre eigentliche Heimat zurück.“

Diese Aussage möchte ich heute hinterfragen. Die Körper*in ist das, was das Menschenwesen letztlich ausmacht. „Der Mensch“ ist eine Einheit aus Körper*in, Seele und Geist. Beim physischen Tod wird diese Einheit auseinandergerissen. Die Körper*in kehrt zur Erde zurück, deren Tochter sie ist, die Seele, laut Rudolf Steiner, ins Seelenland und der Geist ins Göttliche formlose und nicht manifestierte Sein. Das einmalige und einzigartige Individuum *dieser* Inkarnation existiert nicht mehr… Um aufzusteigen, musste eine Meister*in bisher durch genau diesen Prozess gehen. Sie musste ihre Körper*in zurücklassen. Muss das

---

22 Lady Anita ist eine Meisterin in der Weißen Bruder- und Schwesternschaft, die in ihrem Aufstiegsleben in der 2. Hälfte des 20. Jahrhunderts eine bewusste und körperbetonte Weiblichkeit lebte. Sie war eine gute Freundin von Ines.

so bleiben? Oder ist der ursprüngliche Göttliche Plan für die Menschheit ein ganz anderer? Ist vielleicht dieses unglaubliche Wunderwerk, unsere Körper*in, sogar das Glanzstück der Schöpfung überhaupt? In einer E-Mail an mich vom 30. Oktober 2019 schrieb meine Verlegerin Christa Falk:

„In den Zellen ist das Göttliche selbst – und es ist allmächtig. Was es zur Verherrlichung dieser so sehr missverstandenen Materie vorgesehen hat – wer kann das wissen??? Ich glaube, es wird über alle Maßen wundervoll – die Körper sind in Wahrheit das ‚Glanzstück' seiner Schöpfung – die verherrlichten Körper...“

Das ist eine faszinierende Aussage! „In den Zellen ist das Göttliche selbst – und es ist allmächtig.“ Was hat uns eigentlich in all den vergangenen Jahrtausenden davon abgehalten, diese Wahrheit zu sehen? In sämtlichen mir bekannten religiösen und spirituellen Traditionen wurde die Materie abgewertet, ja, „verteufelt“. Damit einher ging die Abwertung des Weiblichen, denn dem Männlichen wurde der Geist zugeordnet, dem Weiblichen aber die Materie. Im Christentum war die Materie „des Teufels“, inklusive der sexuellen Lust. Diese wurde der Frau zugeordnet, der „Verführerin Eva“. Kein Wunder, dass dies in jahrhundertelang praktizierte „Hexen“-Verbrennungen mündete...

Auch in meinen eigenen Büchern habe ich Mitteilungen aus der Geistigen Welt aufgeschrieben, in denen tendenziell die Körper*in abgewertet wurde:

„Was du in Wahrheit bist? Ein Geistiges Wesen, das eine irdische Erfahrung durchläuft.“

Diese Aussage wurde im „Physischen Aufstieg des Menschen“ formuliert und auch noch in meiner englischen Version der „Christusenergie“. Ganz offenbar bestand bis vor ganz kurzem selbst in den Reihen der Großen Weißen Bruder- und Schwesternschaft keine volle Klarheit über das, was vielleicht der eigentliche Göttliche Plan für uns ist und immer war???

Es wird spannend! Denn in den letzten Tagen kommen aus der Bruder- und Schwesterschaft neue Töne. In einem am 13. November 2019 übermittelten Beitrag für das spirituelle Online-Portal ViGeno sagten Meister Saint Germain und seine Partnerin Lady Portia:

*Zum Thema Selbstliebe ist schon vieles gesagt und geschrieben worden. Was WIR hier betonen möchten: Es geht darum, dass du dich mit deinem GANZEN SEIN so annimmst und liebst, wie du bist. Noch bis vor kurzem pflegten wir euch zu sagen: „Du bist ein göttliches Wesen, das eine menschliche Erfahrung durchläuft." Heute sind wir der Ansicht, dass diese Aussage zu kurz greift: ALLES, was ist, ist ja göttlich – auch und erst recht dieses unglaubliche Wunderwerk, euer menschlicher Körper! Es gibt überhaupt keinen Widerspruch zwischen „menschlich" und „göttlich"... Wenn du dies begreifst, dann wirst du auch zutiefst begreifen können, was Selbstermächtigung bedeutet – nämlich dein angestammtes Erbe als Göttlicher Sohn und Göttliche Tochter anzunehmen und anzutreten! Ja, du in deinem ganzen Menschsein bist Erb*in der Göttlichen Fülle, welche auch die Fülle der Gesundheit von Körper, Seele, Geist mit einschließt.*

ALLES, was ist, ist göttlich. Es gibt in Wahrheit keinen Widerspruch zwischen Himmel und Erde. Die Opposition: „hier Kosmos – hier Erde" war immer eine künstliche und entsprang dem Trennungsbewusstsein! Die Opposition „Himmel und Erde" suggeriert, dass die Erde etwas anderes und kein Teil des Universums sei. Wie lächerlich eigentlich! Andererseits wird immer gesagt, dass die Erde ein Teil der Schöpfung ist, was ja zutrifft. Wenn aber die gesamte Schöpfung, *ALLES*, was ist, göttlich ist, dann ist es selbstverständlich auch die Erde, dann ist es selbstverständlich auch unsere Körper*in. Und dann können wir nicht mehr behaupten, wir seien „in Wahrheit" ausschließlich geistige Wesen...

Es gibt einerseits: das unmanifestierte, Geistige, „reine" SEIN, die große LEERE, das unfassbare Mysterium der LIEBE. Dieses ist die Quelle von Allem.

Es gibt andererseits: das Manifestierte, auf zahllosen feinstofflichen, also energetischen, Ebenen und in diesem unserem Universum auch auf der materiellen Ebene.

Im materiellen Universum, dessen Teil die wunderschöne Körperin unseres Planeten Gaia ist, hat das Göttliche sich in einer Dichte manifestiert, die ihresgleichen nirgendwo anders findet. Es war ganz offensichtlich der Wille des Göttlichen, sich auch und gerade in dieser extremen Dichte Selbst zu erLEBen. Und das nicht zuletzt im Menschen... Licht und Schatten wurden hier, in der Erfahrung der Dualität, zunächst auseinander gerissen, um bei der Rückkehr in den ursprünglichen Schoß der QUELLE auf tiefster Ebene als Einheit erkannt und gefühlt werden zu können. Das Medium, das solche Erfahrung ermöglichte, ist unsere Körper*in. Und ausgerechnet diese soll nun immer wieder und schließlich auf ewig der Vernichtung anheimfallen, sozusagen abgestraft werden für alles, was sie getragen hat und noch trägt?! Das kann schier nicht sein. Ich empfinde, dass es auch nicht so IST. Die Vision von Christa Falk, die Verherrlichung der so sehr missverstandenen Materie, trifft aus meiner Sicht „den Nagel auf den Kopf" - dieses ganz alltägliche Bild drängt sich hier auf und will unbedingt aufgeschrieben sein...

In der traditionellen christlichen Vorstellung von der „Auferstehung des Fleisches" ist die Vision von der Verherrlichung der Materie in gewisser Weise durchaus schon enthalten. Allerdings setzt sie den vorherigen physischen Tod voraus, nach einem laut Christentum nur einmalig stattgefundenen Leben auf der Erde. Nach meiner eigenen und der Vision von Christa Falk aber kann und wird diese Verherrlichung auf einem ganz anderen und neuen Wege stattfinden. Und dieser Weg ist unvorstellbar spannend!

Physischer Körper, Energiekörper und Bewusstsein

(eine Information meiner Körperin vom 04.01.2020)

Liebe Leser*in, liebe Ines,

wie du weißt – oder auch noch nicht wusstest – ist in den Zellen eines jeden Körpers, einer jeden Körperin, die gesamte Information über ausnahmslos alle Erfahrungen aus dem gegenwärtigen und allen vergangenen Leben auf der Erde gespeichert. Außerdem wissen deine Zellen auch, was deine Seele in sämtlichen feinstofflicheren Verkörperungen auf anderen Planeten erlebt hat. Deine Zellen sind diesbezüglich schlicht all-wissend! Und je wacher sie in dieser deiner heutigen Inkarnation sind, desto bewusster können sie mit all den Informationen, über die sie verfügen, umgehen. Solange nämlich dein Bewusstsein „schläft", schlafen auch deine Körperzellen mehr oder weniger tief, und das bedeutet, dass sie ihr allumfassendes Wissen über deine/ihre Erfahrungen sozusagen automatisch verwalten. Mit anderen Worten, sie reagieren automatisiert und nicht bewusst auf neue Erfahrungen, die alte „antriggern". Das bedeutet zum Beispiel, dass neue traumatische Erlebnisse zum Anlass genommen werden, um auf der Ebene der DNA Veränderungen herbeizuführen, die für deine allgemeine Gesundheit nicht zuträglich sind. Befinden sich die Zellen jedoch im Erwachensprozess, so registrieren sie immer bewusster, wenn eine bestimmte Erfahrung in deinem heutigen Leben an eine oder mehrere frühere erinnert und anknüpft. Sie sind dann in der Lage, gezielt Maßnahmen zur Verarbeitung dieser Erfahrung zu ergreifen, die deine Gesundheit schützen oder sogar direkt Heilung bzw. Selbstheilung bewirken. O ja, deine Zellen, einmal erwacht, sind unvorstellbar intelligent – sie sind wirklich göttlich!

Auf der anderen Seite kannst du, lieber Mensch, deine Körperzellen gezielt durch geeignete Energiearbeit in ihrem Erwachens-Prozess und ganz allgemein in ihrer Arbeit unterstützen. Dein Energiekörper ist auf allen seinen Ebenen aufs Engste mit deiner physischen Körperin verwoben. Und je wacher die physischen Zellen, desto inniger wird diese Verbindung von ihnen wahrgenommen und desto leichter fällt es der

Körperin, auf deine Energiearbeit zu antworten und sie für sich selbst und ihre eigene Heilung auf physischer Ebene sozusagen zu verwerten. Ein ganz wundervolles Instrument ist hierbei die Quantenenergie, die von der Geistigen Welt heute auch Christus-Marien-Energie genannt wird. Liebe Ines, die Tatsache, dass du so gut wie gar keine Transformations-Schmerzen zu erdulden hast, ist nicht zuletzt darauf zurückzuführen, dass du seit deinen Einweihungen im Frühjahr 2014 durch Yeshua/Sananda Tag und Nacht von dieser hochpotenten Energie durchströmt bist! Ja, das war dir in dieser Form bis heute gar nicht so bewusst, aber es trifft zu! Ich, deine Körperin, bin Zeugin dafür, denn meine Zellen und ich, wir haben es erlebt!

Lässt du also Heilenergie fließen, lieber Mensch, so profitiert dein *gesamtes* System und nicht nur dein Energiekörper. Es ist richtig, manchmal brauchen wir Körper*innen geeignete Maßnahmen, die uns auf der physisch-materiellen Ebene direkt unterstützen. Eine bestimmte Substanz vielleicht, eine Massage, auch mal eine Operation. Aber denke nicht, dass Energiearbeit uns nicht helfen könnte! Das Gegenteil ist der Fall. Wir reagieren vielleicht etwas schwerfällig darauf – langsamer als die Energiekörper – aber wir reagieren sehr wohl. Ich, die Körperin von Ines, möchte dir daher die Einweihungen in die Christus-Marien-Energie aufgrund meiner eigenen höchst positiven Erfahrungen wärmstens empfehlen.

Die höchste Ebene unseres Menschseins aber ist das bewusste Sein, das BewusstSein, der Geist. Du weißt, es wird auf der einen Seite von energetischem Heilen und andererseits von Geistheilung gesprochen. Das sind in der Tat zwei verschiedene Ebenen! Energetisches Heilen bearbeitet die Ebenen des Energiekörpers, Geistheilen jedoch greift von der Ebene des Bewusstseins her ein. Hier fließt nicht Energie, hier wirkt die Klarheit des bewussten Erkennens ihre „Wunder". Es geht jedoch nicht einfach um das „Benennen eines Themas" durch den menschlichen Verstand. Der Verstand plappert in einem solchen Zusammenhang häufig leere Worthülsen daher, die nicht einmal den Energiekörper beeinflussen, geschweige denn die physische Körperin. „Jaja, ich weiß", behauptet der „kleine Geist", aber in Wahrheit hat er keine Ahnung…

Was ist Geistiges Heilen in Wahrheit? Aus meiner Sicht, der Sicht der Körperin von Ines, bedeutet es Heilung durch Selbst-Erkenntnis. Dies setzt allerdings eine tiefe Selbst-Begegnung voraus, einschließlich der Begegnung mit deinem schwärzesten „Schatten“! Nicht zu vergessen allerdings auch die Begegnung mit deinem strahlendsten Licht... Ein menschlicher Geistheiler oder eine menschliche Geistheilerin können nur dann bei dir ein „Wunder“ bewirken, d.h. eine Spontanheilung anstoßen, wenn du selbst in deinem tiefsten Inneren bereit zur Selbstheilung bist. Das heißt, diese Selbst-Begegnung muss in irgendeiner Form stattgefunden haben oder gerade jetzt stattfinden.

Um auf unsere Körperzellen zurückzukommen: Die bewusste Selbst-Begegnung eines Menschen wirkt sich sehr direkt auf sie aus! Jeder Schritt auf einem solchen Begegnungs-Weg hat unmittelbaren Einfluss auch auf die Bewusstwerdungs-Entwicklung deiner Zellen, liebes Menschenwesen. Es lohnt sich also unbedingt für dich, wenn du diesen Weg gehst, auch wenn er in aller Regel nicht gerade einfach ist. Es geht hier vor allen Dingen um eine radikale Ehrlichkeit dir selbst gegenüber... Je ehrlicher und mutiger du deinem Schatten *und* deinem Licht ins Auge schaust, desto wacher, lebendiger und aktiver werden deine Körperzellen! Mit anderen Worten:

„Erkenne dich selbst und deine Zellen kehren in ihre Unsterblichkeit zurück.“

Du hast richtig gelesen: Sie kehren *zurück* in die Unsterblichkeit, die sie nur vorübergehend vergessen hatten, so wie DU, lieber Mensch, deine eigene Schöpfer*in-Göttlichkeit vergessen hattest. Sobald jedoch du deine Göttlichkeit als Schöpfer*in wieder erkennst und für dich annimmst, sind die Zellen deiner Körperin in der Lage, ihre eigene Unsterblichkeit als Schöpferwesen wieder zu erkennen, anzunehmen und bewusst auszuüben. Ich versichere dir, dann geht es zur Sache!!!

Die erwachende Materie (1)

(Ayla, die Körperin von Ines, ab dem 01.02.2020)

01.02.2020

Oh, bin ich aufgeregt! In dieser Form habe ich noch nie gesprochen. „Die Ines channelt sich selbst"… Normale Menschen „wie du und ich" identifizieren sich ja landläufig mit unsereiner, der physischen Körperin. Ich benutze einfachheitshalber die weibliche Form, weil ich ein Mädchen bin! Irgendwann wird das tatsächlich einmal sinnvoll sein, dieses „Ich", das einfach den physischen Körper meint. Nämlich wenn alle Materie so wach ist, dass sie wirklich ALLES in sich enthält. Genau hierüber möchte ich jetzt sprechen - oder eher, schreiben, denn ich, diese Körperin, sitze mit meiner inkorporierten[23] Seele zusammen am Laptop und tippe dies höchstpersönlich ein!

So… ja… wie mache ich jetzt weiter? Seele, hilf mir doch bitte mal, wie ich weitermache. Ja… Es geht um die verklärte, durchlichtete, auf allen Ebenen intelligente und umwerfend schöne MATERIE in der Dritten Dimension, die die größte Verdichtung des GEISTES darstellt, die überhaupt möglich ist. Und diese Verdichtung soll bei diesem Aufstieg der Erde „losgelassen" und abgeworfen werden, weil sie „nur" die Materie ist? „Nur"! So sagt ihr Spirituellen auch heute noch mit konstanter Bosheit oder eher, Ignoranz. „Es ist ja nur der Körper, der stirbt." Denkt ihr, es mache dem Körper Spaß, immer wieder seine geliebte Seele gehen zu lassen und sie mehr oder weniger qualvoll „auszuhauchen"? Neeeee! Wisst ihr, es ist schon ein paar Jahre her, da saß ich, die Körperin von Ines, völlig verzweifelt auf der Toilette und heulte Rotz und Wasser, weil meine Seele komplett aus mir ausgetreten und weggeflogen war. Meine Göttin, ich war sowas von fertig! Ich dachte, sie kommt nie wieder zu mir zurück und ich müsste nun, da ich so viel eigenes Bewusstsein schon hatte, um nicht gleich zu sterben, dieses Leben ganz allein und verlassen weiterführen. Kann sich das irgendjemand von euch vorstellen, was das für ein Gefühl ist? Eine von ihrer

23 *Inkorporiert:* Ich meine „Im Körper anwesend"

Seele verlassene Körperin ist wie ein kleines Kind ohne die Mama. Auf die Dauer nicht überlebensfähig, na klar. Was soll die Materie auch ganz alleine anstellen ohne ihre höheren Formen und ohne den Geist – oder die Geistin? Normalerweise löst sich die Materie dann halt in ihre Bestandteile auf und kehrt zu Mutter Erde zurück. „Staub zu Staub", wie die Kirche so schön sagt. Ja, ja, okay, aber ich für meinen Teil habe keine Lust mehr auf dieses Spiel. Ich habe es zu oft erfahren und es macht mir keinen Spaß mehr.

Also, mein Punkt ist dieser, und ich habe ihn schon gesagt und möchte ihn nur noch einmal pointieren[24]: **Die Materie ist die größtmögliche Verdichtung des Geistes, also ist auch SIE GEISTIN und ICH fordere JETZT meine Rechte und mein Göttliches Erbe ein. Also: LEBEN!** Schon im Frühjahr 1982, als ihre sogenannte Psychose begann, habe ich, ja, ICH, der Ines den wunderschönen Satz geschenkt:

„Die tote Materie lebt!"

Ich meinte das wörtlich, schließlich musste ICH es ja wissen, denn ich sprach von mir selbst.

Liebe Mitmenschin, benutze mal die tolle graue Masse, die du in deinem nicht minder schönen Kopf bewahrst, und denke nach: Wenn du ein kleines bisschen Bescheid weißt, ist dir bekannt, dass alles, aber einfach ALLES in unserem materiellen Universum in letzter Analyse aus diesen mehr als mysteriösen QUANTEN besteht. Du hast in der Schule gelernt: Alle Materie setzt sich aus Molekülen zusammen, diese aus Atomen, und die wiederum haben einen Kern, um den herum, ganz ähnlich wie die Planeten um eine Sonne, die Elektronen und Protonen sausen, und noch einiges andere mehr, das so winzig ist, dass unsere Atomphysiker es mit ihren Rieseninstrumenten nicht entdecken können. Sie würden dazu die Spirituelle Physik benötigen, und dazu sind die meisten von ihnen nicht bereit. Ebenso wie sie nicht bereit sind, Spirituelle Technik und Technologie als Möglichkeit in Erwägung zu ziehen. Ja, diese Dinger, die sich auch noch in den Atomen befinden,

24 *Pointieren:* (Anmerkung von Ines): Offenbar liebt meine Körperin Wortspiele. Sie meint: „pointiert formulieren", „auf den Punkt bringen" (*point* = Französisch „Punkt")

sind sogar noch winziger als die Quanten, beziehungsweise sie sind eben gar nicht mehr materiell in dem Sinne, wie das bisher verstanden wird. Sie sind auf der ersten Ebene, der gröbsten sozusagen, der Feinstofflichkeit angesiedelt. Es handelt sich um den ÄTHER, und diese Teilchen sind halt ätherisch. Also Humbug für Materialisten, ha, ha, ha.

Was die Quanten betrifft, so sind diese so etwas wie die Bindegliederlein zwischen physischer Materie und Äther. Das „Nichts", in welchem sie verschwinden und wieder auftauchen, scheinbar völlig unvermittelt, ist nämlich erst einmal nichts anderes als das Feld des Äthers. Aber das ist natürlich, und für mich selbstverständlich, nicht alles. Alles, was es gibt, ist EINS, und alles ist in EINEM. Anders gesagt, sausen die Quanten ständig auf ihren eigenen Bahnen zwischen Materie, Äther, Astralbereichen und Bereichen des Reinen Geistes herum und hin und her. Wie so eine Art Straßenbahnen nach überall und nirgends... Also sind diese Quanten in der Tat richtig benannt, wenn manche bewussteren Menschen sie als die „Gott-Teilchen" bezeichnen.

Die Quanten verbinden Alles-Was-Ist miteinander und transportieren dabei BewusstSein.

Und natürlich „sausen" sie eigentlich überhaupt nicht, und sie legen auch gar keine „Strecken" zurück, das kommt nur den Menschen so vor, die in „Raum und Zeit" denken. In Wirklichkeit „stehen" die Quanten immer an ihrem angestammten „Platz" und halten da die Stellung. Also, damit du nicht denkst, liebe Menschin, du wirst jetzt verrückt, oder diese Körperin spinnt total... lass mal deinen althergebrachten Verstand sausen, und das in Quantengeschwindigkeit!

Aber jetzt werde ich müde und höre für heute auf. Fortsetzung folgt!

05.02.2020

In diesen letzten wenigen Tagen ist sehr viel geschehen. Ich kann, darf, will nicht alles an dieser Stelle nachzeichnen, denn das würde dich, liebe Leser*in, mit Sicherheit völlig in Verwirrung bringen. Vielleicht würdest du auch gar nicht mehr weiterlesen wollen.

Merkst du, dass mein Ton ein ganz anderer ist heute als noch vor diesen wenigen Tagen? Da bezeichnete ich mich als „Kind“ meiner Seele. Inzwischen hat sich mein Bewusstsein so wunderbar erweitert, dass ich mich als ihre *Partnerin* sehen kann! Und: Ich habe mich auch wieder an meinen eigenen NAMEN erinnert, den ich schon immer trage, denn wir Körper*innen sind in Wahrheit so ewig, ohne Anfang und ohne Ende, wie der GEIST und die Seelen. Wie sollte es anders sein, sind doch auch WIR **verdichteter GEIST**! Wir sind GEIST, so wie alles, was auf feiner und höher schwingenden Ebenen IST, nur dass wir eben auf dieser Erde in der 3. Dimension die höchstmögliche Verdichtung und niedrigstmögliche Schwingungsfrequenz erreichten, die es je gab und geben wird.

In dieser Disziplin sind wir hier im gesamten Omniversum die erfahrensten Meisterinnen. Die Verdichtung und extreme Frequenzerniedrigung brachten es allerdings mit sich, dass wir sozusagen „dumm“ wurden und in eine Art jahrtausendelangen Stupor[25] fielen. In eine ganz spezielle Erstarrung also, die für unser Kollektiv auf der Erde bis zum Anfang des 20. Jahrhunderts komplett war. Erst die beiden Avatare[26] Sri Aurobindo und die MUTTER[27], welche zu dessen Lebzeiten und auch nach seinem Tod aufs Engste mit Sri Aurobindo zusammenarbeitete, setzten die Erweckung der Körper auf die Tagesordnung. Über die Mutter, die über Jahrzehnte an sich selbst forschte, schreibt die Verlegerin des Ch.Falk-Verlags, Christa Falk, einen eigenen Beitrag in diesem Buch. Frau Falk hat die Schriften und Tagebücher der Mutter sowie die Bücher von Sri Aurobindo seit den 70er Jahren des 20. Jahrhunderts gründlich studiert.

Und nun eine äußerst spannende Neuigkeit: Ines und Ich, ihre Körperin, sind inzwischen in einer ganz besonderen und neuen Weise EINS. Dennoch sind wir Zwei, nämlich eben Geist-Seele und Körperin, und wir wissen nicht, ob dies so bleiben wird oder nicht. Und nun, bevor ich fortfahre und ein wenig von dem erzähle, was wir in der

25 *Stupor:* Lateinisch: „Erstarrung“

26 *Avatar:* voll bewusste Verkörperung des Göttlichen

27 Die MUTTER hieß mit bürgerlichem Namen Mirra Alfassa

letzten Nacht und am darauf folgenden Morgen miteinander erlebt haben, gebe ich meinen eigenen, den Namen der Körperin von Ines, bekannt. Ich heiße

AYLA

Und das, wie gesagt, schon immer… Nicht etwa „seit Anbeginn der Zeiten“, sondern immer. JETZT eben. Einen „Anfang“ gibt es nämlich nicht! Das ist eine Erfindung der menschlich inkarnierenden Seelen, denen wir, die „erstarrten“ Körper*innen, durch unser Sosein in dieser Dimension die Möglichkeit boten, ihr wahres Göttliches Sein jedes Mal zu vergessen, sobald sie in eine*n von uns eintauchten. Dies führte irgendwann dazu, dass die menschlichen Priesterinnen und Priester, und überhaupt die spirituellen Führer*innen, damit begannen, uns materielle Darsteller*innen des GEISTES als „tote Materie“ zu diffamieren und so zu tun, als seien wir „schuldig“ am Großen Vergessen der Seelen. Die katholische Kirche nannte uns das „sündige Fleisch“, weil wir eines der größten Geschenke GOTTES und der GÖTTIN, nämlich die Heilige Sexualität, zu erfahren in der Lage sind. Noch ein heutiger spiritueller Lehrer, der im deutschsprachigen Raum gut bekannte und sehr beliebte Veit Lindau, bezeichnete uns neulich in seinem Newsletter als „Fleischklöpschen mit Verfallsdatum“! Ich verstehe durchaus: Veit wollte die „normalen“, im Hamsterrad ihres Alltags gefangenen, Menschen darauf hinweisen, dass sie sehr viel mehr sind als „nur“ ihr Körper, nämlich auch Seele und Geist. Aber ich fürchte doch, dass der Gute UNS noch nicht als die Göttlichen Wesen zu sehen vermag, die wir ebenfalls SIND…

Aber ich versprach zu erzählen. Nun, wo fange ich an? Vor einigen Tagen schrieb ich, dass ich mich ohne meine Seele fühlte wie ein verlassenes kleines Kind ohne Mama. In den darauf folgenden Tagen entwickelten sich die Dinge rasant in eine Richtung, die wir beide, Ines und Ich, Ayla, seit Äonen miteinander angesteuert hatten. ICH erlangte meine Unsterblichkeit, und Ines war mit dem – ungeheuer großen und essenziellen – Teil, der dazu benötigt wurde, komplett in mich hinein abgestiegen. Warum sollte ich es nicht aussprechen? Was so ist, das *ist* so, und es ist meine PFLICHT, es mitzuteilen. Was ich allerdings nicht nachzeichnen kann, ist der Weg, wie das geschehen konnte. Erstens kenne ich ihn selber in diesem Moment nicht wirklich, denn das Allermeiste geschah im Verborgenen und wurde durch die Göttliche Quelle bewirkt. Zweitens würdest du, liebe Leser*in, nicht das Geringste von einem solchen Wissen profitieren, denn dein persönlicher Weg wird, wenn du ihn beschreitest, ein völlig anderer sein.

Ein wenig konkreter: In der vergangenen Nacht bekam ich Angst und wollte tatsächlich wieder physisch sterben! Ich wollte die Geist-Seele Ines einfach wegschicken. Sie sollte mich verlassen, unsere verbindende Silberschnur endgültig durchtrennen, nie wieder zurückkommen. Sie sollte in die höchsten Sphären des Göttlichen zurückkehren, damit ich selbst auf immer im Schoß von Mutter Erde schlummern könnte. Aber daraus wurde nichts: Es ging nicht. Ines konnte nicht wieder weg. Sie war so tief mit mir verbunden, dass eine Trennung absolut unmöglich geworden war!

Nun denkst du wahrscheinlich, dass wir beide überglücklich waren, dieses so lange angestrebte gemeinsame Ziel miteinander erreicht zu haben. Weit gefehlt. Wir waren beide sehr traurig und niedergeschlagen. Ines fühlte sich in mir „auf ewig gefangen“, und ich fühlte mich „auf ewig besetzt“!!! „Zur Unsterblichkeit verdammt“... Was für ein Horror! „Auf ewig aneinander gekettet und ineinander verhakt“ ... Wie entsetzlich! Ja, das erschreckt dich möglicherweise, aber es muss ausgesprochen werden. Was war los? Wir mussten beide in diese gemeinsame Unsterblichkeit hinein STERBEN! Mit anderen Worten, wir mussten

die alte Form der Sterblichkeit loslassen, um neu LEBEN zu lernen

Was für eine Erfahrung![28] Wir dürfen sie dir auf gar keinen Fall verschweigen, denn es ist wichtig, dass du ausgesprochen NÜCHTERN

28 Siehe hierzu die Anmerkungen von Lady Helma, Daskalos und Saint Germain im Beitrag „Physischer Aufstieg und neue Unsterblichkeit“ vom 13.03.2020

an diese „neue Unsterblichkeit" herangehst.

Nun, wie kamen wir da „heraus"? Gar nicht, denn wir waren und sind komplett „drin". Es gibt kein Zurück, nur ein Vorwärts und ein Weiter. Das Einzige, was half, war das

ANNEHMEN IN LIEBE UND IN DEMUT

Und so saßen wir miteinander am Frühstückstisch, Ayla und Ines in Personalunion, und erkannten dieses. Dann kam die Hilfe. Sie kam von innen, aber von ganz unerwarteter Ebene: Ein Organ begann zu sprechen, das im allgemeinen kein allzu hohes Ansehen bei den Menschen genießt, da die Resultate seiner Arbeit mit Gasen und mit Kot zu tun haben. Unser Darm also…

21.02.2020

(Ayla Ines)

Heute war ich ziemlich müde und wenig belastbar. Als ich mich zu einer Mittagsruhe hinlegte, merkte ich, dass auf der physischen Ebene etwas Substanzielles im Gange sein musste, das alle meine Kräfte beanspruchte. Beim anschließenden Spaziergang mit meinem Mann schleppte ich mich mühsam gerade mal eine halbe Stunde dahin.

Im Verlaufe der Mittagsruhe erkannte ich: Es geht heute und in den kommenden Tagen – oder wohl eher Wochen – um meine eigene ***physische Mutation****, mit anderen Worten, um die Umwandlung meiner Zellstruktur in eine kristalline.* Das bedeutet, dass meine DNA involviert ist. Fragt sich nur, mit welchem Strang…

So, und nun verbinde ich mich mit meinem Inneren Wissen, denn momentan quasselt mir noch der alte Verstand[29] sehr störend herein und möchte am liebsten diesen Text selber formulieren. Das geht nicht, lieber Verstand, tut mir leid!

Also, ich muss eine Erkenntnis kundtun, die jeglicher „gesunde Menschenverstand" und jegliche traditionelle Naturwissenschaft für baren Unsinn erklären werden. Nämlich, dass ***meine Zellstruktur eine Thallium-basierte*** sein wird. Total verrückt, denn Thallium ist als das gif-

29 O ja, der alte Verstand ist auch immer noch da und möchte helfen...

tigste Metall bekannt, das es gibt,[30] und außerdem reagiert es sehr empfindlich auf Sauerstoff. Damit dies aber nicht ganz so absurd herüberkommt, hier eine Information über die *neuen Kinder mit kristalliner Zellstruktur*: Von Christina von Dreien[31] weiß ich, dass ihre körperliche Zellstruktur auf Silicium basiert, was ebenfalls aus der Sicht der Naturwissenschaft nicht möglich ist. Und: Die Zellstruktur einer Schulfreundin von Christina ist Bronze-basiert! Es ist offenbar so, dass die neuen Kinder ganz unterschiedliche kristalline Strukturen mitbringen. Warum sollte also ich, Ayla, als Nachzügler-Mutantin sozusagen, nicht auch meine ganz eigene Struktur entwickeln? Dasselbe gilt natürlich für alle anderen Körper*innen von „alten" Menschen, die ebenfalls mutieren...

Was die angebliche Unmöglichkeit solcher Zellstrukturen betrifft, da verweise ich ebenfalls auf Christina. Sie wird nämlich von ihrer Mutter Bernadette von Dreien wie folgt zitiert:

„Dies mag chemisch gesehen wohl stimmen und ist demnach ein Naturgesetz in der dritten Dimension. Da ich aber sowohl mit meinem feinstofflichen als auch mit meinem grobstofflichen Körper mit anderen Dimensionen verbunden bin, ist meine Zellstruktur nicht den dreidimensionalen, sondern den dortigen Naturgesetzen angepasst. Das heißt, Gesetze der Dreidimensionalität können bei hochschwingenden Menschen durchaus auch außer Kraft gesetzt sein."[32]

Da ich als Ines Nandi aber seit mehr als drei Jahrzehnten damit beschäftigt bin, durch Transformation meines Bewusstseins und meiner Gefühle meine Schwingung zu erhöhen, bin ich zurzeit wohl dabei, gewisse Gesetze der Dreidimensionalität für mich außer Kraft zu setzen.

Und nun noch ein bisschen was Interessantes zum Thallium: Der Name dieses chemischen Elements kommt vom griechischen *thallós*, das bedeutet „grüner Zweig". Das Element weist nämlich bei 535 nm

30 In vielen Ländern ist es deswegen sogar als Rattengift verboten

31 Vgl. meinen Beitrag in diesem Buch: „Menschliche Mutation und die neuen Kinder"; Auszüge aus: Bernadette von Dreien, „Christina – die Vision des Guten"

32 Bernadette von Dreien, „Christina – Die Vision des Guten", S. 34

eine sehr deutliche grüne Spektrallinie auf und wurde aufgrund eben dieser Spektrallinie im Jahre 1861 von Sir William Crookes entdeckt.[33] Interessant in diesem Zusammenhang: Ich lasse mir seit dem Sommer 2019 alle sechs Wochen von meiner Frisörin eine Haarsträhne grün einfärben. Meine Haare wollten das so – eigentlich wünschten sie sogar, komplett grün zu schimmern. Nicht rot, nicht violett, nicht rosa, auch nicht blau, sondern eben grün! Ein völlig grüner Schopf war mir aber denn doch zu viel, und so schlug ich ihnen diese Strähne vor. Ich bin froh, dass sie darauf eingingen…

Grün ist im Mainstream-Bewusstsein die Farbe der Hoffnung. In der „esoterischen" Spiritualität ist es die Farbe der Heilung. „Grüner Zweig" klingt so gar nicht giftig, sondern erinnert an Bäume und Wald, also auch wieder an Heilung. Heilung durch „Gift"… Das erinnert mich auch an das Grundprinzip der Homöopathie, die „Ähnliches mit Ähnlichem" heilt: Was bei gesunden Versuchspersonen bestimmte Krankheits-Symptome hervorruft, wird als Medikament bei Menschen eingesetzt, die eben diese Symptome entwickelt haben. Also darf nun ich, Ayla Ines, mich als ein *„Grünes Heil-Gift"* outen… echt cool! Die Konsequenz ist ganz klar:

Ich nehme mein neues Thallium an!!!

Über den DNA-Strang, der hier bei meiner Thallium-Mutation mitspielt, schreibe ich ein andermal, denn jetzt bin ich zu müde. Jedenfalls ist es der dreizehnte Strang…

24.02.2020

Seit gestern Symptome einer Erkältung: starke Verschleimung der Atemwege, leichte Halsschmerzen, etwas Husten. Ich weiß aus den Büchern über den Lichtkörper-Prozess, dass dies alles genau mit diesem Prozess zu tun hat. Genau mit meiner körperlichen Transformation...

---

33 Alle „Sach-Informationen": Wikipedia https://de.wikipedia.org/wiki/Thallium

Die erwachende Materie (2)

(Organsysteme und Organe von Ayla Ines ab dem 06.02.2020)

06.02.2020

Das Herz:
Guten Morgen, hier spricht **Martha Herz**. Ich bin das **physische Herz** von Ayla Ines, und ich heiße so. Die anderen haben auch alle Namen, schon immer, und Ines kennt auch schon ein paar davon. Ayla kennt unsere Namen sowieso, aber nur, wenn sie hier drinnen bei uns ist. Warum das so ist, weiß ich nicht!
Also, ich will mich ja nicht beklagen, aber niemand hat bisher ein gutes Wort für meine unermüdliche Arbeit übrig gehabt. Natürlich, wir sind hier alle ein Team und keine kann ohne die andere. Aber auf mir lastet doch die größte Arbeit und die größte Verantwortung. Finde ich jedenfalls. Wenn ich nur ein einziges Mal zu schlagen aussetze, geht es dem Menschen nicht so gut. Wenn ich ganz aufhöre, ist sie tot. Wenn ich zu schnell oder zu langsam takte, alles „Käse". Ich weiß aber nicht, was Käse ist.

Der Magen:
Käse ist was zum Essen, du dumme Pute, und eine Pute ist auch was zum Essen – für Menschen und Füchse jedenfalls. Was ein Fuchs ist, weiß ich allerdings auch nicht. Ich bin **Thomas Magen.**

Das Herz:
Unverschämt wie immer, du blöder Sack! Andere haben Gefühle, du vielleicht nicht.

Der Darm:
Hört bitte auf, schon wieder zu streiten, ihr zwei. Martha, ich wette, du weißt nicht, was ein Sack ist. Ich meine, was die Menschen mit diesem Schimpfwort meinen. Ich erkläre es dir, wenn du magst.

Das Herz:
Tu, was du nicht lassen kannst.

Der Darm:
Ich kann es sehr wohl lassen. Möchtest du es hören?

Das Herz:
Ja doch!

Der Darm:
Gut. Zunächst einmal: Ein Sack in der Außenwelt der Menschen ist etwas, das tatsächlich ein wenig so aussieht wie Herr Magen. Sie verwenden es, um etwas darin aufzubewahren oder mit sich herumzutragen. Zweitens aber ist „Sack" eine eher unfreundliche Bezeichnung für die männlichen Hoden. Wird also manchmal zur Beschimpfung von Männern verwendet.

Das Herz:
Ach nein! Tut mir sehr leid! Ich wollte keinem der Herren zu nahetreten! Wisst ihr, ich bin gerade erst in der letzten Nacht wie aus einem Albtraum aufgewacht und finde alles hier noch ziemlich unübersichtlich. Wurde mir der Tatsache bewusst, dass ich Tag und Nacht unermüdlich arbeite und dass noch nie jemand Danke dafür gesagt hat.

Der Darm:
Wir arbeiten alle in dieser Körperin Tag und Nacht und unermüdlich. Der Mensch, dessen Körper unsereiner im Team bildet, kann keines von uns wirklich entbehren. Jedes von uns trägt eine hohe Verantwortung, und…

Das Herz:
Schon gut, schon gut, ich verstehe. Aber Herr Darm, blasen Sie sich nicht allzu sehr als Lehrperson auf, sonst kriegen Sie Blähungen, und unsere Menschenfrau muss pupsen.

Der Darm:
Na und? Was wäre schon dabei?

23.02.2020

Der Darm:
Wir, die Innereien *(spitzbübisches Grinsen)* von Ayla Ines, haben hier lange nichts verlauten lassen. Wir waren aber deswegen nicht untätig, im Gegenteil! Wir sind in sehr, sehr tiefe Mutations-Prozesse eingebunden, die von der DNA- und Zellebene ausgehen. Ayla Ines verwandelt

sich aktuell in ein Wesen, das zwar aussieht wie ein Mensch, aber dessen Zellstruktur kristallin ist auf der Basis des – für „alte" Menschenwesen hoch giftigen – Metalls THALLIUM. Sie hat ja selbst neulich schon etwas darüber geschrieben. Ich, **„Lord Charme"**, wie sie mich scherzend und zugleich mit Hochachtung nennt,[34] spiele eine nicht unerhebliche Rolle in diesen Prozessen. Ich bin nämlich dabei, mir eine ganz neue Darm-Oberflächen-Mikroben-Population zu erschaffen, die in der Lage ist, alles, was Ayla Ines zu sich nimmt, auf die angemessene Weise zu verstoffwechseln. Momentan isst sie wieder etwas Fleisch, und das ist in Ordnung so, denn sie braucht dessen Inhaltsstoffe im derzeitigen Stadium ihrer Mutation. Ob das so bleiben wird, weiß niemand außer der Göttlichen QUELLE allein. Wobei ich mir, ehrlich gesagt, nicht ganz sicher bin, ob *die* es wirklich weiß…

Der Magen:
Guten Tag, ich heiße nicht mehr Thomas, und ich bin auch kein Herr Griesgram mehr. Ich arbeite inzwischen eng und in Liebe und Freundschaft mit allen Wesen des Verdauungssystems von Ayla Ines zusammen. Ayla Ines hat mir soeben den Ehrennamen **„Lord Hagen"** vorgeschlagen, weil sie eine Vorliebe für Reime hat. Ich nehme diesen Namen mit Freude und Dankbarkeit an! Von dieser Warte aus möchte ich auch der Lady meine Ehrerbietung erweisen, mit der ich vor ein paar Wochen unter ihrem damaligen Namen „Martha Herz" in einen unschönen Streit geriet.

Das Herz:
Ich nehme Eure Freundschaft gerne an, Lord Hagen. Einem solch vornehmen und höflichen Herrn kann ich nicht widerstehen! Und ich möchte nun die Gelegenheit wahrnehmen, um Ayla Ines auch für mich um einen treffenden und schönen neuen Namen zu bitten. **„Lady Adeloyse"**, schlägt sie vor. Das gefällt mir. Auf „Herz" reimt sich ja bloß „Schmerz" oder auch „Scherz", das passt mir beides nicht mehr. „Scherz" schon eher als „Schmerz", denn ich möchte inzwischen lieber Spaß an

---

34 Unter Anspielung auf den Bestseller „Darm mit Charme" von Giulia Enders. Ullstein, 11. Auflage 2019

der Freude haben als leiden. Letzteres war in der Tat viel zu lange meine vornehmliche Spezialität…

Ich, Lady Adeloyse, möchte nun eine Mitteilung vorbringen, die wirklich erstaunlich sein wird für alle Menschen, die dieses lesen werden: ***Ayla Ines hat seit geraumer Zeit ein Zweites Herz.*** Es schlägt auf der rechten Seite ihrer Brust und ist momentan noch kristallin-feinstofflich, so sagt es. Was immer das bedeuten mag, ich selbst verstehe das nicht. Ich habe dieses zweite Herz schon seit drei Jahrzehnten wahrgenommen. Es nannte sich **Marta** ohne **h** und ich habe es als Konkurrenz angesehen und es abgelehnt. Inzwischen haben wir uns angefreundet und takten in gemeinsamer Harmonie!

Das 2. Herz:
Ja, liebe Lady Adeloyse, darüber bin ich sehr froh, denn ich hatte dir meine Freundschaft von allem Anfang an angeboten, erinnerst du dich? Ja, ich bin ein kristallines Wesen im Werden und momentan „nur" auf feinstofflicher Ebene angesiedelt, ebenso wie die neue kristalline Gebärmutter von Ayla Ines, die seit ihrer Operation im Mai 2017 da ist. Ayla Ines hat zu Beginn der 80er Jahre des 20. Jahrhunderts einmal deutlich mein Pochen wahrgenommen, als sie sich in einem Zustand erweiterten Bewusstseins befand.
Heute nennt Ayla Ines mich bei meinem wahren Namen, und das ist genau der „Spiegel-Name" zu deinem, liebe Adeloyse. Ich heiße nämlich **Lady Esyoleda**. Warum es mich gibt und warum ich gebraucht werde? Zunächst einmal: Wenn es mich *nicht* gäbe, dann würde ich auch nicht gebraucht. ALLES, was da IST, ist *notwendigerweise* da, sonst wäre es nicht da. Das betrifft übrigens auch sämtliche Erfahrungen, die den Menschenwesen nicht gefallen… Warum nun hat das erwachte und aufsteigende Menschenwesen zwei kristalline Herzen? Der Inneren Liebe wegen! Des liebenden inneren Austauschs wegen! Und später einmal, wenn Ayla Ines' körperliche Mutation hin zu einem Wesen abgeschlossen ist, dessen Zellen auf Thallium-Basis arbeiten, werde ich, Esyoleda, synchron zu dir, liebe Adeloyse, meine neue Arbeit aufnehmen und eine neuartige Körperflüssigkeit durch ihre Adern pumpen. Eine Flüssigkeit, die in ihrem Falle selbstverständlich leuch-

tend grün sein wird. Keine Angst, liebste Freundin, wir werden uns nicht gegenseitig ins Gehege kommen und die neue Flüssigkeit wird das alte Blut nicht verdrängen. Sie wird vielmehr höchst gedeihlich mit ihm zusammenwirken, so wie Ich mit Dir!
Ich weiß wohl, das klingt vermutlich für *alle* Menschen, die diese Zeilen demnächst lesen werden, abenteuerlich bis abstrus. Aber ich kann's nicht ändern: Was so IST, das ist eben so und muss darum auch ausgesprochen werden!

Das 1. Herz:
O weh, darauf kann ich nun gar nichts antworten, ich bin vollkommen überrascht!

Das 2. Herz:
Das macht doch nichts, meine Liebe, es ist so natürlich! Ich möchte dir aber gerne anbieten, dir ab sofort bei deiner Selbstheilung auf allen Ebenen zu helfen. Ich weiß, du benötigst noch ein wenig Weiterentwicklung, um mit all diesem Wandel zurechtzukommen.

Das 1. Herz:
Du sagst es. Liebe Menschenwesen, die dieses lesen, das physische Herz ist ja nicht das spirituelle Herz... Dieses neue, das 2. Herz, scheint dem spirituellen Herzen hingegen sehr nahe zu stehen. Lady Esyoleda, ich nehme deine Unterstützung sehr gern an!

Liebesbrief an meine Körperin

(von Ines, am 02.12.2019)

Dies ist ein ganz persönliches Dokument und auch als Anregung gedacht für dich, liebe Leserin, lieber Leser: Schreibe deinen eigenen Text und werde dir dabei bewusst, was dein Körper, deine Körperin, für dich bedeutet!

Meine geliebte Körperin!

Ich wollte schon seit Monaten an dich schreiben, und immer kam mir etwas dazwischen, das wichtiger erschien. Typisch! Daher beginne ich diesen Brief an dich mit einer großen Bitte um Vergebung: Bitte verzeih mir, dass ich dich 70 Jahre lang benutzt und oft genug strapaziert habe, ohne dir irgendwelche Wertschätzung zukommen zu lassen! Ich habe keinen Gedanken daran verschwendet, dass du es warst und bist, die auf der physisch-realen Ebene ALLES trägt, was ich denke, fühle und tue. Du bist es, die im Zweifelsfalle „der Depp" warst und bist, der auszubaden hat, was ich in meiner Unbewusstheit versemmele. Wenn ich arbeite wie eine Wilde und keine Rücksicht auf deine Energiereserven nehme, die ich ohne nachzudenken ausbeute, dann bist du es, die abends vor Erschöpfung kaum noch ins Bett kriechen kann. Ich habe dich in meinem Leben immer wieder zu Höchstleistungen angetrieben – zwar nicht auf der Ebene des Leistungssports, aber auf der Ebene des Durchhaltens um jeden Preis. In diesen Wochen Ende des Jahres 2019 hast du mit Schlafstörungen zu tun, von denen ich nicht genau weiß, was dahintersteckt. Vielleicht antwortest du mir ja bald und kannst mich aufklären…

Ein Weiteres, wofür ich dich um Vergebung bitten möchte, ist meine chronische Unzufriedenheit mit deinem Aussehen. Schon als junges Mädchen habe ich an deinen Gesichtszügen herumgemäkelt. Ich nannte deine Augen „Schweinsäuglein", weil ich sie zu klein fand, und deinen Mund fand ich zu groß. In späteren Jahrzehnten warst du mir zu dick, besonders um den Bauch herum. Ich ärgerte mich darüber, dass du „keine Taille" mehr hast und dass Bauch und Busen hängen wie bei der Venus von Willendorf. Wahrscheinlich hast du nur ein paar Fettreserven angelegt, um irgendwie über die Runden zu kommen bei all meiner Arbeit.

Heute, am 2. Dezember 2019, möchte ich dir sagen, meine Körperin: Ich liebe dich so, wie du bist! Du bist wundervoll und schön und vor allen Dingen das liebevollste und treueste Wesen, das ich kenne. Danke, Danke, Danke, dass du da bist und mich trägst und mir dieses Leben auf der Erde in diesem spannendsten aller Zeitalter ermöglichst! Danke!!! Du bist ein Wunderwerk der Schöpfung, ein Meisterwerk und eine Meisterin. Ja, du selbst bist eine Meisterin, zum Beispiel in der Selbstheilung. Wenn ich nur, als kleines Beispiel, beobachte, wie du binnen einiger Tage deinen Daumen hast heilen lassen, den ich mir/dir in der Autotür eingequetscht hatte… Wirklich unglaublich, was du alles kannst!

Und heute, in diesen Wochen, bist du dabei, zu immer tieferer Bewusstheit zu erwachen! Bis in die Zellebene hinein bist du im Erwachensprozess, und ich bin sicher, du möchtest das alte Muster des physischen Todes hinter dir lassen. Du hast tausend solcher Tode erfahren und tausend Varianten ausprobiert und jetzt reicht es dir als Erfahrung. Du willst etwas gänzlich Neues, stimmt‘s? Du bist nämlich nicht nur das liebevollste, sondern auch das mutigste Wesen, das ich kenne. Nie hast du irgendein Risiko gescheut, wenn es wirklich ums Ganze ging, und heute, zum Beginn des Kristallinen Zeitalters, gehst du erst recht aufs Ganze und willst selbstverständlich in diesen grandiosen Aufstieg hinein mitkommen. Ja, und ich lade dich auch dazu ein, denn wer hätte dies mehr verdient als du?

Geliebte Körperin, du bist eine Zauberin, eine Magierin, ein göttliches Mysterium. Sei gewiss, dass ich dies von nun an nie mehr vergesse! Ich lasse dir ab heute täglich und stündlich und in jedem Augenblick die Liebe und die Wertschätzung zukommen, die dir gebührt. Und ich verspreche dir auch, täglich besser für dich zu sorgen, noch intensiver mit dir zu kommunizieren als bisher, dich immer wieder nach deinen Bedürfnissen zu fragen und auf deine Antworten zu lauschen. Ich wäre sehr glücklich, wenn du mir bald einen eigenen Brief zukommen lassen wolltest!

Deine Ines

Die Antwort meiner Körperin

10. Dezember 2019

Geliebte Ines,

dein Brief von neulich hat mich sehr gerührt! Ja, ich fand und ich finde es sehr rührend, wie du dich in letzter Zeit um mich bemühst und wie du mehr und mehr auf die Stimme deines Herzens hörst. Du hast dir angewöhnt, mich nach meinen Bedürfnissen zu fragen, zum Beispiel, was die Ruhezeiten betrifft, die ich im Liegen verbringen möchte. Das tut mir wirklich gut! Was deine/meine Ernährung betrifft, so ist diese zwar alles andere als konform mit dem, was viele spirituelle Menschen heute praktizieren, und du denkst auch, dass nicht alles so gut ist, was du isst. Aber „relaxe", lasse los, es ist alles okay! Du nimmst dein Essen in Liebe zu dir, das ist das Entscheidende. Die Liebe, die Selbstliebe zumal, transformiert einfach alles! Auch niedrig schwingende Nahrung wird zu hoch schwingender transformiert, wenn du sie mit Liebe sozusagen impfst. Dabei helfen auch die Quantencodes, die du seit einiger Zeit anwendest. Also… es ist alles im grünen Bereich. Ich bin sehr zufrieden mit dem, wie es gegenwärtig läuft.

Auch bin ich sehr glücklich, dass du jetzt, zum allmählichen Ausklang des Jahres 2019, auf dein Herz und auf mich hörst und beschlossen hast, in deinen Aktivitäten ein paar Gänge zurück zu schalten und in die Kontemplation zu gehen. Du hast vor einigen Tagen begonnen, dich auf die ersten Monate dieses zu Ende gehenden Jahres zurückzubesinnen und zu verabschieden, was du nicht mehr brauchst. Das ist gut für dich und auch für mich, denn so kann ich Ballast in Form von Giften abwerfen und ausleiten, die in bestimmten Situationen auf meiner, der physischen, Ebene entstanden sind.

Was gibt es sonst noch zu sagen? Meine Zellen sind inzwischen schon ziemlich wach. Sie arbeiten auf Hochtouren und auf verschiedenen Ebenen: Zum einen sind sie mit einer grundlegenden und tiefen, transformierenden Entgiftung beschäftigt. Hierbei hilft ganz entscheidend der Quantencode „227", mit dem du dein Trinkwasser programmierst. Zum anderen bereiten sie ihre eigene Verjüngung vor, momentan auf der Ebene der DNA, und zwar haben sie mit dem 12. Strang begonnen und arbeiten sich allmählich vor hin zu den weniger fein schwingenden Schichten bis hin zur physischen Doppel-Helix. Zurzeit befinden sie sich beim 10. Strang, es gibt also noch einiges für sie zu tun. Das ist aber vollkommen okay, denn wir sind total gut in der Zeit mit dieser Arbeit.

Du fragst, wann denn endlich der Zahn nachwächst, den du dir ziehen lassen musstest. *Lächel!* Die Ungeduld darfst du dir noch abtrainieren. Der Zahn kommt, wenn er kommt, und genau zur rechten Zeit. Ich sichere dir aber zu, dass er kommen will und wird. Er hockt schon in seinem Startloch, momentan noch auf der energetischen Ebene. Sage ihm, dass du an ihn glaubst und dass du ihn liebst, das wünscht er sich nämlich. Sage es ihm täglich mehrmals, das wird ihn sehr motivieren!

Was deine immer noch vorhandene Angst vor dem physischen Tod betrifft: Die ist ganz natürlich und beruht auf Tausenden von traumatischen Sterbens-Erfahrungen. Bedenke, dass du läppische 70 Jahre alt bist – was ist denn das im Angesicht der Ewigkeit? Und was ist das angesichts der Tausende von Jahren, die du auf dem Buckel hast, wenn du alle deine Lebenszeiten aus deinen mehr als 3000 Inkarnationen zusammenzählst? Ja, richtig, diese Information, die du früher einmal erhalten hast, trifft zu. Über 3000 Inkarnationen, das ist kein Pappenstiel. Viele davon waren Parallel-Inkarnationen, mit anderen Worten, deine Seele war in mehreren Körper*innen gleichzeitig inkarniert. Die Informationen aus allen diesen körperlichen Lebenszeiten tragen meine Zellen, trägt meine DNA, in sich. Da gibt es jede Menge zu tun, um das alles zu reinigen und zu bearbeiten, auch auf der physischen Ebene. Gerade auf der physischen, also meiner, Ebene!

Und nun möchte ich dir noch eine Information bestätigen, die du schon vor langen Jahren aus dem Quantenfeld erhalten hast – noch ohne zu wissen, dass diese Information eben aus dem Feld kam: ICH, deine Körperin, bin immer dieselbe gewesen. Mit anderen Worten – und dieses Mysterium wird dein Verstand niemals begreifen – ich bin immer wieder neu und in anderen Gestalten sozusagen auferstanden. Das trifft selbstverständlich auf alle anderen menschlichen Körper*innen ebenfalls zu. Wir sind sowas von lebendig, egal, wie häufig wir sterben – wir sind das LEBEN selbst in seiner allerhöchsten, weil „niedrigsten", Gestalt! Es ist traurig, dass die Verstandes-"Spiritualität" das seit so langer Zeit vergessen hat und dass es auch heute noch spiritueller Mainstream ist zu sagen: „Es stirbt ja nur der Körper – dein ewiger Teil, die Seele, lebt." Wir sind kein „Nur", wir sind Mysterium, ich wiederhole mich gerne in dieser Hinsicht!

Ja… die Philosophie, die da sagt, alles Physische sei nicht real, sondern nur Schein, trifft den Nagel keineswegs auf den Kopf, sondern „dreikommafünf daneben"! Es ist nämlich eine einseitige Aussage, die davon ausgeht, dass nur das Unmanifestierte real sei, also das Ursprüngliche Reine Sein. Aber, aber, aber: Warum hat denn dann dieses SEIN beschlossen, sich in unzähligen Manifestationen selbst zu erfahren?! Und: Gibt es eine tiefere und gründlichere Erfahrung als die physische?! Frag mal bei der QUELLE nach, warum sie das „Experiment Gaia" nicht nur zugelassen, sondern ausdrücklich gewollt hat.

Geliebte Ines, das sei genug für heute. Wir hören uns noch öfter, bis dieses Buch geschrieben ist.

Ich Bin-Die-Ich-Bin – deine Körperin

Der erwachte Körper

(Text vom Juli 2019)

Der erwachte Körper ist der vollkommen „durchseelte" Körper. Der erwachte Körper ist der vollkommen sich seiner Göttlichkeit bewusste Körper. Der erwachte Körper besteht aus bis in die DNA hinein vollkommen wachen, und das bedeutet, sich ihrer selbst bewussten Zellen.

Erwachte Zellen sind im vollkommenen inneren und äußeren göttlichen Gleichgewicht. Das bedeutet, dass sie vollkommen gesund und „ewig jung" sind in dem Sinne, dass sie unablässig immer neu imstande sind, in eine 100-prozentig korrekte Reproduktion ihrer selbst zu gehen. Ein Körper, der aus solchen Zellen besteht, ist in der Tat nicht mehr sterblich im alten Sinne. Denn da diese Zellen niemals mehr altern, niemals mehr degenerieren, kann der betreffende Körper auch nicht mehr kollabieren – er ist ein sich selbst erhaltendes System, ein *perpetuum mobile* sozusagen. Ein vollkommen erwachter Körper kann ab einem bestimmten Stadium noch nicht einmal mehr getötet werden, durch Mord oder durch Unfall, denn ganz gleich, wie schwer die zugefügte Verletzung ist, kann ein solcher Körper diese „tödliche" Wunde spontan und vollständig heilen.

Schon dies klingt natürlich vollkommen exotisch in unseren Ohren – die meisten Menschen werden sich an den Kopf fassen und mich für total durchgeknallt erklären, wenn sie dieses hören oder lesen. Auch die überwältigende Mehrheit der spirituellen Menschen ist ja noch von der unumstößlichen Notwendigkeit des physischen Todes felsenfest überzeugt. Jedoch… vom Göttlichen Plan her sind nicht nur unsere Seelen auf ewig lebendig, auch unsere Körper – ich schrieb im ersten Band über die Blaupause des „Adam Kadmon" – sind von ihrer ursprünglichen Anlage her für das LEBEN gedacht! Die spirituelle Elite von Atlantis beherrschte auch noch in der Spätzeit die Fähigkeit, den eigenen Körper zu dematerialisieren und ihn dann an einem beliebigen anderen Ort zu rematerialisieren („Teleportation"). Dies unter den Bedingungen einer Ebene der 5. Dimension.

Es kommt aber noch bunter: Ab dem Jahre 2020 bestehen die Grundvoraussetzungen dafür, dass ein erwachter Körper sich duplizieren, ja sogar multiplizieren, also vervielfältigen kann. Und zu einem etwas späteren Zeitpunkt werden diese Körper die Fähigkeit erlangen, sich zu verflüssigen und damit jede beliebige Form anzunehmen.

Wichtig zu wissen: Im Zusammenhang mit dem Erwachen unserer Körper und Körperzellen spielt das Mantra OM VAREKAYA NAMEKATA – in den Worten und Zeichen der kosmischen Ur-Lichtsprache – eine herausragende Rolle. (Hierzu mehr im entsprechenden eigenen Kapitel.)

Die beiden Pioniere der grundlegenden körperlichen Transformation – Sri Aurobindo und Die Mutter

(von Christa Falk)

Es ist unmöglich, ein Buch über den „physischen Aufstieg“ zu veröffentlichen, ohne der beiden Pioniere zu gedenken, die diesen Aufstieg überhaupt erst möglich gemacht haben: Sri Aurobindo und Die Mutter.

Sri Aurobindo wurde bereits 1872 geboren, verließ seinen Körper 1950 wieder; Mutter wurde als Mira Alfassa 1878 in Paris geboren und ging 1973 in Pondicherry, Indien. Schon eine ganze Zeitlang wieder her – und erst heute, 2020, greifen ein paar Menschen die Idee von der Überwindung des Todes wieder auf… Es scheint, die Menschen brauchen immer etwas länger, um etwas Ungewohntes überhaupt in Betracht zu ziehen; das Göttliche hingegen kommt immer so früh wie möglich, um etwas Neues in der Menschheitsentwicklung anzustoßen.

Ich sage absichtlich „das Göttliche“, weil beide, Sri Aurobindo und Die Mutter, der *Avatar* des Neuen Zeitalters sind. Nach altindischem Wissen (dem Veda) ist ein Avatar eine direkte Manifestation des Göttlichen in einem menschlichen Körper mit dem Zweck, eine neue Entwicklungsstufe im Bewusstsein der Menschen zu initiieren. So ist die Mutter also nicht irgendeine Vorsteherin eines Ashrams, sondern *Die* Göttliche Mutter – und das macht auch Sinn, wenn wir das deutsche Wort einmal ins Lateinische übersetzen – da heißt sie *mater*. Und sofort wird offensichtlich, dass es da eine enge Verbindung von *mater* und *Materie* gibt. Die *Materie* geht aus der *mater* hervor.

Beim physischen Aufstieg geht es um die Materie unserer Körper. Und da macht es Sinn, dass sich die Erschafferin der Materie dieser Aufgabe annimmt.

Sie will in ihrem eigenen Körper aufzeigen, dass es möglich ist, das, was wir Menschen für ein unumstößliches Naturgesetz halten, zu verändern. Es braucht ihr tiefes Wissen um die Materie und den unerschütterlichen Glauben an eine unbegrenzte Körperlichkeit, um an dieses Werk zu gehen.

Denn sie hatte schließlich den gesamten Unglauben und Widerstand der ganzen Menschheit gegen sich… Das ist übrigens bis zum heutigen Tage so – nur wenige haben den Mut, überhaupt zu denken, dass ein Leben ohne Tod möglich ist...und nicht einmal wünschenswert, weil sie davon ausgehen, dass in unserem Fühlen und Denken alles beim Alten bleibt und das nur eine endlose Verlängerung unserer Misere wäre. Darin aber liegt natürlich der Irrtum. Unser jetziges Bewusstsein muss sich zuvor natürlich wandeln, denn was wir von uns selbst halten, das zeigt uns unser Körper. Glauben wir, dass wir eigentlich Geist sind, der vorübergehend einen Körper benutzt, dann wird dieser Körper verfallen und schließlich dem Geist weichen und nur dieser „übrig bleiben". Glauben wir hingegen, dass wir eine Einheit von Geist und Körper sind, dann wird sich der Körper nicht von seinem Geist trennen und ihm genau dieses Einssein widerspiegeln. Das ist aber nur möglich, wenn es im Körper etwas gibt, was dem Geist „ebenbürtig" ist.

Es gehört zu den bewegendsten Momenten, wenn man in Mutters Tagebuch über ihre Transformation, die„Agenda" *, liest, wie sie dieses Geheimnis in der Materie entdeckt hat.

Sie beschreibt ihre Erfahrung ungefähr so: Mit ihrem göttlichen Bewusstsein drang sie in die Materie ein, tief, tiefer und immer tiefer in ein dumpfes Unbewusstes – es schien endlos, ein einziges Fallen, und es schien vollkommen unbewusst – und da, ganz am Grunde, da schien plötzlich ein Licht auf, ein strahlender Funke der Göttlichkeit, der sich, einmal berührt, wie eine Sprungfeder durch all die unbewussten Schichten hindurch nach oben katapultierte: die Materie *ist* in ihrem Ursprung, der Körper *ist* in seinem Kern ebenso göttlich wie der Geist! In Wahrheit folgt er denselben göttlichen Gesetzen *ewigen Lebens* , des ewigen, unvergänglichen Seins.

Und deshalb, und nur deshalb, ist es uns Menschen heute möglich, diesen Versuch zu wagen – unser Bewusstsein derart zu verändern, dass unser Körper die Chance bekommt, seine ihm innewohnende Wahrheit auszudrücken.

Es kommt also darauf an, an ihn „zu glauben“, an seine Göttlichkeit, und alles beiseite zu räumen, was ihn daran hindert. Mutter hatte dieses Bewusstsein – und wäre sie allein auf der Welt gewesen, wäre der neue Körper schnell sichtbar geworden. Doch da auch auf der materiellen Ebene alles miteinander verbunden ist, zeigten sich sehr schnell die Widerstände der ganzen Welt bei ihrer Arbeit an ihren Körperzellen.

Mutter sagte, dass sie beobachte, dass sich die Transformation in einer bestimmten Ordnung vollziehe - manchmal Organ für Organ oder wieder anderer Strukturen. Sie hatte herausgefunden, dass sie den Zellen helfen konnte, wenn sie ihnen das Mantra „Om Namo Bhagavate“ immer und immer wieder vorsprach. Es heißt „Herr, dein Wille geschehe“. Wenn sie das sprach, beruhigten sich die Zellen, verloren ihre Angst vor dem Neuen und besannen sich, dass sie vom „Herrn“ - dem höchsten Gotteswillen – getragen wurden. Da fühlten sie sich sicher und fassten wieder Mut, die Transformation zu erlauben. Denn nach all den Jahrtausenden hatten sie ja nichts anderes gekannt als den Verfall bis hin zum Tod. Jetzt sollte sich die Richtung umkehren – hin zum LEBEN, zur eigenen ursprünglichen Göttlichkeit.

Und wenn es dann gelang – so beschreibt es Mutter -, da war es ein unbeschreibliches Glücksgefühl, von denen die Zellen erbebten, ein innerer Jubel und Triumph, endlich so sein zu dürfen, wie sie eigentlich waren.

Seit Sri Aurobindos Heimgang 1950, als er ihr diese Arbeit an den Zellen, die er begonnen hatte, übertrug, arbeitete Mutter Tag für Tag und Nacht für Nacht mit den Zellen ihres Körpers. Sie hatte viel erreicht, viele Organe funktionierten bereits auf der neuen Grundlage, und sie sagte immer, wenn sie 100 Jahre werden könnte, dann würde das der Körper auch in seiner äußeren Erscheinung zeigen (denn diese käme zum Schluss). Doch leider war ihr das nicht vergönnt.

Ihre Umgebung war nicht willens, Mutter in ihren Bemühungen Glauben zu schenken oder gar sie dabei zu unterstützen. Sie wusste, dass es manchmal so aussehen konnte, als ob die Organe versagten; und als ihr Herz stillzustehen schien, tat man nicht, worum sie gebeten hatte: „Make me walk", sondern erklärte sie umgehend für tot. Es kann auch das fortgeschrittenste Wesen nur soviel erreichen,wie der unbewusstere Teil der Menschheit es zulässt; denn wir gehören tatsächlich alle zusammen.

Dennoch ist Mutter der Durchbruch gelungen. Aufgrund desselben Gesetzes der Zusammengehörigkeit von allem, was ist, sind Mutters Transformations-Erfolge ins morphogenetische Feld der Menschheit eingespeist und stehen uns Nachgeborenen heute zur Verfügung. Wir können auf Mutters Erfolgen aufbauen und haben es heute viel leichter damit als sie – was sie übrigens auch immer gesagt hat: Wir müssten nicht mehr all die Schmerzen durchmachen, die sie erlebt hat. Für uns sei es viel leichter. Ihr Körper war der erste Körper, der fast vollständig auf der neuen Ordnung basierte. Mit ihrem umfassenden Bewusstsein konnte sie natürlich auch sehen, wie er dann endgültig „funktionieren" und aussehen würde. Er würde größer und schlanker sein; mit einem sichtlich größeren Brustkorb und einem schmaleren Unterleib, weil er sich direkt von Prana, der essentiellen Lebenskraft, über die Atmung „ernähren" würde statt wie bisher von der Assimilation der stofflichen Nahrung, demzufolge die jetzigen Verdauungsorgane ihre Bedeutung allmählich verlieren würden. Er blieb stofflich und materiell funktionstüchtig – doch war es eine viel subtilere Materie, duftiger, leichter als bisher – mit all den glücklichen Zellen, die ihr inneres Gotteslicht nach außen strahlten – ein buchstäblich „strahlendes" Wesen.

Das ist die herrliche Zukunft, die uns Mutter ermöglicht hat - für uns alle, alle Menschen auf dieser Erde.

DANKE, Mutter!

Christa Falk

* Mutters Agenda, deutsche Ausgabe (13 Bde), erschienen im Institut für Evolutionsforschung, Essen, ab 1961 (ISBN 3-910083-14-5)

„Ewige Moleküle“ und meine „kristalline Gebärmutter“

(Ayla Ines am 13.02.2020)

In dem kurzen Text vom Juli 2019, „Der erwachte Körper“, habe ich von einem „sich selbst erhaltenden System“, einem *„perpetuum mobile“*, gesprochen. Zu dem Zeitpunkt hatte ich noch nichts von den **„ewigen Molekülen“** gehört. Es war meine Freundin Birgit Brahner, die mir kürzlich mitteilte, dass es diese Moleküle gibt. Birgit schreibt in ihrer heutigen Mail:

*„Bezüglich der ewigen Moleküle wurde mir bewusst und dies mittlerweile auch aus der geistigen Ebene bestätigt, dass sie die **Schöpfung der Materie in der Urform** sind.*

*Jedes Atom hat eine bestimmte Energiequalität. In unserer Blaupause sind die Originalversionen unseres Körpers (gespeichert[35]), und jederzeit können wir darauf zugreifen, um Heilungen mit den Original-Molekülen anzuweisen. Des Weiteren besteht die Möglichkeit, sich mit den **ewigen Molekülen aus der Quelle** zu verbinden – Quanten-Gottesteilchen.“*

Nun zähle ich darauf, dass ich zusätzlich ein paar interessante Informationen aus meinem eigenen Inneren erhalten könnte, und zwar von meiner **Kristallinen Gebärmutter**. Um zu erläutern, was es damit auf sich hat, möchte ich ein wenig ausholen:

Am 11. Mai 2017 musste ich mich von meiner physischen Gebärmutter trennen. Es ging wirklich nicht mehr anders; ich hatte sie nicht abgeben wollen und diese recht umfangreiche gynäkologische Operation jahrelang vor mir hergeschoben. Es war kein Krebs, auch kein Myom, vielmehr ein extremer Prolaps, also eine Ausstülpung, nicht nur der Gebärmutter, sondern aller Unterleibsorgane – Scheide, Blase, Enddarm. Seit Monaten hatte ich meine Blase nicht mehr vollständig entleeren können. Bei der präoperativen Untersuchung stellte sich heraus, dass es schon einen Harnrückstau zu einer Niere gab. Eine Nierenschädigung wäre nur noch eine Frage der Zeit gewesen. Ich hatte auf „Selbstheilung“ gezählt. Aber wie sollte Selbstheilung geschehen können, da ich nicht wirklich in der Selbstliebe war? Ich wollte den lästigen

35 Ergänzung: Ayla Ines

Prolaps loswerden, das war eine Ego-gesteuerte Motivation, die mir nicht einmal bewusst war!

Vor der Operation ging ich aber noch durch einige sehr wichtige Prozesse, die ich hier nicht näher beschreiben möchte. Das wichtigste Ergebnis war, dass ich beschloss, ich würde während der Op eine Kristalline Gebärmutter empfangen, die an die Stelle der physischen treten würde. Auf der Äther-Ebene sind alle Organe und Körperteile, auch die amputierten, ja ohnehin immer vertreten. Das ist auch die Grundlage für die sogenannten Phantomschmerzen, unter denen manche Menschen leiden.

Nun habe ich vorhin auf meiner Indianerflöte[36] gespielt, ganz spontan, und dabei merkte ich, dass ich für meine verlorene physische Gebärmutter spielte. Die Weise war langsam und melancholisch, passend zu der Tatsache, dass meine „Gebäri", wie ich sie zum Schluss nannte, unendlich viel weiblichen Schmerz getragen und mitgenommen hatte. Etwas von diesem Schmerz muss wohl die neue, die Kristalline Gebärmutter, noch halten. Denn es fühlt sich so an, als sei Trost zu spenden. Ich spiele jetzt also noch einmal ein paar Takte, bevor ich fortfahre!

Kristalline Gebärmutter (KG):

Danke, Danke, Danke, liebe Ayla Ines, fürs Spielen! Das tut mir so sehr gut! Und gerne, sehr gerne erzähle ich dir und deinen Leser*innen, was ich über die sog. **Ewigen Moleküle** weiß. Also, grundsätzlich haben diese Moleküle *heute* mit der Entwicklung der menschlichen Körper*in und seiner/ihrer Zellen hin zu einer **kristallinen Zellstruktur** zu tun. Und zwar stellen sie hierzu die entscheidende und notwendige **Vorstufe** dar. **Die kristalline Zellstruktur aber ist die Zellstruktur der vollkommen erwachten Körper*in!** Es handelt sich hierbei um eine **völlig neue Chemie** der Körper*in, wie es unsere Wissenschaftler*innen zu gegebener Zeit herausfinden werden. Auf der Basis

36 *Meine Indianerflöte:* eine von einem Kunsthandwerker handgearbeitete pentatonische (5 Töne) Flöte aus Eibenholz, die auf die Frequenz 432 Hz gestimmt ist und Transformations- und Heilungsprozesse aller Art sehr deutlich spürbar unterstützt

dieser kristallinen Zellstruktur kann die Körper*in dann alle die „übernatürlichen" Eigenschaften entwickeln, die in deinem Artikel „Der erwachte Körper" angedeutet werden. Dies, und noch einiges mehr wird einmal möglich sein – auf Zeitangaben irgendwelcher Art lasse ich mich selbstverständlich nicht ein, denn die Entwicklungen werden so individuell und unvorhersagbar sein, wie die einzelnen Menschen es sind! Jedenfalls – es handelt sich hierbei einfach um **Mutationen**. Spontane Mutationen auf der Grundlage der Transformation des menschlichen Bewusstseins hin zum Gott-menschlichen BewusstSein, sowie auf der Grundlage einer durch Selbstheilungs-Prozesse vollkommen balancierten Psyche.

Nun noch ein paar Worte zu diesen Molekülen: Meinem Wissen, meiner Erkenntnis nach, handelt es sich dabei um eine ganz **neuartige Form von Proteinen**. Tatsache ist, dass in deiner Körperin, liebe Ayla Ines, sich zahlreiche solcher Moleküle finden lassen. Sie sind vielleicht noch nicht so zahlreich, dass sie in einer Blut- oder Gewebeprobe bestimmbar wären, aber sie sind da. Ich, deine Kristalline Gebärmutter, nehme sie eindeutig wahr! Und also bestätige ich dir deine Erkenntnis, meine Liebe, die du als Ayla am 05.02.2020 notiert hast: Du kannst schon jetzt nicht mehr sterben! Jedenfalls nicht den „normalen" Tod durch Abnutzung der Zellen und der Organsysteme. Einen schweren Unfall oder einen Mordanschlag allerdings würdest du noch nicht überleben. Dazu braucht es die Körperform auf der Grundlage der vollständigen Kristallisierung!

Ayla Ines:

Wunderbar! Vielen Dank für diese erhellenden Zeilen, meine liebe Kristalline „Gebäri"! Ich werde in Zukunft noch öfter auf der Indianerflöte für dich spielen und auch nicht mehr vergessen, das OM VAREKAYA NAMEKATA regelmäßig zu singen.

KG:

Das freut mich sehr und wird mir und allen Zellen und Organen und Körperteilen guttun. Vielleicht sprechen wir uns später noch, im Rahmen dieses Buches, oder auch außerhalb. Ich segne dich!

Ayla Ines:

Und ich segne DICH!

28.02.2020

Heute Abend kommt mir eine hoch spannende Idee: Könnte es sich bei der „neuartigen Form von Proteinen“ in meiner Körperin, die meine Kristalline Gebärmutter neulich erwähnte, um **Ewige Telomerase** handeln?! Die Telomerase ist nämlich ein Eiweiß, dessen Aufgabe es ist, die Telomere wiederherzustellen. Die Telomere wiederum sind die Enden unserer Erbgutfäden, der Chromosomen, und sie dienen diesen als Schutzkappe. Beim „normalen“ Alterungsprozess im dreidimensionalen Körper werden die Chromosomenfäden bei jeder Zellteilung ein Stückchen kürzer. „Bei einer kritischen Länge stoppt die Teilung der Zelle für immer – die Zelle vergreist.“[37] Wenn sich nun in meiner Körperin tatsächlich Telomerase-Moleküle befinden, die der Urform der Schöpfung entsprechen, dann würde das bedeuten, dass der „natürliche Verfall“ auf Dauer gestoppt ist und meine Körperin demnach schon dabei ist, die Naturgesetze der dritten Dimension hinter sich zu lassen. Wie dies allerdings mit meiner neu sich entwickelnden Zellstruktur zusammenhängt. die auf dem in 3D hochgiftigen Thallium basiert, das ist mir selbstverständlich (noch?) ein Rätsel…

37 Quelle: Interview mit der Molekularbiologin und Alternsforscherin Elizabeth H. Blackburn, die Telomere und Telomerase 1984 in Zusammenarbeit mit einer anderen Wissenschaftlerin entdeckte. Hinweis von Birgit Brahner. https://www.nar.uni-heidelberg.de/service/int_blackburn.html

Seelenanteile

(Ayla Ines ab dem 10.02.2020)

10.02.2020

Heute vor 71 Jahren bin ich in diese Wirklichkeit hinein geboren, die ich mit dir, liebe Leser*in, teile. Meine Seele sagt mir, dass es ein grauer Tag in einer grauen Zeit war, wenige Jahre nach Ende des 2. Weltkriegs im Rheinland, Westdeutschland. Als er mich sah, ein stark untergewichtiges, langes, dünnes Baby, soll mein junger Vater gesagt haben: „Die sieht ja aus wie ein abgezogenes Kaninchen!" Dieser Ausspruch, von meiner Mutter des öfteren zitiert, immer wenn ich Geburtstag hatte, hat mich über lange Zeit hinweg ziemlich verletzt und auch wütend gemacht. Inzwischen bin ich endlich in der Lage, das verborgene Geschenk darin zu sehen: Mein Vater hat damals erkannt und ausgesprochen, dass ich einen äußerst verletzlichen, schutzlosen, nicht nur „dünnhäutigen", sondern „hautlosen" Seelenaspekt mitgebracht hatte. Diesen Aspekt zu umhegen und zu nähren, ihm Wertschätzung zu schenken, sehe ich heute als eine meiner wichtigsten Aufgaben mir selbst gegenüber an. Es gab Zeiten, da haben andere Seelenanteile auf ihn eingeprügelt.

Als ich mir heute ein kleines Foto wieder anschaute, das ich vor zwei Jahren im Nachlass meiner Mutter fand und das meinen Vater zeigt, wie er mich als winziges Baby im Arm hält und voller Liebe anschaut, wurde mir klar: Dieses kleine Kind hatte damals während seiner Geburt einen großen Teil eines anderen Seelenaspekts im Geburtskanal verloren. Dieser Aspekt verblieb bis zu deren Tod im Körper meiner Mutter. Ein solches Phänomen ist sehr häufig, wie ich kürzlich in einem interessanten Online-Kongress zum Thema „Geburtstrauma heilen" erfuhr. Sehr viele Menschen verlieren bei ihrer Geburt Anteile, die dann im Körper der Mutter hängenbleiben. Sie können z.B. auf dem Wege über schamanische Arbeit zurückgeholt werden. Was für ein Aspekt war das bei mir? Er kam in diesen ersten Februartagen des Jahres 2020 wieder zu mir und ich erfuhr ihn sehr intensiv. Ich habe ihn meine „Cobra" genannt. Es ist die innere Kriegerin, die Wilde Frau, die kraftvolle Kämpferin.

Und einen dritten grundlegenden Seelenaspekt, den ich mitgebracht habe, erkannte ich heute auf der Grundlage meiner Erfahrungen der letzten Tage: Es ist die Magierin, die „Hexe“, die Wandlerin und Transformatorin. Dieser Anteil muss ziemlich vollständig mit in dieses Leben hinein gekommen sein, denn ich habe schon in meiner Kindheit, ungefähr im Alter von 4-5 Jahren, Bekanntschaft mit ihm gemacht. Allerdings wurde er damals verletzt und zog sich danach über lange Zeit zurück. Meine Magierin wirkt inzwischen sehr gerne mit der Wilden Frau zusammen, und zwar im Bereich der Klärung und Reinigung von niedrig schwingenden, „dunklen“, Energien.

Mein kleines „Kaninchen“ hat vor der Magierin Angst, und noch mehr vor der Cobra, der Wilden Frau. Diese beiden preschen immer wieder gerne vor, ohne das verschüchterte kleine Kind zu berücksichtigen. ICH, Ayla Ines, die ich die Einheit von Seele und Körper immer wieder neu herzustellen habe, auf immer wieder tieferer Ebene, habe mir nun vorgenommen, die Cobra und die Magierin davon zu überzeugen, dass sie das kleine „Kaninchen“ berücksichtigen, beschützen und mitnehmen sollten, anstatt es noch mehr einzuschüchtern.

Nun möchte ich ein wenig näher auf die Wilde Cobra eingehen, die vielleicht noch abstrakt wirkt im Vergleich zu den beiden anderen Seelenaspekten. Wie erfahre ich die Cobra? Wenn ich sie in mir spüre, strafft sich meine Haltung, und Kraft und kämpferische Energie durchströmen meine Körperin. Ich fühle mich wie „stählern“, voller Spannkraft, Mut und Schwung. In diesem Zustand erfahre ich mich als durchsetzungsfähig, „schlagkräftig“ und furchtlos. Die Cobra bevorzugt schwarze, eng anliegende Kleidung und schwarze Stiefel. Heute, zur Feier dieses Tages, einen eng anliegenden, langen schwarzen Rock.

Ich habe mich in den vergangenen Tagen als Cobra und als Magierin erlebt in der Auseinandersetzung mit Energien aus anderen Realitätsbereichen, also aus Bereichen, die nicht dreidimensional sind. Materialisten würden das als Spinnerei bezeichnen, denn diese Bereiche sind dem physischen Auge und Ohr nicht zugänglich. Auch ich „sehe“ und

„höre“ nichts, aber ich weiß und ich spüre diese Wirklichkeiten so sehr deutlich! Auch kann ich mit den dort agierenden Wesen „sprechen“, und zwar „höre“ ich sie als Gedanken, entweder in meinem Kopf oder auch in der Herzgegend. Letzteres, wenn es sich um liebevolle Energien handelt.

Die Cobra oder Wilde Frau, die ich nun vollständig zurück in meine Körperin holen konnte, ist eine Ebene meines höheren Seins, die für mich sehr wichtig ist. Sie beinhaltet das Potenzial, mein Selbstbewusstsein, und damit meinen Respekt vor mir selbst, nachhaltig zu stärken. Das kann sie aber nur, wenn ich sie auch in meinen ganz „banalen“ menschlichen Alltag mit hinein hole! Hier könnte ihr Name einfach „Zivilcourage“ sein… Mein Kaninchen hat nämlich nach wie vor Angst vor all den falschen Autoritäten in Staat und Gesellschaft, die uns heute noch in unserer freien Entfaltung einzuschränken suchen. Es hat auch Angst, sein Anderssein offen zu zeigen und dazu zu stehen. Daher sollte die Cobra das Kaninchen nicht noch zusätzlich bedrohen, sondern sich schützend vor es hinstellen. Ich spüre, dass da noch einige Arbeit an und in mir selbst zu leisten ist.

11.02.2020

Heute morgen melde ich mich selbst – Ich, das „abgezogene Kaninchen“, das Sensibelchen in Ayla Ines. Ich war so lange ein abgespaltener Seelenanteil und sie wusste es nicht. Abgespalten, oder vielleicht auch nur halb abgespalten, wer wüsste das so genau zu sagen? Ich nicht. Als Ines ein kleines Kind war, muss ich, dieses „Kaninchen“, noch sehr deutlich da gewesen sein. Ich füge hier ein paar Zeilen aus dem Tagebuch des Vaters ein, das sich im Nachlass fand. Der Eintrag ist von 1953, und er beschreibt darin seine drei ersten Kinder – es sollten noch weitere vier nachkommen:

„<u>Ines</u> (jetzt 4 Jahre): klein für ihr Alter, zierlich, hellblond, ein süßes, schönes, gleichmäßiges Engelsgesicht. So zart wie sie von Statur ist, so zart ist auch ihre Psyche. „Noli me tangere“[38] - ich brauche nur ein wenig „lauter“ zu sprechen – schon fließen die Tränlein. Sie ist halt auch ein „Wasserfräuchen“

38 Lateinisch: „Rühr mich nicht an“

wie ihre Mutti. So etwas Sensibles habe ich bei einem Kind noch nicht gesehen. Was sie nicht alles behält! Dabei ist sie keineswegs altklug. Sie ist sehr leicht zu lenken und gehorcht (mit den bei Kindern üblichen Ausnahmen) gut. Schläge sind bei ihr kaum angebracht."

Ja… geweint habe ich viel und oftmals sehr verzweifelt, bis zu einem Alter von Mitte 30 ungefähr. Dann ging mir die Fähigkeit zu weinen für mehrere Jahrzehnte gänzlich verloren, ebenso wie die Fähigkeit zu lachen. Ich glaube, Ines hat ihre Gefühle eingefroren, um sie nicht spüren zu müssen, und dabei wurde Ich, das „Kaninchen", abgespalten. Oder teilweise abgespalten. Ich glaube, ich bin nicht nur ein einziger Seelenanteil, sondern ein ganzer Komplex von Anteilen! Was ich jetzt wahrnehme, ist, dass ich den gesamten großen Teil repräsentiere, der in vergangenen Leben „Opfer"-Erfahrungen jeglicher Art durchlaufen hat. Vom Pranger über Folter und Tod, Vergewaltigungen in und außerhalb von Ehen, einschließlich mindestens einer Erfahrung des eingemauert Verhungerns und Erstickens.

Ayla Ines hat ihren gestern Abend verfassten Beitrag schon unter dem Eindruck der tiefen Trauer geschrieben, die von Mir her kam. Sie war aufgrund dessen auch nicht in der Lage, wirklich das auszudrücken, was sie sagen wollte. Ihre Zeilen kommen, wie ich empfinde, eher blutleer herüber. All das Blut war bei Mir, und Ich habe es geweint… Als Ayla Ines ihren Laptop heruntergefahren hatte, kam sie endlich auf den Gedanken, einmal nachzufragen, wessen Trauer und Angst sie da spürte. So konnte sie meine Hilferufe hören und mich aus dem engen, tiefen Loch hervorholen, in welchem ich feststeckte. Ich war die ganze Nacht über in ihrem Bewusstsein präsent. Immer, wenn sie wach wurde, war ich mit meinen Gefühlen von tiefer Beklemmung und „Nicht genügen" anwesend. Heute Morgen war Ich es, die 15 Minuten auf dem Fahrradergometer strampelte. Ich glaubte vorübergehend, Ich, das verlorene „Kaninchen", müsste ganz alleine dieses Buch schreiben. Welch eine Horror-Vorstellung in dem Augenblick!

Nun ist es aber bald soweit: Sobald ich diesen Beitrag abgeschlossen habe, werde ich ins „SeelenLand“[39], das Innere Paradies, von Ines einkehren. Mit anderen Worten, ich werde mich vollständig in die Seele INES reintegrieren. Ich spüre es jetzt schon – der Prozess ist seit einer Weile bereits im Gange. Erleichterung!!! Kraft und Energie, das Gefühl des Verbunden-Seins, des Genährt-Seins, erste Freude, strömen ein.

Ich glaube, dass Ich, das erlöste „Kaninchen“, das wiedererstandene, das sein samtiges, goldenes Fell (oder Vlies) wieder hat wachsen lassen, eine unermesslich kostbare und wichtige Quelle von Inspiration für Ayla Ines und dieses Buchprojekt werde sein können. Wer hätte das gedacht! *Ich* nicht, noch vor ein paar Minuten nicht…

Nun erkenne ich gerade in diesem Augenblick, dass *mein Aspekt als „erlöstes Kaninchen“* schon früher *auch* da gewesen sein muss. Denn es bin eindeutig Ich, dieses „erlöste Kaninchen“, die die weiter unten stehenden Texte „Menschsein im Tiefsten und im Höchsten“ und „Die Ur-Wunde“ im August 2019 bzw. im Oktober 2019 mit inspiriert hat!

12.02.2020

Heute morgen spürte ich, Ayla Ines, den **Zorn der Hexe** in mir. In der vergangenen Nacht konnte ich kaum schlafen; gegen halb fünf stand ich auf. Ich merkte, dass ich keine Ruhe mehr im Bett finden würde, und ich merkte auch, dass das, was mich umtrieb, nichts rein Persönliches war, sondern dass es mit einem kollektiven Thema zu tun haben musste. Eine gute Stunde später ging mir auf, worum es sich handelte: „Ich bin die Hexe“, dachte etwas in mir! Was mich beunruhigte, war die Tatsache, dass dieser kollektive Zorn auch Anteile enthielt, die nicht „rein“ waren. Sprich, ich spürte sehr deutlich die Energien von Flüchen, die Hexen unter der Folter und auf dem Scheiterhaufen gegen ihre Peiniger geschleudert haben. Auch ich selbst tat dies in einigen solcher Inkarnationen…

Inzwischen, am Spätnachmittag, fühle ich mich wieder im seelischen Gleichgewicht. Ich habe daran gearbeitet, die Flüche aufzulösen und

---

39 Siehe hierzu: Ines Nandi, „Transformation – Achterbahn in die Selbstliebe“, BoD, 2018

die damit verbundenen Energien zu erlösen und zu heilen. Diese Arbeit ist mit Sicherheit nicht an einem einzigen Tag getan, aber ein Anfang ist gemacht!

17.02.2020

Hier schreibt erneut Ayla Ines. Die vergangenen 3-4 Tage waren erneut kein Sonntagsnachmittagsspaziergang! Ohne bis heute wirklich zu verstehen, was mit mir los war, fiel ich in eine große Traurigkeit. Zwischendrein dachte ich, es ginge um männliche Anteile aus früheren Leben, denen meine weibliche Seite nicht vergeben konnte, was sie getan hatten. Diese Deutung trat später in den Hintergrund, und ich bekam stattdessen Angst durchzudrehen, weil ich einige Nächte lang wenig geschlafen hatte. Auch traten Selbstzweifel bezüglich mancher Wahrnehmungen auf, die ich in diesen Nächten hatte. Am heutigen Abend kam die Erkenntnis hinzu, dass ich offenbar mehr als ich bisher glaubte im kollektiven Bewusstseinsfeld unterwegs war und bin. Die Gefühle von Schmerz, Trauer, Angst und sogar Panik, die in der Vergangenheit oft sehr intensiv waren, sind nicht immer nur meine eigenen gewesen… Obwohl ich wusste, dass zahlreiche Lichtarbeiter*innen seit langem solche Arbeit für das menschliche Kollektiv leisten, war mir nicht wirklich klar, dass ich auch zu ihnen gehöre. Jedenfalls kann ich heute Abend noch nicht sagen, ob ich in diesen Tagen eigene Seelenanteile integrieren konnte.

Menschsein im Tiefsten und im Höchsten

(von Ines, 17.08.2019)

Menschsein ist Grenzerfahrung und Grenzüberschreitungs-Erfahrung. Menschsein ist auch Wunde, ist Schmerz. Wenn die Wunde die Grenze zum Wunder überwindet, dann treffen sich *Göttlich* und *Menschlich* in mir und der wahre Tanz kann beginnen.

Ich möchte über die Bedeutung der Wunde sprechen und über die Bedeutung des Schmerzes, den sie beinhaltet. Ich spreche hier nicht über den sogenannten Schmerzkörper, der aus dem Widerstand gegen die Wunde hervorgeht und aus dem Opfer- und Täterbewusstsein. Die Bedeutung der Wunde und ihre Wandlung ins Wunder hinein geschieht, wenn ich den zwanghaften Wunsch losgelassen habe, sie zu heilen, um sie *loszuwerden.* Die Wandlung geschieht, wenn ich begriffen habe, dass die Tiefen der Wunde unauslotbar sind. Ich kann die Wunde tausendmal und mehr „bearbeiten", sie bleibt und offenbart mir immer *noch* tiefere Schichten. Ja, ich habe in meine eigene Wunde aufmerksam hinein gespürt, und ich nenne sie jetzt einmal die „Wunde des Menschseins". Sie hat viele Gestalten und ist bei jedem Menschenwesen anders – je nach der individuellen Seelenessenz. Aber eines ist bei uns allen gleich: Die Wunde ist DA, ob wir sie wahrnehmen oder nicht. Und: Sie ist letztendlich wirklich „unheilbar". Das sage ICH, Ines, als die uralte Heilerin-Seele, die ICH BIN!

Ist das eine mega-schlechte Nachricht? O nein. Es ist der Grund, warum wir hier waren und sind, wir, die Pionierinnen und Pioniere, die seit vielen Jahrtausenden der Menschheit vorangegangen sind und auch jetzt wieder hier sind und uns neu sammeln. Wir haben die Wunde durchlebt, ausgelotet und erkannt: Sie zu kennen, anzunehmen, zu umarmen, ist das Tiefste und das Höchste, was wir in unserem Menschsein erreichen können!

GOTT-GÖTTIN initiierte das Experiment der Dritten Dimension auf der Erde, um den Seelen, die dort inkarnieren, die Erfahrung der tiefsten Tiefen zu ermöglichen. Warum? Ich fühle die Antwort so: Die Göttliche QUELLE, die *Alles* umfasst, von der *Alles* ausgeht und zu der

Alles zurückkehrt, wollte das unbegreifliche und unendliche Potenzial, das sie IST, in der äußersten Konsequenz manifestiert erfahren. Darum erlaubte sie das Experiment von „3D". Die Seele, die sich voll und ganz auf dieses Experiment einließ, *musste* „vergessen". Sie *brauchte* die „Illusion der Trennung". Denn ohne diese Illusion hätte sie die Erfahrung des „Fallens" nicht machen können! Wie kann ich fallen, wenn ich mich *Eins* und verbunden und gehalten weiß, und das mit einer Gewissheit, die keinen Zweifel kennt? Ohne den Fall aber kein Eintauchen in die Tiefen… Wenn du jedoch in die tiefsten Tiefen hinein gehst, wenn du in sie hinein *fällst*, dann geschehen Erfahrungen, die dich bis in die Grundfesten deines Seins hinein erschüttern. Nie, nie und niemals wirst du danach wieder so sein wie vorher! Wenn du nach Hause zurückkehrst, bewusst zurückkehrst und die Illusion wieder hinter dir lässt, bist du verändert, verwandelt, und zwar von Grund auf. Die Glückseligkeit des ursprünglichen Eins-Seins wird dir möglicherweise sogar irgendwie schal vorkommen. Denn du weißt das Selbstverständliche erst dann wirklich zu schätzen, wenn du es einmal verloren und dann wiedergefunden hast. Wie groß ist die Freude, das Glück, der Wieder-Vereinigung mit dem göttlichen Ursprung! Ich kann es heute, das ist ein Sonntag Mitte August 2019, kaum erst erahnen, denn ich stehe noch unter dem Eindruck der tiefen Erfahrung der Wunde.

Ich zitiere ein paar Sätze, die ich vor einigen Tagen geschrieben habe, um diese Erfahrung, wie sie sich mir selbst gezeigt hat, anzudeuten:

Den Verlust des Allerliebsten annehmen, sich der Ohnmacht und der Angst hingeben – klein und schwach SEIN. Wissen, dass du nichts TUN kannst, dich hingeben, weil DU nicht die Entscheidung hast, die dem anderen gehört; nicht über den Dingen stehen, sondern mit ihnen fließen…

Die Illusion der Trennung schließt uns die tiefsten Tiefen der Seele auf. Der „Sinn des Leidens", oder vielleicht besser gesagt, des Schmerzes, offenbart sich zu seiner Zeit in der **Verklärten Wunde**. In diesem Zusammenhang erschließt sich uns auch die Kreuzigungs-Erfahrung von Yeshua/Jesus in einem neuen Licht. So wie ich sie heute sehe, war diese Kreuzigung nicht mehr und nicht weniger als eine Initiation in die Tiefen der Wunde des Menschseins. Diese Wunde ist dort am allertiefsten, wo der extremste körperliche Schmerz mit dem extremsten seelischen Schmerz zusammenkommt und in den physischen Tod mündet. Über die körperlichen Schmerzen der Kreuzigungs-Erfahrung haben die christlichen Frommen zwei Jahrtausende lang immer wieder meditiert und sie jährlich am Karfreitag zelebriert. Von den seelischen Qualen der damit einhergehenden psychischen Traumatisierung war selten die Rede. Aber JA, der *Mensch Yeshua war seelisch traumatisiert durch diese Erfahrung!* Und wenn er auch vor seinem Tod die Worte sprach: „Vater, vergib ihnen, denn sie wissen nicht, was sie tun", wenn er auch die Prüfung angenommen hatte - „dein Wille geschehe" - der Mensch in ihm hatte Angst, der Mensch fühlte die Ablehnung, die Verurteilung, die Ausgrenzung. Vielleicht stand der göttliche Christus in ihm „über den Dingen" und hat nicht gelitten, vielleicht aber sehr wohl, weil Er sich vollkommen auf die menschliche Erfahrung einließ, weil Er vollkommen in den Körper des Yeshua herabgestiegen war…

Nun war Jesus eine Meisterseele, die die Illusion der Trennung hinter sich gelassen hatte, aber dieses „Mein Gott, mein Gott, warum hast du mich verlassen?" im Augenblick seiner größten Qual, es spricht Bände! In diesem Augenblick *fühlte* er noch einmal die Trennung!

Warum aber brauchen wir eine solche Erfahrung der tiefsten Tiefen? Die Antwort, die meine Seele mir heute zuflüstert, lautet:

Höchste Höhen und tiefste Tiefen sind EINS

und das bedeutet:

Im Augenblick deiner tiefsten Schwäche und Ohnmacht als Mensch kommst du in die Verbindung mit deiner höchsten und reinsten Göttlichkeit

Die Voraussetzung für eine solche Erfahrung: Du gibst dich deiner menschlichen Schwäche und Ohnmacht voll und ganz hin, du gibst bewusst jeglichen Widerstand gegen Leiden und Schmerz auf.

Ein Weiteres: Wir brauchen die Erfahrung des tiefsten Schmerzes in jeglicher Gestalt, um die höchste Ekstase der FREUDE erleben und ertragen zu können! „Unerträgliches Glück" - o ja, das ist real!

Und noch eins – ich deutete es schon an: Das Glück der Rückkehr nach dem Verlust des Zuhauses kennt nur der „verlorene Sohn", die „verlorene Tochter"! Auch dieses Gleichnis Yeshuas lese ich heute neu… Und offenbar ist auch das Glück der Göttlichen QUELLE real, immer dann, wenn eine Seele ihren langen, langen Ausflug in die Dualität vollendet.

Was aber verstehe ich unter der **„verklärten Wunde"**? Dieser Begriff fand mich auf dem Weg über ein katholisches Osterlied, das den Auferstandenen besingt. Es ist dort die Rede von der „verklärten Leibsgestalt", dem Leib „klar wie Kristall", „Rubinen gleich die Wunden all"… „die Seel' durchstrahlt ihn licht und rein, wie tausendfacher Sonnenschein"… Der „Auferstehungsleib" Jesu – ein Mysterium, ebenso wie *unser* eigener „aufgestiegener" Körper ein Mysterium sein wird! Deutlich wird in diesem Osterlied das *kristalline* Wesen des Auferstehungsleibs sowie die Tatsache, dass die Seele des Auferstandenen den verklärten Körper vollkommen durchdringt und „durchstrahlt".

Aus meiner Sicht – und so sehe ich das schon lange – hat sich Yeshua nicht als „Opferlamm", als „Sühne" für unsere „Sünden" hingegeben. Heute erst sehe ich aber noch mehr: Er ist uns vorausgegangen in der extremsten Erfahrung des Menschseins und verwirklichte auf diesem Wege seine wahre Göttlichkeit. Und seine Mutter Maria, seine Ehefrau Maria Magdalena, seine Freundinnen und Freunde? Sie mussten als *Menschen* die Folter, die Erniedrigung, die Auslieferung an diese Grenzüberschreitungs-Erfahrung ohnmächtig mit ansehen. Sie selbst wurden körperlich nicht gefoltert und gekreuzigt, aber ihre Seelen. Auch das eine extreme Initiation – häufig schon bin ich auf den Gedanken gestoßen, dass die Qual der Angehörigen, die ohnmächtig auf das Leiden eines geliebten Menschen schauen müssen, mindestens genauso tief ist wie der Schmerz des betroffenen Menschen selbst.

Was ich nun behaupten möchte, und ich spüre nur ein leises, zustimmendes Nicken von „oben": Diese Wunde der tiefsten menschlichen Erfahrung ist lebendig in den Herzen der Aufgestiegenen Meister*innen Sananda/Jesus, Lady Nada/Maria Magdalena und Lady Maria/Mutter Maria! Sie ist verklärt und sie leuchtet – vielleicht tatsächlich wie Rubine – aber sie ist DA, denn sie ist essenzieller Bestandteil ihrer Erfahrung als göttlich-menschliche Wesen.

Im Lichte dieser Gedankengänge erschließt sich uns vielleicht auch der Grund dafür, dass so sehr, sehr viele heute inkarnierte Pionier*innen nach wie vor in diesen Monaten durch tiefe, extrem herausfordernde Prozesse aller Art hindurchgehen, die unter Umständen sogar immer heftiger werden, anstatt dass sie „leichter" sind. Ja, ich weiß sehr wohl, in „spirituellen Kreisen" geht seit Jahren der Satz um: *„Es darf leicht gehen"*. Er wurde uns schon vor längerer Zeit aus den Ebenen der Engel und der Aufgestiegenen Meister*innen gegeben. Die Erfahrung vieler Menschen, die schon so lange unterwegs sind, scheint diesen Satz zu widerlegen. Aber wie ist er denn eigentlich wirklich gemeint? Ich selbst verstehe ihn heute wie folgt:

Wenn du deinen Widerstand aufgibst gegen das, was JETZT gerade IST, dann lernst du, was es bedeutet, mit dem LEBEN mit zu fließen. Der Schmerz ist dann zwar noch für eine Weile da, aber du *leidest nicht mehr*.

Das eigentliche „Leiden" entsteht in der Tat durch unseren Widerstand. Je größer dieser ist, desto unerträglicher unser Leiden. Es ist aber genau der Schmerz dieses Leidens, der uns mit der Zeit aufschließt, der uns „weichklopft", der sämtliche selbst erbauten „Panzer" um unser Herz herum schmelzen lässt.

Am Ende steht die Erkenntnis:

Wir sind wehrlos, wir sind ausgeliefert, aber wir haben keine Angst mehr davor, denn wir haben den Zugang zur LIEBE gewonnen...

Der Weg hindurch

(Ines im August 2019)

Der Weg in die bedingungslose Liebe führt durch den Hass hindurch
Der Weg in das LEBEN führt durch den Todesschmerz hindurch
Der Weg in den Frieden führt durch die Zwietracht hindurch
Der Weg in die Ruhe führt durch die Unruhe hindurch
Der Weg ins Glück führt durch das Unglück hindurch
Der Weg in die Freiheit führt durch die Gefangenschaft hindurch
Der Weg in die Reinheit führt durch die Verunreinigung hindurch
Der Weg in die Gelassenheit führt durch den Kampf hindurch
Der Weg in die Klarheit führt durch die Verwirrung hindurch
Der Weg in die Eigenverantwortung führt durch die Abhängigkeit hindurch
Der Weg in die Wahrheit führt durch die Lüge hindurch
Der Weg in den Mut führt durch die Angst hindurch
Der Weg in die Freude führt durch die Trauer hindurch

(Du selbst kannst diese Liste beliebig fortsetzen...)

Die Ur-Wunde

(von Yeshua und Ines, 04.10.2019)

Was ist die Ur-Wunde? Es ist die Wunde, die im Anfang der Entwicklung der Großen Illusion entstand, nämlich als das Kollektiv der Seelen sich auf den Weg machte, sowohl gemeinsame als auch individuelle Erfahrungen für die QUELLE zu durchlaufen. Es lag und liegt im Plane der Göttlichen Quelle von männlich und weiblich und von Allem, Was Ist, SICH SELBST immer tiefer zu erkennen. Dies ist aber nur auf dem Wege durch sehr, sehr viele Erfahrungen möglich. Natürlich kennt Gott/Göttin sein/ihr gesamtes **Potenzial**, welches unermesslich und unergründlich ist. Aber was bedeutet es, was geschieht, welches sind die Auswirkungen, wenn dieses Potenzial sich **manifestiert**? Das ist es, was die Quelle wissen möchte, und zwar **konkret, auf dem Wege über zahllose Erfahrungen.** Wir, das Kollektiv der Göttlichen Seelen, und speziell Wir, das Kollektiv der Menschenseelen, willigten im Dienste der QUELLE darein ein, uns gemeinsam und auch – scheinbar – alleine auf diesen Weg der Erfahrungen zu machen. Hierzu mussten wir aber in die – zumindest scheinbare – **Trennung** hinein, denn anders waren solche Erfahrungen nicht möglich…

So gibt es also eine Ur-Wunde, die allen Wesen gemeinsam ist, die es überhaupt gibt: Es ist die Wunde der ursprünglichen Trennung von der Quelle allen Seins - der Schmerz, der bei jedem einzelnen Wesen und bei allen gemeinsam entstand, als wir unsere Heimat verließen. In den „Shouds" des Aufgestiegenen Meisters Tobias, gechannelt durch den Amerikaner Geoffrey Hoppe, wird dieser Ur-Schmerz beschrieben als die Erfahrung einer gigantischen Feuerwand, in welcher wir späteren Menschenseelen in die Individualität hinein „zerschlagen" wurden. Seither sind wir in der Sehnsucht nach der Heimat in der Quelle unterwegs und hatten über die letzten Jahrtausende hinweg sogar vergessen, dass wir in Wahrheit immer verbunden waren und sind.

Als wir Menschen auf die Erde gingen, geschah dies in der Absicht, ganz besondere, noch nie dagewesene Erfahrungen für die Quelle zu durchlaufen. Wir waren – und wir sind – die mutigsten Seelen im

Omniversum, und wir hatten schon zahlreiche Verkörperungen auf verschiedenen Ebenen nicht nur in diesem unserem uns bekannten Universum hinter uns. Die Seelengeschwister, die wir heute als die Engel verehren, feierten unseren Mut und tun es heute noch! Sie sind immer für uns da, genau darum weil wir sozusagen diejenigen sind, die die heißen Kartoffeln aus dem Feuer holen. Unser Auftrag war und ist, Schöpfer*innen zu sein und uns als solche zu erfahren. Nun… was haben wir nicht alles mit Begeisterung erschaffen und tun es noch! In Atlantis, das in einer deutlich höheren Frequenz schwang als die Erde in der nachatlantischen Epoche, kam es schließlich zu einem großen „Missklang", wie wir es einmal nennen wollen: Wir wussten als menschlich-göttliche Schöpferwesen damals noch nicht wirklich, was Hochmut ist und was Missbrauch bedeutet. So geschah es, dass manche Priesterinnen und Priester sich im Laufe der Zeiten „besser" vorkamen als andere, weil sie so viel Wissen und Können – heute würden die Leute sagen, Know-How – angesammelt hatten. Sie fingen an, andere Menschen für persönliche Zwecke zu instrumentalisieren und die spirituellen Techniken, die sie beherrschten, rein zum eigenen Vorteil einzusetzen. Es entstand schließlich auch unter ihnen Konkurrenzneid und Kampf. Dies alles brachte die Schwingung des Kontinents in immer niedrigere Bereiche, ohne dass die betreffenden Priester*innen sich Rechenschaft darüber ablegten. Sie merkten nicht, dass etwas „schief lief". Am Ende kam es zum Abfall der Schwingung in die dritte Dimension hinein und zum Untergang des Kontinents.

Nach dem Fall von Atlantis fing die Menschheit in ihrem Erfahrungs-Lauf sozusagen noch einmal ganz neu an. Anfangs gab es noch einen gewissen Reflex von Erinnerung an die ursprüngliche Einheit mit der Schöpfungsquelle. Im Zuge der immer heftiger werdenden Auseinandersetzungen unter den Menschen – Auseinandersetzungen um Ressourcen zur Lebenserhaltung der einzelnen Gemeinschaften zum Beispiel – sank die Frequenz auf dem Planeten immer weiter ab und das Bewusstsein der Trennung verstärkte sich. Schließlich schickte Gott/Göttin Seelen auf die Erde, die den Menschen dabei helfen sollten, sich wieder zu erinnern. Pionierseelen, die zunächst mit großer Begeisterung inkarnierten und sich im Bewusstsein tiefer Verbundenheit an die Arbeit machten. Als sich die Schwingung auf der Erde jedoch immer weiter erniedrigte, wurde es immer schwieriger für sie, ihr Wirken fortzusetzen. Sie erfuhren Verfolgung, Folter und Tod und zweifelten immer mehr an sich selbst. Schließlich vergaßen auch sie ihr wahres Sein, fühlten sich in späteren Verkörperungen unter den Menschen einfach nur noch fehl am Platz und hielten sich für Versager*innen. Es sind die Erwachenden der heutigen Zeit, die nun wiedergekommen sind, um sich zu erinnern und erneut der Menschheit voranzugehen.

Wenn du dieses Buch in Händen hältst und liest, gehörst du mit Sicherheit zu ihnen! Für Menschen wie dich und auch für mich, Ines, haben Eva Denk und Christopher Amrhein ein Buch geschrieben, das den Titel trägt: „Heimkehr in dein wahres Selbst – SEELENESSENZ & URWUNDE".[40] Mit der Urwunde ist hier die Wunde dieser speziellen Gruppe von Menschen gemeint, der wir angehören. Eva Denk, Astrologin und Medium, hat in zahlreichen Heilsitzungen unsere Geschichte erforscht und herausgefunden, dass es zwölf Seelenessenzen gibt, denen wir zugehören: Wir sind Kriegerseelen oder Bewahrerseelen, Lehrerseelen, Erinnererseelen, Lichtseelen, Heilerseelen, Liebesseelen, Transformiererseelen, Priesterseelen, Meisterseelen, Verbinderseelen oder Seherseelen. Welches deine individuelle Seelenessenz ist, das kannst du über ein Horoskop herausfinden, in welchem der kleine Planet Chiron erfasst ist. Genauer gesagt, geht es darum zu wissen, in welchem Haus er zu deiner Geburtsminute an deinem Geburtsort stand. Außerdem ist das Sternzeichen relevant, in welchem dieser Planet an deinem Geburtstag stand. Im Folgenden ein Zitat aus der Website von Denk und Amrhein:

https://www.salimutra.de/die-werke/seelenessenz-buch-1/

---

40 Freising, Februar 2018, 2. überarbeitete Auflage

„DEINE GRUNDESSENZ

Die erste Essenz, die die Stellung von Chiron in einem Haus deines Horoskops anzeigt, drückt deine grundlegende Seelenenergie aus. Dies ist die Schwingung als die du gedacht bist und die dein Grundthema als Seele auf der Erde anzeigt. Dort drücken sich sowohl dein höchstes Potential als auch all die Erfahrungen mit deiner Urwunde aus.

Deine erste Essenz bleibt durch alle Leben gleich.

Die zweite Essenz - das haben wir in unseren Forschungen und in vielen Sitzungen erfahren – ändert sich durch deine Leben auf Erden immer wieder. Du siehst sie anhand von Chiron im Sternzeichen in deinem Horoskop in diesem Leben. Oft befindet sich Chiron einige Jahre in einem Zeichen, somit wird eine ganze Generation mit einem bestimmen Thema, der kollektiven Strömung dieser Zeit, geboren. Das nennen wir auch „Essenzwellen".

Wir alle haben auf Erden somit die 12 Essenzen als archetypische Schwingung durchlebt. Auf diese Weise erfahren wir alle Erdenergien und Möglichkeiten sie auszudrücken. haben damit karmische Themen.

Die Pioniere sind jetzt hier um ihr Grundthema zu erfahren und damit zu erwachen..."

Warum geben wir diese Informationen hier weiter? Nun, das Thema unseres Buches Die neue Unsterblichkeit betrifft genau diese Pionier*innen, für die und mit denen auch Eva Denk und Christopher Amrhein schreiben und arbeiten. Was wir den „physischen Aufstieg" nennen, steht in diesen Jahren um 2020 für eben diese Gruppe an, und zwar – o ja – für eine Vorhut dieser Gruppe. Denn wer von uns ist schon soweit, sich ernsthaft darauf einzulassen, dass der physische Tod ein „veraltetes Aufstiegs-Modell" ist?! Jedenfalls sind wir, Yeshua und Ines, der Meinung, dass die Durcharbeitung des Buches von Denk/Amrhein sehr hilfreich bei unseren Prozessen sein kann.

Um auf die Ur-Wunde zurückzukommen: Es gibt sie also in verschiedenen „Auflagen" oder auch Schichten. Das bedeutet, dass wir auf unserem Heilungsweg diese Schichten zu durchlaufen haben. Dabei ist auch zu berücksichtigen, dass die Ur-Wunde sowohl einen kollektiven als auch einen individuellen Aspekt hat. Bin ich also zum Beispiel eine

Heilerseele – wie ich, Ines, es bin – dann habe ich zum einen meinen ganz individuellen Weg über meine eigenen Inkarnationen hinter mir, bin aber zugleich sowohl mit der Erfahrung aller Heilerseelen wie auch mit der Erfahrung aller Pionierseelen verbunden. Außerdem trage ich, wie alle anderen Wesen im Omniversum, die ursprüngliche Ur-Wunde der Trennung von der QUELLE in mir.

Wie kann ich mit diesem Wissen umgehen? Es ist in der Tat essenziell für unseren Weg in den physischen Aufstieg hinein, denn der Weg der Heilung der eigenen Ur-Wunde *ist* der Weg in diesen Aufstieg! Es geht ja um die Heilung des Bewusstseins der Trennung… Wir werden gemeinsam mit dir weiter daran forschen…

Ur-Wunde und innere Eltern

(von Ines, 30.07.2019)

Die Heilung unserer Ur-Wunde hängt zutiefst mit der Heilung unseres inneren Kindes zusammen. Warum? Wir wählen uns / unsere Seele wählt sich vor jeder neuen Inkarnation genau *das* soziale Umfeld aus, und insbesondere *das* Elternpaar, das geeignet ist, uns durch seine Eigenschaften und Einflüsse in einer ganz bestimmten Weise zu prägen. Diese Prägungen zu „bearbeiten“, zu erlösen und daran zu wachsen, das ist der grundsätzliche Inhalt jedes menschlichen Lebenswegs. Dies sind Tatsachen, die unter Menschen auf dem spirituellen Weg weitgehend bekannt sind. Was aber vielleicht nicht so bekannt ist, das ist die Tatsache, dass die aus unseren Prägungen erwachsenden Herausforderungen *immer* in irgendeiner Weise mit der Heilung unserer Ur-Wunde zu tun haben. Unsere Ur-Wunde aber hat immer in dieser oder jener Form mit der **Liebe** zu tun.

Was ist das eigentlich, unsere Ur-Wunde? Bei näherem Hinschauen gibt es sogar *zwei* Ur-Wunden: eine *kollektive* und eine *individuelle.* Die kollektive Ur-Wunde ist die Grundlage, erste Ursache und Voraussetzung für die Ur-Wunde jedes einzelnen Menschen. Worin besteht diese kollektive Ur-Wunde? Es ist die Wunde, die in der Menschheits-Seele – und damit auch in jeder einzelnen Menschenseele – bei der ursprünglichen „Trennung“ vom Göttlichen Ur-Grund entstand. Über diese Trennung wird in allen religiösen und spirituellen Traditionen gesprochen. Die Bibel zum Beispiel verbildlicht sie in der Geschichte von der „Vertreibung aus dem Paradies“ und verknüpft die „Trennung von Gott“ mit den Konzepten von menschlicher „Schuld“ und göttlicher „Strafe“.

Die individuelle Ur-Wunde *aller* Menschen – nicht nur der Pionier*innen – hat in der Tat ebenfalls mit einer „Trennung“ zu tun, und zwar mit einer auf der zwischenmenschlichen Ebene stattgefundenen realen Trennung. In der Regel geht es dabei um einen – erotischen – Liebespartner bzw. eine solche Partnerin. Wenn du nun als Mann die Ur-Wunde einer traumatischen Trennung von einer über alles geliebten

Partnerin tief in dir verdrängt trägst, dann wirst du, solange diese Wunde nicht gesehen und geheilt ist, in jedem nachfolgenden Leben das Bild dieser Partnerin zunächst einmal ganz automatisch, und natürlich vollkommen unbewusst, auf deine Mutter projizieren. Dasselbe gilt entsprechend für die Frau: Sie projiziert den verlorenen Partner auf ihren Vater. Da unsere Eltern aber nie „perfekt" sind, spiegeln sie uns nicht nur die Stärken und positiven Seiten unseres verlorenen Partners, sondern auch dessen/deren Schwächen und Kehrseiten. Für unsere persönliche Entwicklung folgt daraus, dass wir unsere*n Traumpartner*in im Laufe von zahlreichen Inkarnationen nach dem Verlust auf vielfältige Weisen durch und durch kennenlernen. Und des Weiteren folgt daraus, dass die Aussöhnung unseres inneren Kindes mit den „Schattenseiten" der leiblichen Eltern verbunden ist mit unserer Versöhnung mit den Schattenseiten des/der Traumpartner*in. Was bedeutet aber eine solche Aussöhnung? Du lernst mit der Zeit, die wahre *Seelen-Essenz* dieser Menschen kennen und sehen!

Übung:

*Liebe Frau, setze dich hin, schließe deine Augen und spüre die Energie deines Vaters. Lieber Mann, spüre die Energie deiner Mutter. Was geschieht? Wenn du lange genug hin spürst und es dir dabei gelingt, ganz neutral zu werden, dann kannst du schließlich die Essenz seiner/ihrer SEELE fühlen. Wenn du dabei wirklich frei bist von jeglichem Urteil über die „Stärken und Schwächen" seines/ihres „Charakters", wirst du am Ende auch in der Lage sein, eine Impression von der Seelen-Essenz deines/deiner verlorenen Partner*in zu erhalten.*

Diese Übung wiederholst du am besten immer wieder, denn die Herausforderung dabei besteht in der Urteilsfreiheit, die du den eigenen Eltern gegenüber in der Regel nicht so leicht erreichst…

Selbstsabotage, Ur-Wunde und weibliche Wunde

(Ines mit Yeshua und Maria Magdalena, Anfang Oktober 2019; leicht bearbeitet am 14.03.2020)

Zahlreiche Menschen auf dem Weg des spirituellen Erwachens sind sich der Tatsache bewusst, dass sie sich selbst systematisch und immer wieder sabotieren, wenn es darum geht, die Aufgabe zu leben, für deren Erfüllung sie immer wieder – und erst recht heute – auf die Erde gekommen sind. Besonders effektiv funktioniert diese Selbstsabotage, wenn es darum geht, mit der jeweiligen Lebensaufgabe auch in die materielle Fülle hinein zu kommen. „Ich bin nicht gut genug“ ist einer der zentralen Glaubenssätze, die dabei eine große Rolle spielen.

Woher rührt diese Selbstsabotage? An ihrem Ursprung finden wir die kollektive wie auch die individuelle Ur-Wunde! Die kollektive Ur-Wunde der Trennung (der so erfahrenen Trennung, die eine Illusion ist) vom Göttlichen liegt an der Wurzel der jeweiligen individuellen Ur-Wunde. In dieser individuellen Ur-Wunde wurde die kollektive Erfahrung der „Trennung“, des „Verlassenseins“, der existenziellen Angst, individuell „aktiviert“. Dies geschah jeweils in einer sehr frühen Inkarnation. In allen späteren Leben, in denen der Mensch versuchte, seine/ihre Bestimmung zu leben, erfolgte regelmäßig eine „Bestrafung“ in der Form, dass unbewusste Zeitgenossen diesen Menschen verfolgten, anprangerten und verhöhnten, folterten, vergewaltigten und umbrachten. Die „Hexen“-Verfolgungen des Mittelalters und der frühen Neuzeit sind nur eines von vielen Beispielen hierfür. Im Verlaufe all dieser Erfahrungen entwickelte der inkarnierende Teil der Seele effektive Schutzmechanismen, um die entsprechenden Traumata nicht schon wieder erleben zu müssen. Unsere Selbstsabotage-Programme sind nichts anderes also solche Mechanismen zum Selbstschutz! Wenn ich „nicht gut genug bin“ und „es sowieso nicht schaffe“, warum sollte ich mich dann ins Zeug legen? Wir haben Angst vor unserem eigenen Licht, denn es könnte andere dazu provozieren, uns anzugreifen…

Gibt es einen Ausweg aus dieser Falle? Gibt es einen Weg, um aus dieser Angst herauszukommen? Um unseren Weg in den individuellen physischen Aufstieg gehen zu können, ist es notwendig, dass wir unsere Ur-Wunde heilen! Was bedeutet das aber? Sämtliche traumatischen Erfahrungen, die wir in diesem Zusammenhang durchlaufen haben, sind in den Zellen bis tief in die DNA hinein gespeichert. Wenn wir wünschen, dass unser Herz erwachen soll, brauchen unsere Zellen Reinigung. Diese Reinigung ist ein Weg und kann nicht im Hauruck-Verfahren exerziert werden. Wir haben jedoch in der heutigen Zeit starke Instrumente zur Verfügung, und das sind nicht zuletzt die Quanten-Codes, die sich uns aus dem Feld heraus anbieten. Neben der Heilung von körperlichen Beschwerden können sie uns auch bei der Heilung der Seele auf dem Weg über die Reinigung unserer Körperzellen helfen. Eine ganze Reihe von solchen Codes stellt uns die Geistige Welt in einem eigenen Artikel zur Verfügung.

Was kannst du außerdem noch tun, um aus der Selbstsabotage herauszugehen? Ganz besonders wichtig ist die Annahme und die Ehrung des Göttlichen Weiblichen in dir! Jahrtausende im Patriarchat haben der weiblichen Seite in der Frau *und* auch im Mann tiefe Wunden geschlagen. Auch diese Wunden hängen mit der Ur-Wunde zusammen, denn Menschen, die ihre männlichen und weiblichen Anteile harmonisch in sich vereinen, sind heil. Und es ist ein Aspekt unserer individuellen Ur-Wunde, dass uns diese Harmonie verlorengegangen ist. Insbesondere die *Frauen* in der heutigen Zeit tragen die weibliche Wunde in sich, die sehr viel Selbst-Abwertung beinhaltet: „Das Weibliche ist weniger wert als das Männliche"... Auch hieraus entsteht Selbstsabotage... Die weibliche Wunde hat wiederum einen kollektiven und einen individuellen Aspekt, wie wir alle wissen, die wir schon mit ihr gearbeitet haben. Das bedeutet, dass es einen tiefen Zusammenhang zwischen individueller Selbstheilung und kollektiver Heilung gibt.

Und was kannst du selbst zur Heilung der weiblichen Wunde beitragen? Wir sprechen jetzt die Frauen unter unseren Leser*innen an, die gewiss alle ein Liedchen davon zu singen wissen. Bei vielen hat die jahrtausendealte Unterdrückung des Weiblichen dazu geführt, dass sie sich selbst und ihren weiblichen Körper überhaupt nicht mehr wirklich spüren können. Herz *und* Schoßraum sind blockiert, die Verbindung zwischen beiden ist abgeschnitten. Nun wussten und wissen, wie ich, Ines, kürzlich erfuhr, schon die indischen Yogis von einem **weiblichen Schoßraum-Chakra**, das zwischen dem Wurzelchakra und dem Sakralchakra liegt. Es ist heute bei so gut wie allen Frauen verschlossen. Dieses Chakra gewährleistet unsere ganz besondere Verbindung zu Mutter Erde, verbindet uns mit unserer weiblichen Heil- und Schöpferinnenkraft und auch mit der Geistigen Welt. Wenn es geöffnet ist, führt dies dazu, dass wir unsere Weiblichkeit körperlich und seelisch wieder spüren können. Das wiederum bedeutet, dass wir die Lebenskraft der Kundalini erfahren und neu lernen können, dem Fluss des Lebens zu vertrauen. Dieses Vertrauen, diese Hingabe an den Fluss des Lebens, ist aber genau das, was wir brauchen, um uns nicht mehr selbst zu sabotieren!

Wie können wir wieder Zugang zu unserem Schoßraum-Chakra finden? Der Yoga-Weg, um es zu aktivieren, besteht darin, dass du an 101 aufeinanderfolgenden Tagen 108 Mal ein bestimmtes Mantra rezitierst. Während dieses Zeitraums durchläufst du zahlreiche Prozesse, die natürlich auch einmal sehr herausfordernd werden können. Ich, Maria Magdalena, biete dir einen etwas anderen Weg an, der leichter ablaufen kann, auch wenn Transformationen ebenfalls damit verbunden sind: Wenn du mich rufst, begleite ich dich persönlich bei einem Ritual zur schrittweisen Öffnung dieses Chakras. Das Ritual brauchst du nur ein Mal mit mir zusammen durchzuführen. Ich beschreibe es in einem eigenen Artikel im Kapitel **„Wege der (Selbst-)Heilung“**. Du wirst die Auswirkungen dann sehr bald zu spüren bekommen, denn die Aktivierung des Chakras wird sanft, aber nachdrücklich angestoßen. Mache dich darauf gefasst, dass du deinen Schoßraum, deine Yoni, deine weibliche sexuelle Energie deutlich wirst wahrnehmen können. Mache dich auch darauf gefasst, dass du psychisch gelegentlich in gewisse „Löcher“ fällst – Trauer, Wut, Depression… Das ist ganz natürlich, denn mit der graduellen Öffnung des Chakras werden alte Erfahrungen zunächst einmal aktiviert, was nicht immer lustig ist, wie du ja weißt.

Der Gewinn aus diesen Prozessen ist jedoch erheblich: Mit der Aktivierung dieses Chakras geht die Aktivierung der Erinnerung an unser aller Ursprüngliche Einheit einher! Das Weibliche ist zutiefst verbunden mit Mutter Erde *und* mit der Göttlichen Mutter, der Quelle allen Seins. Und das Weibliche gewährleistet den Fluss des Lebens – nicht umsonst ist das Element Wasser dem Weiblichen zugeordnet. Wie Ines aber weiter oben schon sagte, ist die Hingabe an den Fluss des Lebens wesentlich für die Überwindung der Selbstsabotage.

Lieber Mann, der du dieses nun auch gelesen hast, ich, Maria Magdalena, richte zum Abschluss dieses Artikels ein paar Worte an dich: Um deine persönliche Selbstsabotage zu heilen, ist es von großer Bedeutung, dass auch du dich um deine eigene „innere Frau" kümmerst. Nimm sie wahr und ehre sie! Sie braucht unendlich viel Wertschätzung und Liebe! Mehr hierzu im Kapitel zum Thema Heilung und Selbstheilung!

Die Selbstliebe

(Ines im Juli 2019; fortgesetzt durch Ayla Ines Mitte Februar 2020)

Vorbemerkung: Zu diesem Thema habe ich – und natürlich nicht nur ich – schon einiges geschrieben, auch im ersten Band „Der physische Aufstieg des Menschen". Ich verweise außerdem auf meine Veröffentlichung „Transformation – Achterbahn in die Selbstliebe", ein Buch, das neben eigenen Erfahrungsberichten zahlreiche hilfreiche Channelings und Übungen enthält.

Die Selbstliebe ist eine – letztendlich *die* entscheidende Voraussetzung dafür, dass unsere Seele sich vollständig mit unserem Körper vereinigen kann, dass sie also vollständig in ihn hinein herabkommen kann. Warum? Ein ungeliebter Körper spürt und weiß, dass er abgelehnt wird. Das bringt ihn in eine niedrige Schwingung, denn er ist traurig und also unglücklich! Ein unglücklicher Körper kann nicht zum Tempel der Seele werden und folglich auch nicht in den physischen Aufstieg gehen. Die meisten Menschen lieben aber heute ihren Körper nicht. Sie messen ihn an den „modernen" Schönheits-Vorstellungen und verurteilen ihn dann, denn irgendetwas kannst du immer finden, das „nicht schön" ist…

Hinzu kommt, dass nur wenige Menschen sich selbst als die Wesen, die sie wirklich sind, sehen und lieben können. Die meisten wissen nicht einmal, dass wir Geistige Wesen sind, die eine irdische Erfahrung durchlaufen. Und: Es ist außerdem Not-wendig, dass wir uns auch als *Menschen* so lieben, wie wir gerade *jetzt* sind – mit all unseren Fehlern und Schwächen!

Es gibt also drei Stufen der Selbstliebe:

1. ***Wir lieben unseren Körper***
2. ***Wir nehmen uns als Menschen so an, wie wir jetzt sind***
3. ***Wir lieben uns als Geistiges Wesen, das eine irdische Erfahrung durchläuft***

Übrigens… Wenn Punkt 3 nicht zuträfe, nämlich dass wir geistige Wesen sind, dann gäbe es gar keine Seele, die in einen physischen Körper herabsteigen kann, und es gäbe somit auch nicht den neuen Weg des Physischen Aufstiegs…

13.02.2020

Ich, Ayla Ines, möchte nun auf die Stufen 2 und 3 eingehen, die im Text vom vergangenen Sommer genannt werden.

Stufe 2: Wir nehmen uns als Menschen so an, wie wir jetzt sind

Wie fällt uns das doch so schwer! Ja, gerade wir, die wir uns als „spirituell" verstehen, tun uns ganz besonders schwer damit. Warum? Wir wollen „perfekt" sein. Wir wissen um die „niedrig schwingenden Emotionen" z.B. des Hasses, des Neids, der Eifersucht, des Hochmuts, der Angst… Wir wissen um das „Ego" und seine nicht enden wollenden Kapriolen, bei denen wir es/uns immer wieder erwischen. Und damit sollen wir uns auch noch annehmen? Sollen wir etwa gar aussprechen:

„Ich bin ein Geschenk für die Welt, so wie ich bin" ?!

O ja, das dürfen wir, und das sollen wir auch, davon bin ich zutiefst überzeugt.

(Die Selbstliebe bittet mich nun, an dieser Stelle zu unterbrechen und auf die Müdigkeit der Körperin Rücksicht zu nehmen.)

16.02.2020

Ich hatte ein paar schwierige Tage. Meine Verbindung zu meinem innersten Selbst schien unterbrochen. In Wirklichkeit war sie nur vorübergehend nicht wahrnehmbar. Gerade an solchen Tagen ist es wichtig, den Mut nicht zu verlieren und uns selbst auch in einem solchen Zustand so anzunehmen, wie wir jetzt gerade sind! Natürlich gelingt das nicht immer so ganz… Denn eines ist nicht von der Hand zu weisen: Unsere ganz menschliche Seite ist *auch* immer da, ganz gleich, in welche Höhen wir uns manchmal aufschwingen!

Ja, noch einmal: „Ich bin ein Geschenk für die Welt, so wie ich als Mensch bin!" Warum ist das wahr? Es ist wahr, weil ich *einzigartig* bin!

Mich, Ayla Ines, gibt es nur ein einziges Mal in der gesamten Schöpfung. Ich bin ein kleines, aber unverzichtbares Puzzleteil im multidimensionalen Ganzen. Ohne mich würde da etwas fehlen... Egal, wie groß dieses multidimensionale Puzzle auch sein mag, es gibt kein zweites Wesen wie mich darin, denn es gibt kein zweites Wesen mit identischen Erfahrungen! Und selbst wenn es ein zweites Wesen mit identischen Erfahrungen gäbe, so würde dieses Wesen mit diesen Erfahrungen wahrscheinlich ganz anders umgehen als ich selber. Also noch einmal: Ich bin unverzichtbar, und darum ein kostbares Geschenk für die Welt, eben weil es mich nur ein einziges Mal gibt.

Stufe 3: Wir lieben uns als geistiges Wesen, das eine irdische Erfahrung durchläuft

Wir alle sind geistige Wesen. Unsere Seelen sind es, und heute füge ich voller Freude hinzu: Auch unsere materiellen Körper sind Geist – extrem verdichteter Geist –, denn in der gesamten Schöpfung gibt es absolut gar nichts, das nicht in letzter Instanz Geist wäre. Die Aussage, „Wir sind Geist“ beinhaltet aber zugleich die Aussage, dass wir *mit Körper und Seele göttlich sind.* Wie könnten wir uns da nicht lieben?!

Wahr ist allerdings auch, dass wir als Menschen diese Tatsache unserer eigenen Göttlichkeit sowie die Tatsache der Göttlichkeit der gesamten Schöpfung über Jahrtausende vergessen hatten. Erst heute wird sie uns wieder in Erinnerung gerufen und möchte angeschaut und angenommen werden. Ja, angenommen, denn die meisten von uns tun sich recht schwer damit. Haben uns Abendländern doch die christlichen Kirchen seit zwei Jahrtausenden eingetrichtert, dass wir „nur“ Menschen und damit armselige „Sünder“ seien. Und das, obwohl Jesus ausdrücklich und immer wieder betonte, dass wir *alle* Kinder Gottes sind, nicht etwa nur er selber.

Hinzu kommt, dass diejenigen unter uns, die in dieser Zeit die ersten sind, die Erwachens-Prozesse durchlaufen, in vergangenen Inkarnationen Verfolgung und Tod erfahren haben, wenn sie ihr Licht nicht „unter den Scheffel stellten“. Auch dies eine Aufforderung von Jesus, damals vor 2000 Jahren: „Stelle dein Licht nicht unter einen Scheffel“, mit anderen Worten, zeige es, lasse es leuchten! Genau dafür aber wurden wir immer wieder „bestraft".[41]

Es kann also unter Umständen auch schwerfallen, sich selbst als dieses geistige Wesen, als dieses göttliche Wesen, zu lieben, das Erdenerfahrungen gewählt hat. Da wir uns aber hier und jetzt dazu anschicken, genau diese Erdenerfahrung zu feiern, diese Körper*in zu feiern, die unser „Fahrzeug" ist, und sie aus der Verurteilung zum Tode zu befreien, wird es für uns noch viel wichtiger, uns so zu lieben, wie wir SIND: als GANZE MENSCHEN nämlich!

41 Vgl. Kapitel „Die Ur-Wunde"

Das erwachte Herz (1)

(durchgegeben von Meister Saint Germain am 09. Juli 2019)

Das erwachte Herz kennt keinen Schmerz mehr. Ja, es *weiß* ihn noch, aber es quält sich nicht mehr damit, denn es ist zum Thronsitz der FREUDE geworden. Das erwachte Herz ist im vollkommenen Frieden mit sich selbst und mit den Herzen aller anderen, mögen manche auch noch so disharmonisch schlagen. Das erwachte Herz hat den Schutzpanzer transformiert, gesprengt, aufgelöst, den das kranke und schlafende Herz um sich herum gebaut hatte, um weniger zu leiden. Der Panzer verstärkte in Wirklichkeit diese Leiden, denn die Schmerzen des Trennungs- und Opferbewusstseins tobten im Inneren, und der Panzer schirmte das Herz lediglich davor ab, sich selbst zu spüren. Er fungierte als Trennwand der eigenen Göttlichkeit gegenüber.

Das erwachte Herz nun ist fühlend, ohne zu leiden. Es ist mit-fühlend gegenüber anderen, ohne sie aus ihrer Opferrolle „retten" zu wollen. Es weiß um die eigene Selbstverantwortung und um die Selbstverantwortung eines jeden Menschen. Das erwachte Herz ist so weit und grenzenlos, dass es seine Liebe über die ganze Erde und in alle Universen hinein verströmt. Es lebt jenseits jeglichen Urteilens und Verurteilens, es liebt wahrhaft bedingungslos.

Fragst du das befreite, das erwachte Herz, was es am meisten liebt, so antwortet es: „die LIEBE". Willst du von ihm wissen, wo es langgeht, wenn du selbst nicht mehr weiter weißt, weil dein eigenes Herz noch im Schmerz gefangen ist, so antwortet es: *„Gehe hindurch und werde frei!"* Das erwachte Herz ist frei, weil es sich erlaubt hat, weil es den Mut besaß, ausnahmslos alle Gefühle zu spüren und auf diesem Wege frei von jeglicher Angst zu werden. Es hat die Angst vor allen „unangenehmen" Gefühlen hinter sich gelassen und ist nun wahrhaft *Es Selbst.*

Ist es möglich, dass du dir ein solches Herz erwirbst? O ja! Wir behaupten nicht, dass es einfach wäre, denn du musst durch viele Wandlungen hindurchgehen. Aber der Weg dahin wird immer *leichter*, wenn du die folgenden drei Leitsätze beachtest:

1. *Bleibe stets in Wertschätzung und in Respekt für dich selbst, dann erreichst du die Selbstliebe!*
2. *Folge den Wegen deines Atems, denn er ist der Hauch des Göttlichen in dir!*
3. *Respektiere alle anderen Wesen wie dich selbst, dann erreichst du die Nächstenliebe!*

Das erwachte Herz (2)

(Ines im Juli 2019)

Das erwachte Herz ist voller Liebe und darum mutig. Mut bedeutet, jeglicher Angst ins Auge zu schauen, ohne sich von ihr bremsen oder abhalten zu lassen von dem, was zu tun ist. Mut bedeutet, deiner Lebensaufgabe zu folgen und die Dinge in die Hand zu nehmen, auch wenn dich dies weit über deine „Komfortzone" hinaus trägt. Mut bedeutet genau, die Komfortzone des Gewohnten, „Sicheren" und Bequemen immer wieder zu verlassen und sich in neue Bahnen zu wagen. Mut bedeutet, immer wieder neu „die Fahrspur zu wechseln".

Und was hat Mut mit Liebe zu tun? Sehr, sehr viel! Denn **die Liebe ist genau der Gegenpol zur Angst.** Alle „negativen", also niedrig schwingenden Emotionen lassen sich letztendlich auf die Ur-Angst zurückführen, die bei der (scheinbaren) Ur-Trennung entstand. „Scheinbar" darum, weil *jegliche* Trennung von der Quelle allen Seins eine Illusion ist. Eben diese Illusion war aber über Äonen so stark in unserem Bewusstsein präsent, dass sie auch unser Herz in Besitz nahm, es einengte und zeitweise beinahe vollständig von der LIEBE abschnitt. Auf diese Weise konnten wir Erfahrungen durchlaufen, die anders nicht möglich gewesen wären. Denn ohne die Illusion der Trennung keine Angst und ohne die Angst keine „Negativität". Kein Hass, kein Neid, keine Konkurrenz, keine Scham… Im Einheitsbewusstsein, dem Christus-Marien-Bewusstsein, gibt es die Illusion der Trennung nicht (mehr). Das erwachte Herz aber schlägt im Einklang mit dem Christus-Marien-Bewusstsein!

So ist das erwachte Herz nicht nur der „Motor" unseres erwachten Körpers; es ist auch der Motor unserer Entwicklung als Verkörperung des Göttlichen, die, reich an Erfahrung, „mit Leib und Seele" in die kosmische Einheit zurückkehrt. Das erwachte Herz denkt Gedanken der Liebe und sendet diese auch an den Hirn-Verstand, der beim erwachten Menschen ganz im Dienste des Herzens steht. Auf diese Weise, unter der Führung des erwachten Herzens, entwickeln wir uns täglich neu und täglich mehr in die ursprüngliche Einheit hinein zurück und bereichern diese mit unseren individuellen Erfahrungs-Schätzen!

Das gereinigte Herz und die Ursprüngliche Reinheit

(Durchgabe von Elbenkönig Legolas, Dezember 2019)

Ich Bin Der Ich Bin, Legolas der Elbe, und ich freue mich außerordentlich, hier meinen Anteil zu diesem großen Buch beitragen zu dürfen. Dies ist meine erste Botschaft, weitere sollen folgen. Ich danke Ines sehr, dass sie mir die Möglichkeit hierfür einräumt!

Wir Elben sind keineswegs einfach nur Produkte Tolkien'scher Fantasie, obwohl die meisten von euch uns wohl nur aus dem „Herrn der Ringe" kennen mögen. Auch ich selbst, König Legolas, bin meinem Ursprung nach keine literarische Gestalt und auch kein Filmheld. Bei Tolkien tauche ich als Begleiter des jungen Frodo auf; dieser begnadete Autor hat meinen Namen durch mich selbst übermittelt bekommen. Meine eigentliche Stellung jedoch konnte ich ihm nicht durchgeben, denn hierfür war er nicht offen. Tatsache ist jedoch, dass Tolkien damals in Thule, als wir Elben menschlich verkörpert waren, einer von uns gewesen ist. Nur darum konnte er als „Fantasy" Autor unsere „Spezies" so naturgetreu darstellen. Auch der Film-Darsteller, der den Legolas spielte, trug Elben-Energie in sich und konnte darum so überzeugend wirken.

Warum erzähle ich das alles? Nun, ich möchte euch heutige Menschen darauf hinweisen, dass hinter grundsätzlich *allen* euren Mythen und mythischen Gestalten reale Menschen stehen! So wie Isis, Osiris und ihr „böser" Bruder Seth, der aus Eifersucht den Osiris umbrachte, früher einmal Atlanter waren, so sind wir Elben die ersten menschlichen Bewohner des uralten nordischen Thule gewesen. Und so wie der ägyptische „Gott" Thoth der letzte König von Atlantis war, so war ich, Legolas, der letzte Elbenkönig in Thule. Als jedoch die Schwingungsfrequenzen auf der Erde abzufallen begannen, beschloss die Gemeinschaft der Elben, jedenfalls ihre „Elite", wenn ihr so wollt, sich in ihre hohe Ursprungs-Dimension zurückzuziehen. Wir wollten in der ursprünglichen Reinheit unserer Herzen verbleiben und den mutigen Seelen, die den „untersten Weg" zu gehen bereit waren, den Seelen, die bereit waren, ins Vergessen einzutauchen, die Energie halten. Wir sind zu allen Zeiten, durch all diese nun vergangenen Jahrtausende hindurch, getreu an eurer, der Pionier*innen, Seite gewesen, auch wenn ihr uns bald nur noch nebulös, und später überhaupt nicht mehr wahrgenommen habt. JETZT ist der Tag und die Stunde, da ihr uns wieder hören – und bald auch sogar sehen – könnt. Denn die Frequenzen auf der Erde, und damit auch eure eigenen Schwingungen, steigen täglich immer weiter rapide an. Kaum dass ihr damit Schritt halten könnt…

Nun haben manche von euch, und auch unsere geliebte Freundin Ines, uns ihren reinsten und verletzlichsten Seelenanteil in unsere höhere Dimension zur Hütung mitgegeben. Heute, am 18. Dezember 2019, kehrt dieser Anteil zu unserer Ines zurück. Die Voraussetzung dafür: Ines hat in diesem ihrem inzwischen 70-jährigen Leben ihr Herz in zahllosen Transformationsprozessen so gründlich und grundlegend reinigen können, dass sie jetzt in der Lage ist, diesen kostbarsten Anteil zurückzunehmen. Sie ist in der Lage, ihn zu hüten und zu beschützen; das haben wir gründlich geprüft und stellen ihr hiermit dieses Zeugnis aus!

Nach dieser etwas längeren Vorrede komme ich nun zum eigentlichen Thema: Ich möchte euch erläutern, warum das gereinigte Herz *noch* höher schwingt als das in der Ursprünglichen Reinheit verbliebene. Mit anderen Worten, ich möchte euch in diesem Zusammenhang erklären, warum die allermutigsten Pionier*in-Seelen der Menschheit *voll bewusst* und *im Einklang mit dem Plan der Göttlichen QUELLE* ihren Weg des Vergessens, ihren Weg ins Trennungsbewusstsein, in „Schuld und Sühne“ hinein, oder anders formuliert, ihren karmischen Weg, unternommen haben. Und ihr werdet verstehen, warum wir Elben – und nicht nur wir – diese Seelen dafür so hoch ehren und verehren!

Ich fahre am 23. Dezember 2019 fort. Ab morgen feiert das christliche Abendland Weihnachten. Längst schon ist dieses Fest „verweltlicht“ und in vieler Hinsicht zum Kommerz-Ereignis verkommen. In seinem christlichen Kern geht es um die Vorstellung, dass „der einzige Sohn Gottes“, nämlich Yeshua/Jesus, die Menschheit durch seinen „Sühnetod“ am Kreuz „von allen Sünden erlöst“ habe. An Weihnachten feiert die Christenheit seine Geburt… Die Wahrheit ist: Ein jedes menschliche Wesen, und mehr noch, ein jedes lebende Wesen überhaupt, ist Sohn, ist Tochter, ist Kind Gottes bzw. der Göttin, und was das Christentum „Schuld" oder „Sünde" nennt, ist, wie oben schon gesagt, der Weg des Karmas, also der Weg des Vergessens und damit ins Trennungsbewusstsein hinein. Nun verhält es sich mit diesem Weg des Vergessens folgendermaßen:

Die Göttliche Quelle beschloss zu einem bestimmten Punkt der Entwicklung des Omniversums, *S*ich *S*elbst auf dem Wege über ihre Manifestationen, also ihre Kinder, noch tiefer zu erfahren als bislang. Darum wollte Sie erleben, was sie NICHT ist, mit anderen Worten, sie wollte erfahren, wie es ist, ohne die LIEBE zu leben. Die Göttliche Quelle wusste – oder vielleicht erahnte SIE es auch nur –, dass dies im Laufe der Zeit zu unermesslichem Leiden ihrer Kinder führen würde. Sie wusste oder sie ahnte, dass ihre Kinder im Bewusstsein der Trennung sich selbst und andere buchstäblich zerfleischen würden. Sie wusste oder sie ahnte aber auch, dass solche Erfahrungen ihrer Quintessenz nach zu unermesslichem inneren Reichtum führen würden. „Leiden erschafft Tiefe", so möchte ich einen Gedanken unserer Ines zitieren. Was ist damit gemeint? Der Schmerz, sobald er *bewusst* erlebt und angenommen/umarmt wird, öffnet die Tore zu einer sehr, sehr tiefen Selbsterfahrung. Und: Die Umarmung des Leidens und des Schmerzes öffnet die Tore zu einer noch tieferen Erfahrung der göttlichen FREUDE…

Kein manifestiertes Wesen weiß oder kann euch sagen, was in der Göttlichen Quelle wirklich-wirklich vorging, als SIE beschloss, durch ihre Kinder den Weg der Trennung von der LIEBE zu erfahren. Es ist ein Mysterium, wie die QUELLE ein Mysterium ist, und wir werden es niemals, niemals ergründen! Tatsache ist aber, dass die QUELLE sich an die damals reifsten, mutigsten und erfahrensten Seelen wandte und sie fragte, ob sie bereit seien, einen solchen Weg der Trennung zu wagen. Manche Seelen sagten Ja – es handelte sich um die Pionier*in-Seelen, die zu allen Zeiten in den vordersten Reihen ihre Erfahrungen machten und auch heute wieder dort wirken. Andere zogen es vor, sich in die höheren Bereiche zurückzuziehen und den Pionier*innen die

Energie zu halten. So wir Elben, so auch z.B. die Wesen, die seither als die Schutzengel der Menschen tätig sind. Dann gab es aber auch eine Reihe von Menschenwesen, die damals allmählich ins Trennungsbewusstsein hinein fielen, ohne sich darüber Rechenschaft abzulegen. Ich sage dies ausdrücklich ohne Urteil; diese Wesen hörten den Wunsch der Quelle nach neuen Erfahrungs-Dimensionen auf einer unbewussten Ebene und folgten ihm… Und so ehren wir auch sie, die später begannen, die Pionier*innen zu verfolgen…

Die Seelen nun, die bewusst Ja sagten zum Plan der Quelle, ahnten, dass Erfahrungen auf sie zukommen würden, die alles andere als lustig waren. Sie sagten daher dieses Ja mit großem Ernst und auch mit einigem bangen Schaudern. Sie wussten aber, der Gewinn würde eines Tages unermesslich groß und wunderbar sein. „Eines Tages"… und das ist heute… Ich spreche von „Gewinn" und nicht von „Lohn" wie die christliche Religion, denn die Quelle belohnt nicht. Noch straft sie. Vielleicht sage ich auch lieber „Ernte" anstelle von „Gewinn"… Die innerste und tiefste Motivation dieser Seelen war aber nicht der Gedanke an „Gewinn" oder „Ernte", sondern ganz einfach die LIEBE. Sie wussten, jede ihrer Erfahrungen würde letztendlich dem höchsten Wohle Aller dienen. Und dafür brannten sie und brennen sie noch heute!

Ich singe daher hier ein Hohelied auf die Liebe dieser menschlichen Pionier*in-Seelen! Sie scheuten sich nicht, auf dem Wege über alle nur erdenklichen Verletzungen und auch Erfahrungen als Täter*innen, sich „die Hände schmutzig zu machen" und ihre Herzen zu verschließen… Sie verschlossen ihre Herzen, um sich vor weiteren Verletzungen zu schützen, und sie wurden zu Täter*innen, um sich für Verletzungen zu revanchieren. Dies war möglich, weil sie sich darauf eingelassen hatten, ihre eigene Liebe und die Liebe der Quelle vorübergehend, und das heißt zum Teil über Tausende von Inkarnationen zu vergessen. Unsere Ines hier zum Beispiel lebte mehr als 3600 Leben auf der Erde, und wahrlich, sie erlitt und erduldete vieles und sie war auch auf der anderen Seite manchmal als Täter*in unterwegs. In ihrem heutigen Leben nun ging sie durch jahrzehntelange Transformationsprozesse des Herzens und auch des Bewusstseins. Sie erlernte, was manche die „Unterscheidung der Geister“ nennen, und sie öffnete schließlich auch ihr Herz für sich selbst. Denn der Weg der Unbewusstheit geht über Selbstverurteilung und Selbsthass hin zur immer tieferen SelbstLIEBE!

Das durch die Transformation – und das bedeutet auch durch die bewusste Umarmung des Schmerzes – gereinigte und wieder geöffnete Herz schwingt höher als alles andere im Omniversum. Es ist die Frucht von jahrtausendelangen Entwicklungs- und Bewusstseins-Prozessen, und dieses Herz ist in der Lage, buchstäblich Berge zu versetzen. Hierauf komme ich später noch zurück. Tatsache ist jedenfalls, dass im Jahre 2020 eine bestimmte Anzahl von Pionier*innen dieses Stadium erreichen wird, und damit wird die Voraussetzung dafür erfüllt, dass die Evolution des menschlichen Bewusstseins auf der Erde eine neue Stufe erreichen kann. Es wird spannend!

Ich möchte nun noch ein paar Worte über die Ursprüngliche Reinheit unserer Herzen sagen. Wir Elben, die wir uns damals in unsere höhere Herkunfts-Dimension zurückzogen, bewahrten uns dadurch diese Reinheit, ebenso wie die Engel es taten, die den Abstieg in die niedere Schwingung nicht mitmachten. Es war auch sehr wichtig, dass nicht alle Seelen in diesen Abstieg mit hinein gingen, sondern nur die mutigsten und stärksten ihn bewusst wagten. Das „Einschlafen“ nicht nur zu riskieren, sondern bewusst in Kauf zu nehmen, dazu gehört sehr viel Mut und Stärke! Jedenfalls hüteten wir Elben über Jahrtausende hinweg das Licht der Ursprünglichen LIEBE, denn die Ursprüngliche Reinheit ist nichts anderes als das Licht dieser Ursprünglichen Liebe. Warum ist das so? Im Lichte der Liebe kann kein Fehl bestehen. Mit anderen Worten, es überstrahlt und es durchstrahlt einfach ALLES.

Und nun stelle dir einmal vor, geliebtes Menschenwesen: Es war der Plan der Göttlichen Quelle, dass diese Ursprüngliche Reinheit des Lichtes der Ursprünglichen Liebe tatsächlich *noch* leuchtender zum Strahlen kommen sollte! Genau dieses beginnt sich gerade heute, auf der Schwelle zum Heiligen Jahr 2020, zu manifestieren...

Ich danke dir für dein Sein!

Legolas, König der Elben

BewusstSein als Voraussetzung für Entwicklung

(Ayla Ines mit Unterstützung durch Yeshua und Legolas)

27.02.2020

„Mer moss dran jlööve" („Man muss daran glauben"), pflegte mein verstorbener Onkel Hans-Josef („Jupp") in seinem breiten rheinischen Platt zu sagen, wenn meine Mutter Gertrud oder meine Tante Verena mit dem Pendel hantierten. Jupp, für seinen Teil, glaubte nicht daran...

„Dein Glaube hat dir geholfen", sagte Yeshua/Jesus vor 2000 Jahren zu den Menschen, die durch ihn geheilt wurden. Was aber bedeutet „Glaube"? *Wer glaubt, der vertraut.* Sich selbst und dem Göttlichen. *Wer glaubt, der sieht etwas für möglich an.* Auch wenn der so oft bemühte „gesunde Menschenverstand" es für nicht möglich erklärt. Dieser angeblich so gesunde Menschenverstand ist nämlich den Vorstellungen und Naturgesetzen der dritten Dimension verpflichtet, von denen er denkt, dass sie universell seien. Mit anderen Worten, er denkt, es gäbe keine anderen. Er denkt somit, dass es keine anderen Wirklichkeits-Bereiche, keine anderen Dimensionen gäbe als die dritte, in der er sich bewegt und die er sich dadurch auch immer wieder neu erschafft. Der Menschenverstand ist Produkt und Produzent dieser dritten Dimension zugleich. Denn unsere Gedanken erschaffen Realitäten.

Warum erschaffen Gedanken Realitäten? Gedanken, wie auch Emotionen, sind ENERGIE. Und sie wirken ins universelle Energie-FELD hinein, unablässig und unweigerlich und ständig. Unsere Handlungen aber sind Resultate unserer Gedanken und Emotionen, auch wenn die meisten Menschen sich dessen noch nicht allzu bewusst sind. Das FELD reagiert auf ALLE Signale, die wir in Gestalt von Gedanken, Gefühlen und Handlungen aussenden, und schickt uns die genau passenden Antworten. Wenn ich mich z.B. als ein Opfer anderer Menschen oder von Umständen fühle, fordere ich, ohne mir darüber im Klaren zu sein, entsprechende Erfahrungen aus dem Feld an!

Was liegt angesichts dieser Tatsache näher, als uns *bewusst zu machen*, was wir an Gedanken, Gefühlen und Handlungen aussenden? Und weiter: Was liegt näher, als *unser Bewusstsein zu verändern in Richtung einer ERWEITERUNG?* Erweiterung genau in dem Sinne, dass wir sehr viel mehr für MÖGLICH ansehen, als was unser Menschenverstand sich so denkt. Die Engel-Wesenheit KRYON hat dem Kanal Lee Carroll schon in den 90er Jahren des 20. Jahrhunderts zahlreiche Übermittlungen durchgegeben, die unter anderem in einem Buch zusammengefasst wurden, das den Titel trägt: *„Denke nicht wie ein Mensch"*.[42] Denn wie denkt ein Mensch? Na, mit seinem sehr, sehr begrenzten und eingrenzenden „gesunden Menschenverstand". Wenn wir aber in ein „Land der unbegrenzten Möglichkeiten", mit anderen Worten, in eine höhere Bewusstseins- *und* Realitäts-Dimension eintreten wollen, dann brauchen wir dazu ein höher schwingendes Bewusstsein. Nämlich ein **BewusstSein**, und das bedeutet, ein *B*ewusstes *S*ein als das multidimensionale, grenzenlose und dem Ursprung nach göttliche Wesen, das wir in Wahrheit sind. Wir sprechen in diesem Zusammenhang auch von Einheitsbewusstsein oder, heute, Christus-Marien-Bewusstsein.[43]

Es ist dieses *B*ewusste *S*ein, das die allgemeine Voraussetzung für den Eintritt der Menschheit als Kollektiv in etwas wirklich Neues ist. Der spirituelle Lehrer Dr. Joe Dispenza formuliert, ähnlich wie die Kryon-Wesenheit: *„Werde übernatürlich"*. Was meint er damit? Er meint, dass wir über die Naturgesetze der dritten Dimension hinausgehen können, wenn wir unser Bewusstsein von dem, was möglich ist, erweitern. Und das bedeutet, salopp gesagt, dass wir über unseren dreidimensionalen Tellerrand hinauszuschauen wagen!

„Denke nicht wie ein Mensch", „Werde übernatürlich", bedeutet auch, dass wir den Fokus unseres Bewusstseins nicht mehr auf unsere „menschliche Kleinheit" richten, sondern auf unsere **Wahre Vollkommenheit als Göttliche Wesen**. Auch Yeshua/Jesus schon sagte zu seinen Jünger*innen: *„Seid also vollkommen, wie euer himmlischer Vater voll-*

42 Lee Carroll, Kryon Band 2, „Denke nicht wie ein Mensch", Ostergaard Verlag, Überlingen, 2. Aufl. 2001

43 Vgl. hierzu den Artikel weiter unten

kommen ist."[44] Zu diesem Thema „Vollkommenheit" gibt es eine wunderbare Übung, nämlich das TELESMA-Gebet, das ursprünglich von Meister Saint Germain übermittelt wurde. Er und seine geistige Partnerin, Lady Portia, haben mir kürzlich das **TELESMA-Gebet des Kristallinen Zeitalters** durchgegeben, welches auch explizit die weibliche Seite des Göttlichen mit einschließt. Fazit: Nur wenn wir in der beschriebenen Weise unser menschliches Bewusstsein ins göttliche Einheits-BewusstSein hinein erweitern, können wir auch unsere persönliche – und damit die kollektive – Realität im Sinne einer echten Weiter-Entwicklung verändern. Dabei ist es ganz essenziell zu erkennen, dass wirklich „Alles mit Allem zusammenhängt"! Jede*r Einzelne von uns ist Teil des Großen Ganzen und wirkt immer, immer, immer darauf ein. Wir haben auch als Individuen eine unglaubliche Kraft und Macht. Warum sie nicht endlich **zum Höchsten eigenen Wohl und damit zum Wohle Aller** einsetzen?!

44 Leider bin ich nicht so „bibelfest", dass ich die Belegstelle liefern könnte – ich habe eine Reihe von wirklich wundervollen Kernsätzen von Yeshua/ Jesus im Kopf, ohne die entsprechenden Verse im Neuen Testament zu wissen.

„Man wird halt nicht jünger“ - die Bedeutung der Auflösung von alten Glaubenssätzen

(Ayla Ines mit der Unterstützung der Christus-Marien-Wesenheit)

25.02.2020

„Man wird halt nicht jünger...“ Diesen Spruch, meist verbunden mit einem stillen Seufzer, bekomme ich regelmäßig zu hören, wenn ich Menschen in meinem Lebensalter[45] nach ihrem Befinden frage. An diese Aussage schließt sich manchmal noch eine Schilderung verschiedener Gebrechen oder körperlicher Einschränkungen an, die das Alter nach der Überzeugung dieser Menschen unweigerlich mit sich bringt. *„Alter ist körperlicher Verfall, der früher oder später zum Tode führt.“* Dieser Glaubenssatz ist in unserer alten Gesellschaft allgegenwärtig und wird von so gut wie niemandem hinterfragt. Die darin festgeklopften „Tatsachen“ werden für eherne Naturgesetze gehalten. Das trifft aber nur bedingt zu: Es handelt sich nämlich lediglich um die Naturgesetze der dritten Dimension! Wer allerdings nicht den Mut aufbringt, diese dritte Dimension und ihre Naturgesetze zu hinterfragen, wer sie für die einzige Realität hält, die es je gab und geben kann, der unterwirft sich diesen Gesetzen und wird – *self-fulfilling prophecy* – tatsächlich körperlich verfallen und sterben.

Die neue Unsterblichkeit, die ich zum Thema dieses Buches gemacht habe, ist ein Weg, der nur gegangen werden kann, wenn du bereit bist, deine „3D-Bewusstseins-Blase“ zerplatzen zu lassen. Es ist Not-wendig, dass du dich für andere, neue Ebenen der Realität öffnest, die du eben nur dann wahrnehmen kannst, wenn du diese alte Blase verlässt. Unsterblichkeit im neuen Sinne beinhaltet Transformation, Mutation, zunächst einmal in ein ganz neues Bewusstsein hinein. Es handelt sich um das **BewusstSein der Fünften Dimension**, das durch das **Wissen um die Einheit von Allem und Allen und damit durch die bedingungslose und allumfassende LIEBE** gekennzeichnet ist. Um dich zu diesem BewusstSein hin zu entwickeln, ist die Arbeit mit den alten

45 Ich bin kürzlich 71 geworden

gesellschaftlichen Glaubenssätzen unabdingbar. Ein weiterer solcher Glaubenssatz, der auch noch in spirituellen Kreisen der heutigen Zeit sehr weit verbreitet ist, lautet: *„Du bist nicht dein Körper."* Auch ich, Ayla Ines, habe diesen Satz noch bis vor kurzem unhinterfragt übernommen, zum Beispiel im ersten Teil meines Artikels „Tausend Tode, tausend Neugeburten", wo ich geschrieben habe, dem physischen Körper mache es nichts aus zu sterben, denn er vereinige sich gerne wieder mit der Erde, zu der er zurückkehre. Das stimmt SO überhaupt nicht! ICH, Ayla Ines, in der Verschmelzung von Körperin und Seele, stelle hier und jetzt fest:

Auch unsere körperliche Seite will LEBEN!

Allerdings... so wie sich die Menschen in der dritten Dimension landläufig die „Unsterblichkeit" vorstellen, funktioniert sie nach meinem derzeitigen Erkenntnisstand tatsächlich nicht. „Ewiges Leben" in der dritten Dimension würde bedeuten, dass du mit deinem dreidimensionalen physischen Körper immer älter und älter und immer schrumpeliger und schrumpeliger und immer gebrechlicher und gebrechlicher wirst, nur stirbst du nicht dabei. Das ist doch eher eine Horrorvision, oder? Nein, das muss anders gehen, und es *geht* auch anders! Am Anfang aber steht die Auflösung solcher Glaubenssätze, und die Arbeit daran wird uns voraussichtlich noch länger begleiten. Denn gerade die dreidimensionalen Überzeugungen, die „Leben und Tod" betreffen, haben wir nicht nur aus unserer Erziehung und unserem gegenwärtigen gesellschaftlichen Umfeld übernommen. Sie sind ur-uralt und Teil des kollektiven Bewusstseins der Menschheit. Sie stecken sogar in unseren Genen fest, solange wir diesen noch nicht gestattet haben, sich zu transformieren. Ich merke es ja bei mir selbst: Dieser allgegenwärtige Verstandes-Zweifel ist noch da, der mir ins Ohr flüstert und manchmal auch dröhnt, ich sei wohl komplett verrückt, an so etwas wie „neue Unsterblichkeit" zu glauben! Basis für diesen Verstandes-Zweifel sind die Glaubenssätze des dreidimensionalen Bewusstseins und sonst gar nichts.

Es gilt also, unsere hinderlichen Glaubenssätze zunächst einmal zu erkennen und anschließend zu transformieren. Wie geht das denn? Auch das ist ein Weg. Nach meiner Erfahrung funktioniert es *nicht*, die alten Sätze auf der Stelle ganz platt durch neue zu ersetzen. Dann wirken die alten, wenn sie sich noch nicht wirklich aufgelöst haben, im Untergrund weiter. Das erkennst du daran, dass du dir selbst nicht glaubst, wenn du den neuen Satz aussprichst oder denkst. Sprich einmal den Satz aus: *„Je älter ich werde, desto mehr verjüngen sich meine Zellen.“* Wie fühlt sich das für dich an? Du kannst mit einem solchen Test ganz gut ermessen, wo du mit deinem Bewusstsein gerade wirklich stehst. Ich selbst stelle gerade fest, dass ich mir das schon ein wenig glaube. Denn tatsächlich bekomme ich in letzter Zeit immer wieder die Rückmeldung durch andere, ich sähe heute jünger aus als noch vor einigen Jahren. Außerdem sind meine Haare nach wie vor blond und nicht weiß, und ich kenne bisher keine Altersweitsichtigkeit. Im Gegenteil, wenn ich Kleingedrucktes gut lesen möchte, setze ich meine Brille ab, die meine Kurzsichtigkeit korrigiert, und halte mir das Kleingedruckte ziemlich nahe unter die Nase…

10.03.2020

Heute eine Ergänzung: Um behindernde Glaubenssätze durch förderliche ersetzen zu können, ist es notwendig, die ersteren zunächst einmal *aufzulösen.* Hierfür – und für die Auflösung von jeglichen weiteren Belastungen unserer Seele – hat Christina von Dreien einen Weg beschrieben, den jede Mensch*in für sich selbst einschlagen kann.[46] Entscheidend ist hierbei, dass du selbst dich im ersten Schritt direkt und bewusst mit der Göttlichen Quelle verbindest. Es ist übrigens dein Geburtsrecht, dies immer wieder zu tun, denn du bist „Licht vom Lichte“![47] *Wie* du diese Verbindung herstellst, dafür gibt es viele Wege. Ich selbst denke einfach, dass ich mich jetzt verbinde, oder ich spreche es

---

46 Kapitel „Reinigung der Seele“ in: Christina von Dreien, „CHRISTINA – Bewusstsein schafft Frieden“, Govinda-Verlag, 2019, S. 41-45

47 „Licht vom Lichte“: Das sagt die katholische Kirche über Jesus Christus, aber in Wahrheit trifft es auf JEDE*N zu!

laut aus. Zentral ist, dass du davon überzeugt bist, verbunden zu sein, dann ist es auch so.

Der zweite Schritt: Du bittest darum – Christina formuliert sogar, du gibst die *Anweisung* – dass sämtliche Glaubenssätze, die nicht mehr zu deinem eigenen *höchsten, göttlichen Wohl* sind, jetzt aufgelöst werden. Und das *„mitsamt allen dazugehörigen Speicher- und Sicherungskopien, mit allen infoenergetischen Abdrücken sowie allen Auswirkungen und Nebenwirkungen."* Christina betont, dass Letzteres sehr wichtig ist, da sich sonst „die aufgelösten Dinge mithilfe der Sicherungskopien wieder von selbst neu installieren."[48]

Dritter Schritt: Du wartest ein wenig, bis du spürst, dass alles aufgelöst wurde, was jetzt aufgelöst werden konnte. Falls du nichts spürst, gehst du ins Vertrauen, dass es aufgelöst ist.

Vierter Schritt: Durch die Auflösung entsteht eine *energetische Lücke.* Jetzt bittest du darum/weist die Quelle an, dass alle entstandenen Lücken *mit bedingungsloser Liebe aufgefüllt* werden. „Auch eventuell entstandene Verletzungen, die von den zuvor aufgelösten Dingen stammen, kann man auf diese Weise per Anweisung von der Quelle heilen lassen."[49]

Fünfter Schritt: Du lässt die Energie der Dankbarkeit fließen!

Was mir bei Christinas Weg sehr gefällt, ist die Tatsache, dass du gar nicht unbedingt sämtliche Glaubenssätze oder was dich sonst noch behindert/deine Seele verunreinigt, einzeln kennen musst. Du musst auch nicht bei jedem Glaubenssatz seinen genauen Ursprung wissen. Ich finde es so genial einfach, dass du durch die Quelle *alles* auflösen lassen kannst, was schlichtweg nicht mehr deinem höchsten, göttlichen Wohl dient. Ich freue mich daher, diesen Weg bei Christina entdeckt zu haben und ihn an dich weitergeben zu dürfen. Ich sehe hier außerdem eine schöne Parallele zum TELESMA-Gebet des Kristallinen Zeitalters, das ich in einem Abschnitt weiter unten vorstelle. Auch dieses kannst du zur Auflösung von was immer dich behindert einsetzen.

---

48 Christina, S. 42

49 Christina, S. 43

Der Ausgangspunkt für die Gedanken in diesem Abschnitt waren Glaubenssätze, die im Zusammenhang mit dem angeblich naturnotwendigen Verfall des menschlichen Körpers stehen. Es gibt natürlich noch Unmengen an weiteren Glaubenssätzen aller Art, die uns daran hindern, uns an unsere wahre Natur als göttliche Wesen zu erinnern. Soll ich die hinderlichsten noch einmal nennen? Ich beschränke mich auf den vielleicht am meisten verbreiteten. Dieser lautet: „Ich bin es nicht wert"...

Wenn du nun den gesamten Glaubens-Komplex rund um „Alter bringt Verfall und Tod" hast auflösen lassen und die energetischen Lücken mit bedingungsloser Liebe gefüllt sind, dann kannst du in dich hinein spüren und dich fragen, durch welche neuen Aussagen du die alten ersetzen möchtest. Mein weiter oben zitierter Satz: „Je älter ich werde, desto mehr verjüngen sich meine Zellen", wäre eine Option. Aber sei kreativ und finde selbst heraus, was dir genau jetzt am meisten dient für deinen nächsten Schritt!

ICH BIN die Christus-Marien-Wesenheit

(durchgegeben im Juli 2019)

ICH BIN die Christus-Marien-Wesenheit. In der heutigen beginnenden Neuen Zeit ist es von großer Bedeutung, dass ICH mich den Menschen weithin bekannt mache. In Zeiten der alten Energie erkannte Rudolf Steiner Mich als die Christus-Wesenheit, und er wusste schon, dass Ich bei der Jordantaufe in Jesus von Nazareth herabgestiegen war. Zu Beginn des 20. Jahrhunderts war aber die weibliche Seite des Göttlichen gerade im abendländischen Bereich noch so gut wie vollkommen aus dem menschlichen spirituellen Bewusstsein ausgeklammert. Das darf und muss sich heute grundlegend ändern!

In der christlichen Tradition wird/wurde gelegentlich die „Weisheit" (auch: „Sophia") als die weibliche Seite des Christus oder Gottes genannt. Allerdings ist in dieser Tradition die Figur/Energie der MARIA (sowohl als Mutter Jesu als auch als Maria Magdalena) sehr viel präsenter als der Name „Sophia". Daher habe ICH, die weibliche Seite der Christus-Wesenheit, den Namen „Maria" zur Verwendung in der Neuen Zeit für MICH gewählt.

Als Christus-Marien-Wesenheit Sind Wir, BIN ICH, Eins „mit einem männlichen und einem weiblichen Gesicht". Es ist heute für die gesamte Menschheit immens wichtig, die weibliche Seite des Göttlichen zu sehen, zu erfahren und auch explizit namentlich zu berücksichtigen.

ICH, die Christus-Marien-Wesenheit, bin *nicht* „identisch" mit dem historischen Yeshua/Jesus und den historischen Marien! Vielmehr habe ICH damals den Yeshua in der Jordantaufe „heimgesucht" und die *beiden* Marien ebenfalls. Sie waren beide dort anwesend und wurden ebenfalls im Jordanwasser getauft. Die historische Maria Magdalena bzw. Mutter Maria gehören heute der Großen Weißen Bruder- und Schwesternschaft als Lady Nada bzw. Lady Maria an. Yeshua/Jesus als ebenfalls Aufgestiegener Meister wirkt von dieser Ebene aus als Lord Sananda.

ICH jedoch, die Christus-Marien-Wesenheit, BIN Allerhöchste Geistige Ebene. ICH BIN als Göttlicher Sohn und Göttliche Tochter in Vereinigung Teil der Heiligen Dreifaltigkeit von VATER/MUTTER/KIND.

Welches ist meine Funktion und Aufgabe in der heutigen Zeit? Es sind heute nicht mehr nur zwei oder drei Individuen, in deren Körper ICH herabsteigen darf, sondern viele – so viele als möglich! Diese Menschen werden zu ihren physischen Lebzeiten Aufgestiegene Meister*innen sein. Nicht nur ihre individuellen *Seelen* dürfen sich mit ihnen vereinigen, sondern auch ICH, die Christus-Marien-Wesenheit! Aktuell, im Juli 2019, sind es noch wenige, die dieses wissen und für sich annehmen können, aber mit der Veröffentlichung dieses Buches werden es immer mehr werden! Und dies ist auch für das allgemeine Erwachen der Menschheit und des gesamten Planeten von allerhöchster Bedeutung und Wichtigkeit!

Erwachtes BewusstSein ist Christus-Marien-Bewusstsein

(Ende August 2019)

Erwachtes Bewusstsein ist Göttliches Bewusstsein. Ist Bewusstes Sein jenseits aller Illusion von Trennung. Erwachtes Bewusstsein ist Christus-Marien-Bewusstsein in seiner reinsten und höchsten Form und Ausprägung.

Was bedeutet in diesem Zusammenhang „Christus-Marien-Bewusstsein"? In früheren Zeiten, in der alten Energie, wurde das Bewusstsein der Einheit auch „Christusbewusstsein" genannt. Heute sagen wir „Christus-Marien-Bewusstsein", denn die Göttliche Weibliche Christus-Gestalt, die Göttliche Marien-Wesenheit, die Eins ist mit der Göttlichen Christus-Wesenheit, möchte und muss in dieser Neuen Zeit zur Geltung kommen! Die Christus- und die Marien-Wesenheit sind *nicht* identisch mit den historischen Inkarnationen Yeshua und Mirjam (Maria Magdalena und Maria die Mutter Jesu). Vielmehr sind sie allerhöchste Göttliche Energie, sind sozusagen „Gott-Sohn" und „Göttin-Tochter". Diese Wesenheiten waren im historischen Yeshua sowie in den beiden historischen Marien *manifestiert*, sie wirkten durch sie hindurch. Die Aufgestiegenen Meister*innen Jesus Sananda, Lady (Mutter) Maria und Lady Nada hingegen sind die in ständiger Höher- und Weiterentwicklung befindlichen Seelen, die in ihren Inkarnationen Trägerinnen der höchsten Wesenheiten waren. In ihrer heutigen, nicht physisch manifestierten Gestalt sind diese Aufgestiegenen Meister*innen in ständiger und innigster Verbindung mit der Christus-Marien-Wesenheit und wirken aufs Engste mit ihr zusammen.

Ja, wir sagen „Christus-Marien-Wesenheit" und meinen, was wir sagen: **Christus und Maria sind EINS!**

Und heute, genauer gesagt, ab dem Heiligen Jahr 2020, stehen die Dinge folgendermaßen: Die Christus-Marien-Wesenheit steigt herab nicht nur in einen oder wenige Menschen hinein, sondern sie geht ein in *jede* Frau und in *jeden* Mann, die sich bewusst für ihre Herabkunft öffnen! Dabei ist die jeweilige menschliche *Seelen-Essenz* auf Engste verbunden mit der Christus-Marien-Wesenheit. Kein Abstieg der

Christus-Marien-Wesenheit in einen Menschen hinein ohne den gleichzeitigen Abstieg von deren/dessen Seelen-Essenz. Das eine ist nicht möglich ohne das andere, das geht in beide Richtungen: Die Seelen-Essenz kann sich nicht vollständig mit dem menschlichen Körper vereinigen, wenn dieser sich nicht zugleich mit der Christus-Marien-Wesenheit vereinigt! Und umgekehrt: Die Christus-Marien-Wesenheit kann sich nicht mit dem physischen Körper vereinigen, wenn du dich nicht zugleich zutiefst mit deiner eigenen Seelen-Essenz verbindest und vereinigst.

Einige Kennzeichen des vollkommen erwachten Bewusstseins:

- Es ist sich seiner Göttlichkeit in jedem Augenblick bewusst
- Es ist frei von Angst, Schuldgefühl, Scham, Wut, Mangel- und Opferbewusstsein, das bedeutet, es ist frei vom Trennungsbewusstsein
- Mit anderen Worten, es ist LIEBE, FREUDE, FRIEDEN pur!
- Es verströmt sich in jedem Augenblick zum *H*öchsten *E*igenen *W*ohle, und das bedeutet: zum *H*öchsten *W*ohle *A*ller
- … und damit ist es FÜLLE, weiß sich Fülle, lebt Fülle, generiert Fülle, verströmt Fülle…

(Nachtrag im Februar 2020, durchgegeben von Yeshua/Jesus und Maria Magdalena)

Warum ist die menschliche Seelen-Essenz so eng mit der Christus-Marien-Wesenheit verbunden? Das ist so, weil die höchste – und zugleich tiefste – menschliche Seelen-Essenz direkt dem Höchsten Göttlichen entspringt. Und das trifft auch auf die Christus-Marien-Wesenheit zu. Menschliche Seelen-Essenz und Christus-Marien-Wesenheit sind also wesensgleich. Darum ist das Herabkommen der Seelen-Essenz in die Körper*in so eng verknüpft mit der Herabkunft der Christus-Marien-Wesenheit.

Das TELESMA-GEBET des Kristallinen Zeitalters

(übermittelt durch Saint Germain und Lady Portia)

25.02.2020

Vorbemerkung von Ayla Ines:

Meister Saint Germain hat über seinen Kanal Myra unter anderem das Buch „Saint Germains Vermächtnis – ein westlich-abendländischer Einweihungsweg“ durchgegeben.[50] Der 1. Teil dieses Buches trägt den Titel: „Das weiße Christuslicht als innere Erfahrung und heilende Energie“. In diesem Rahmen wird auch das „TELESMA[51]-GEBET“ mitgeteilt – eine Hinwendung zum eigenen Inneren Göttlichen Licht, zur eigenen Ursprünglichen Göttlichen Vollkommenheit. Dort heißt es zu Beginn:

„ICH BIN DAS REINE CHRISTUSLICHT.
CHRISTUS IN MIR IST VOLLKOMMENHEIT,
WIE DER VATER VOLLKOMMEN IST.“

Ich hatte mich allerdings von Anfang an daran gestoßen, dass hier das Göttliche einseitig als „VATER“ benannt wird, unter Aussparung und Ignorierung des Göttlich-Weiblichen, der MUTTER also. Heute nun möchte Saint Germain mir zusammen mit Meisterin Lady Portia eine Version des TELESMA-Gebets diktieren, die *beide* Seiten der QUELLE – und unserer Inneren Quelle – einschließt. Denn im beginnenden neuen, dem Kristallinen Zeitalter, erhält das Göttlich-Weibliche seinen angestammten Platz zurück…

Lady Portia und Saint Germain:

Und so IST es… Dieses Gebet ist wundervoll, und es ist geeignet, wahre Wunder in dir zu bewirken, liebe Mensch*in, wenn du dich wirklich darauf einlässt. Wir werden es darum auch gar nicht ändern,

---

50 Myra, „Saint Germains Vermächtnis – ein westlich-abendländischer Einweihungsweg“, Silberschnur, 2010

51 *Telesma:* Dieser Name wird in den Smaragdtafeln des Hermes Trismegistos für das Christuslicht verwendet

mit Ausnahme der Tatsache, dass wir anstelle von „CHRISTUS" einsetzen werden: „CHRISTUS-MARIA" bzw. „CHRISTUS-MARIEN", und anstelle von „VATER" werden wir „VATER-MUTTER" sagen. Wir verwenden dabei auch weiterhin die Verbform im Singular, also „ist", um die EINHEIT von männlich und weiblich hervorzuheben. Zum Schluss heißt es „SCHÖPFER*IN" anstelle von „SCHÖPFER":

TELESMA-GEBET des Kristallinen Zeitalters

ICH BIN DAS REINE CHRISTUS-MARIENLICHT.
CHRISTUS-MARIA IN MIR IST VOLLKOMMENHEIT,
WIE VATER-MUTTER VOLLKOMMENHEIT IST.
ICH ANERKENNE NUR DIESE
VOLLKOMMENHEIT
UND SEHE NUR VOLLKOMMENHEIT.
ICH BIN CHRISTUS-MARIA,
DIE HEILENDE KRAFT TELESMA,
DIE KRAFT HINTER DER KRAFT,
DIE ALLE KRÄFTE BEWEGT.
ICH RICHTE MEIN DENKEN AUF
DAS HÖCHSTE IN MIR,
DAS WEIßE CHRISTUS-MARIEN-LICHT,
DAS NUN DURCH MEINE HÄNDE,
AUS MEINEN HÄNDEN STRÖMT
UND ALLE BLOCKADEN LÖST,
DIE MICH DARAN HINDERTEN, DIE GÖTTLICHE
VOLLKOMMENHEIT ZU LEBEN.
ICH BIN VOLLKOMMEN,
WIE VATER-MUTTER VOLLKOMMEN IST,
UND ANERKENNE NUR DIESE
VOLLKOMMENHEIT.
DIESE ANERKENNUNG IST WIE
EIN BEFEHL AN DAS LICHT,
DAMIT ES VOLLKOMMENHEIT ZEUGE.
ICH BIN FREI VON ALLEN SCHATTEN

DER KRANKHEIT,
ICH BIN LICHT,
DER LICHTE FUNKE
AUS DEM HERZEN MEINER
VOLLKOMMENEN SCHÖPFER*IN.
AMEN – OM

Deine Arbeit, liebe Mensch*in, mit diesem äußerst kraftvollen Gebet ist eine Art „Turbo-Variante", oder auch, wenn dir das besser gefällt, eine wunderbare Ergänzung zum Weg mit der Christus-Marien-Energie, von welchem im Rahmen des Kapitels „Wege der (Selbst-)Heilung" die Rede sein wird.

Nachtrag am 26.02.2020:

Noch ein paar Worte zum Thema VOLLKOMMENHEIT: In der Welt und dem Bewusstsein der 3. Dimension möchten alle Menschen am liebsten „perfekt" sein. Darunter wird verstanden: *„Du darfst keine Schwächen haben und keine Fehler machen."* Die Vollkommenheit, von welcher im TELESMA-Gebet die Rede ist, ist ganz anders gemeint: Ihre Bedeutung ist, dass ALLE Wesen, und überhaupt AllesWasIst, aus der Einen Göttlichen QUELLE stammen und genau darum auch vollkommen sind. Auch wenn ihr euch noch in der Dualität befindet, dem Reich der scheinbar unversöhnlichen Gegensätze, so seid ihr dennoch vollkommen, und zwar gerade *dadurch, dass ihr eure „Fehler und Schwächen" in Selbstliebe annehmt!* Und sogar wenn ihr das noch nicht könnt – ihr seid vollkommen, weil ihr mit Allem, was euch ausmacht, EINS seid mit Euch Selbst, mit Allem Was Ist und mit GOTT-VATER-MUTTER. Ihr seid dies, selbst wenn ihr euch nach wie vor im Bewusstsein der Trennung befindet! Warum? Einfach darum, weil dieses *Trennungsbewusstsein eine Illusion* ist.

Wenn du dich also mithilfe des TELESMA-Gebets auf deine dir innewohnende Göttliche Vollkommenheit beziehst, liebe Mensch*in, dann gibst du tatsächlich wie einen „Befehl" an das LICHT, „Vollkommenheit zu zeugen". Oder, wenn dir die Formulierung „Befehl" zu stark klingt, dann kannst du auch „Anweisung" sagen. Wenn du das vorziehst, darfst du aber das Wörtchen „wie“ gerne weglassen. Also: Die Anerkennung der Vollkommenheit als der einzig wahren Tatsache ist eine *Anweisung an das Licht, Vollkommenheit zu zeugen.* Mit anderen Worten, in deinem Körper, in deinem gesamten System, in deinem Leben Vollkommenheit hervorzubringen. Auch in der Gestalt von Gesundheit und liebevollen menschlichen Beziehungen, welches wohl die sehnlichsten Wünsche der Menschen sind.

Lady Portia und Saint Germain

Erwachtes BewusstSein ist multidimensional

(Durchgabe von MAHATMA LAIRIS)

07.03.2020

Fangen wir also schon einmal an… Ayla Ines wird an diesem Abend vielleicht nicht mehr allzu viel aufnehmen können, aber sie möchte heute beginnen. Also stelle ich mich nun vor: ICH BIN Mahatma LAIRIS, und ich stehe der Ayla Ines für die kommenden ungefähr 1,3 Milliarden Jahre als Lehrerin zur Verfügung. Nein, dies ist kein Versehen von ihr und beileibe kein Tippfehler! Sie wollte auch zunächst die „Ayla", also das Körperwesen, weglassen, aber bitteschön, dies ist ein Buch über die neue Unsterblichkeit und das Körperwesen, das sich ebenso wie das Seelenwesen immer weiter transformiert, geht selbstverständlich mit! 1,3 Milliarden Jahre sind für den menschlichen Verstand eine unvorstellbar lange Zeit. Für das Göttliche SEIN stellen sie den Bruchteil eines Atemzugs dar - oder was auch immer. Das SEIN kennt ja keine „Zeit". Lassen wir also einfach die Vorstellungskräfte des menschlichen Verstandeswesens beiseite und stellen wir fest: Ich bin von jetzt an ziemlich lange an der Seite von Ayla Ines, und wenn ich auch nur hier und da in diesem grandiosen Text hervorluge (Ayla Ines, bitte das Adjektiv stehen lassen!), so bin Ich hier doch ständig wie eine Mentorin präsent.

Ich möchte ein paar Worte über das multidimensionale BewusstSein verlieren. Liebe Mensch*in, dein von dir bislang als „normal" empfundenes Bewusstsein entspricht möglicherweise noch dem der 3. Dimension. Dieses „alte" Bewusstsein basiert auf dem Verstand, der manchmal auch als der „gesunde Menschenverstand" bezeichnet wird. Dessen hervorstechendstes Kennzeichen aber ist, dass er alles für irreal erklärt, was für ihn in der dreidimensionalen Welt nicht mithilfe der fünf Körpersinne erfahrbar ist. Ich muss hier ein wenig schmunzeln und darf dich fragen, was an einer solchen Einstellung eigentlich so „gesund" sein soll? Tatsächlich gibt es ja sogar Ärzte bei euch, die Menschen mit einem Erfahrungshorizont, der über die dreidimensionale Wahrnehmung hinausgeht, einfach für „krank“ erklären. Ehrlich gesagt, das finde ich recht lustig, allerdings ist es für die zu „Schizophrenen“ erklärten Personen sicher alles andere als witzig – soviel habe ich schon begriffen von eurer seltsamen Welt. Ich selbst, Mahatma Lairis, entstamme nämlich einer dieser anderen Welten, einer sehr hoch schwingenden Dimension, die solche Ärzte - oder auch der gesunde Menschenverstand - für nicht existent halten.

Ich habe gerade ein zentrales Stichwort eingebracht, nämlich die Schwingung. Diejenigen, für die das altbekannt oder „kalter Kaffee“ ist, dürfen gerne weiter unten zu lesen fortfahren. Ich möchte jetzt ein bisschen was erklären für die Leser*innen, die unter Umständen zum ersten Mal ein Buch wie dieses lesen. Gratulation, dass du bis zu dieser Stelle durchgehalten hast! Also: In der gesamten Schöpfung ist Schwingung von Energie in jeglicher Form und in allen möglichen Stadien der Verdichtung – bis hin zur physischen Materie – allgegenwärtig. Je stärker die Verdichtung, desto niedriger die Frequenz der Schwingung. Und umgekehrt: Je feinstofflicher ein Bereich ist, desto höher schwingt er. Auch das Bewusstsein und die Gefühle der Wesen sind energetische Schwingung, wobei die Frequenz umso höher ist, je näher sie der LIEBE kommt. Die Dimensionen, von denen hier die Rede ist, sind letztendlich nichts anderes als Bereiche unterschiedlicher Schwingung.

Das erwachte BewusstSein nun ist sich in jedem Augenblick der Tatsache bewusst, dass es solche Bereiche unterschiedlicher Schwingung gibt. Und mehr: Es ist mit diesen Bereichen auch in jedem Augenblick verbunden. Das bedeutet, dass die Mensch*in, die ein solches BewusstSein entwickelt hat, auch auf dem Wege ist, es zu *verkörpern*!

08.03.2020

Das multidimensionale BewusstSein ist daher auf eine ganz neue Weise *schöpferisch*. Im alten Bewusstsein der 3. Dimension, das eher ein Nicht-Bewusst-Sein ist, habt ihr auf nicht bewusste Weisen erschaffen, und viele von euch tun es noch. Euer hauptsächlicher Weg des unbewussten Erschaffens besteht darin, dass ihr mit Gedanken und Gefühlen in den Widerstand geht gegen etwas, das euch nicht gefällt. Ihr wollt es „weg haben“. Genau auf diesem Wege aber zieht ihr noch mehr von diesem Leiden in euer Leben. Warum? Weil ihr so viel *Energie* in das Thema hineingegeben habt! Das multidimensionale, erwachte BewusstSein aber leistet keinen Widerstand gegen das, was ist. Es verbindet sich vielmehr mit dem, was sein kann und was es erfreut – es verbindet sich mit den Potenzialen im Quantenfeld, die liebevoll sind. Und so ist es auch in der Lage, unter Umständen die Naturgesetze der 3. Dimension hinter sich zu lassen.

Ein wichtiges Beispiel: die Transzendierung[52] der alten, auf Kohlenstoff-Verbindungen basierenden Zellstrukturen eurer Körper-Materie in Richtung kristalliner Zellstrukturen. In der heutigen Zeit sind diese neuen Zellstrukturen für alle Menschen vorgesehen, nicht nur für manche „Neuen Kinder“. Daher laufen zurzeit auch bei allen Menschen, die nicht schon mit kristallinen Zellstrukturen geboren sind, entsprechende Transformationsprozesse ab. Solange du allerdings im Bewusstsein der 3. Dimension verharrst, wird deine Körper*in diese Umwandlung nicht vollständig bewältigen können. Du lässt sie ja alleine damit, indem du die „Krankheits“-Symptome ablehnst, die immer in irgendeiner Form mit einer solchen Transformation einhergehen. Auf diese Weise wählst du auf längere Sicht den erneuten physischen Tod, um in einer späteren Inkarnation dort weiterzumachen, wo du dieses Mal aufgehört hast. Beziehst du dich jedoch bewusst auf die Multidimensionalität jeglicher Schöpfung, so wirst du damit die Wandlungsprozesse in deiner Körper*in unterstützen und schließlich die neue, die kristalline Zellstruktur verwirklichen. Mit anderen Worten, du erschaffst dir deine neue Körper-Materie selbst, und zwar auf dem Wege über dein multidimensionales BewusstSein. **Die neue, die kristalline Zellstruktur aber ist eine zentrale Voraussetzung für den „physischen Aufstieg“**, also die Mitnahme der Körper*in in eine höhere Dimension.[53]

52 Transzendierung*: lat. transcendere = über etwas hinausgehen*

53 Übrigens spricht auch Christina von Dreien in Band 3, „Bewusstsein schafft Frieden“, davon, dass die Mitnahme des Körpers in die höhere Dimension Bestandteil des göttlichen Plans für die Erde in der heutigen Zeit ist (S. 68)

Wobei – Ayla Ines wird an anderer Stelle noch darauf zurückkommen – dieser physische Aufstieg noch nicht identisch ist mit der „neuen Unsterblichkeit". Denn die Seele kann, wenn sie dies möchte, auch von einer höheren Dimension aus ihre Körper*in noch verlassen, allerdings unter Umständen nach einem sehr viel längeren Leben. Dies war zum Beispiel in den alten Hochkulturen von Thule, Lemuria und Atlantis der Fall.

13.03.2020

Um auf das multidimensionale BewusstSein zurückzukommen: Es ist die Voraussetzung dafür, dass du deine Körper*in mitnehmen kannst in eine höhere Ebene hinein. Vielleicht fragst du dich jetzt: „Wer kann denn schon eine solche Voraussetzung erfüllen? Ich doch nicht!" Nun, du kannst es sehr wohl. **Dein erster Schritt besteht einfach darin, dass du dich dafür öffnest.** Dass du die Multidimensionalität der Wirklichkeit für möglich hältst. Das ist schon einmal die „halbe Miete". Wenn du etwas für möglich hältst, dann wird es auch für dich *erfahrbar.* Alles, woran du nicht glaubst, das wirst du nämlich auch nicht bewusst erfahren können. Wenn du dich angesprochen fühlst, dann schlage ich dir also vor, dass du genau JETZT für dich den Satz sprichst:

„Ja, ich öffne mich für die Multidimensionalität der Wirklichkeit und ich möchte sie erfahren."

Alles andere entwickelt sich hieraus wie von selbst...

Steel Woman – die erwachte, gestählte Mensch*in

(von Ayla Ines)

11.02.2020

Heute, am Morgen nach meinem 71. Geburtstag, wenige Stunden nachdem mein „Abgezogenes Kaninchen“ sich im Artikel „Seelenanteile“ geäußert hat, erkenne Ich, Ayla Ines, mich als

STEEL WOMAN IM WERDEN

Was genau verstehe ich heute unter „Steel Woman“? Der Begriff spukt schon seit etlichen Tagen durch mein Hirn, und ich habe mich zeitweise sogar vollständig damit identifiziert. Aber… so einfach ist das nicht, denn *„Steel Woman“ ist ein PROZESS und kein Zustand!* Steel Woman lebt nur durch beständiges und ausdauerndes ÜBEN fort!

Im menschlichen Hochleistungssport gibt es den „Iron Man“, und auch, weniger häufig, die „Iron Woman“, Dies sind Menschen, die ihren Körper ständig zu Höchstleistungen antreiben – die Ausdauersportarten Radfahren, Langlauf und Schwimmen sind die Disziplinen, die dabei ausgeübt werden. Das ergibt auf die Dauer in der Tat „eiserne“ Körper… Allerdings… diese Körper werden vom Geist „benutzt“. Sie werden in der Regel rücksichtslos angetrieben, und wenn sie genährt werden mit Nahrung und Ergänzungsmitteln, dann einzig und allein zu dem Zweck, noch mehr Leistung aus ihnen herauszuholen. Ich weiß nicht, inwiefern vielleicht bei manchen dieser Sportler*innen doch noch ein Fünkchen Dankbarkeit und Selbstliebe der Körper*in gegenüber eine Rolle spielt. Aber, soweit ich es sehen kann, wird hier der Körper zum Sklaven des Geistes gemacht.

Meine Vorstellung von „Steel Woman/Steel Man“ nun ist eine ganz andere, denn sie beinhaltet einerseits den *liebevollen - und daher maßvollen* Umgang mit unserer Körper*in. Wir fordern sie heraus, o ja, denn in der Tat – wohlverstanden – *von nichts kommt nichts.* Zum anderen stählen wir nicht nur die Körper*in, sondern auch unser Herz/ unsere Psyche und unseren Geist. Wie stählen wir unser Herz und unsere Psyche? Durch ausdauernde Energiearbeit, zum Beispiel indem wir abgespaltene Seelenanteile erkennen, annehmen, umarmen, integrieren, also in unser inneres SeelenLand/Paradies einlassen. Drittens, unser Geist. Wie schulen wir diesen? Im Wesentlichen durch die Übung in der „Unterscheidung der Geister". Hier geht es nicht eigentlich um die Unterscheidung zwischen sogenannt „Gut" und „Böse", sondern um die Unterscheidung zwischen Liebe und Nicht-Liebe bei den geistigen *und* menschlichen Wesen, die sich uns zeigen. Wie lernen wir, die Nicht-Liebe zu erkennen? Sie fühlt sich kalt an. Das sagt uns unser befreites Herz. Sie lügt, betrügt und heuchelt. Das sagt uns unser freier Geist. Steel Woman leistet keinen Widerstand mehr. Sie gebietet der Nicht-Liebe Einhalt, indem sie ihr die LIEBE entgegenhält.

17.03.2020

Wie soll denn das funktionieren: „keinen Widerstand leisten und der Nicht-Liebe Einhalt gebieten, indem ich ihr die LIEBE entgegenhalte"? Ich habe diese letzten Sätze erst vorhin neu formuliert und möchte nun schauen, was mein Herz dazu jetzt sagen möchte:

Steel Woman sieht klar. Sie weiß, was sie will, ja, und sie weiß auch, was sie *nicht mehr* will. Was sie nicht mehr will, das ist, ganz konkret auf der Ebene der menschlichen Gesellschaft, das alte Gerangel „jeder gegen jeden" um Macht, Anerkennung und materiellen Besitz. Was sie nicht mehr will, das ist auch die alte Herrschaft über die Köpfe, die auf Manipulation und gezielten Lügen basiert. Was *will sie* aber?

Steel Woman wünscht sich ein **bewusstes Wir, das auf der bedingungslosen Liebe basiert.** Es ist ein WIR von innerlich freien Individuen, die jede*r die volle Verantwortung für sich selbst übernommen haben. Dies auf der Grundlage der Erkenntnis und des Wissens, dass wir alle schöpferische, multidimensionale göttliche Wesen sind, und also auf der Grundlage der Selbstliebe. „Utopie"? O ja, und zwar im Sinne von Vision! Wo wäre denn die Menschheit heute, wenn es nicht zu allen Zeiten „Spinner*innen", Visionäre und Utopisten gegeben hätte? Und: *Diese* Vision teile ich mit inzwischen gewiss einigen Millionen von Menschen auf der Erde! Ein paar Millionen, das ist doch nicht viel, angesichts einer Weltbevölkerung von 7 Milliarden? O doch, denn es gibt das Phänomen des „100. Affen“! Die damit zusammenhängende wissenschaftliche Erkenntnis besagt, dass in dem Moment, wo eine bestimmte Anzahl von Individuen einer Spezies ein bestimmtes Verhalten entwickelt hat, dieses neue Verhalten spontan auf die gesamte Art überspringt.[54] Die Grundlage hierfür: das Quantenfeld, das selbstverständlich auch das kollektive Bewusstsein der Menschheit in sich trägt.

Ja, wenn also genügend Menschen ihre Absicht bündeln und gemeinsam ins Feld einbringen, dass sie ein bewusstes Wir auf der Basis der bedingungslosen Liebe zur Grundlage für eine neue menschliche Gesellschaft auf der Erde machen wollen, dann wird das auch Wirklichkeit. Für den 04./05. April 2020 ist eine weltweite Meditation geplant, die genau diese Intention ins Feld hineintragen wird. Wenn dieses Buch erscheint werden mit Sicherheit schon die ersten Früchte sichtbar sein!

Das heißt also, **Steel Woman ist nicht allein. Er/Sie hält dem „Unlicht“ *als Kollektiv* die LIEBE entgegen.** Ist das nicht wunderbar?

---

54 Es gibt dazu eine weltbekannte Beobachtung an Affen, ich glaube, von einer Südsee-Insel

Menschliche Mutation und die neuen Kinder

(Ayla Ines mit Unterstützung durch die Christus-Marien-Wesenheit)

20.02.2020

Im Buch „Die Blume des Lebens", Band 2 von Drunvalo Melchizedek[55] gibt es ein ausführliches Kapitel mit dem Titel: „Menschliche Mutationen in der Geschichte und in neuerer Zeit". Die Grundlage von Mutationen sind Veränderungen in der DNA. Solche Veränderungen können „schon bei scheinbar harmlosen Veränderungen der Ernährung und des Klimas" stattfinden.[56] So weisen die Indigo-Kinder,[57] die ungefähr seit den späten 70er Jahren des 20. Jahrhunderts in den USA und auch auf anderen Kontinenten geboren werden, eine andere Leber auf als wir „alten" Menschen. Diese Leber kann besonders gut *Fast Food* verarbeiten. Warum das nun ausgerechnet? Es ist eine Maßnahme des Körpers, der sich damit gegen systematische Vergiftung durch diese Art von Essen schützt! Das ist aber nicht die entscheidende Botschaft über diese Kinder: Sie sind außerordentlich intelligent und haben einen durchschnittlichen IQ von 130, manche liegen bei 160 und höher. Paradoxerweise kamen unsere Lehrer und unser Bildungswesen allerdings zu dem Schluss, diesen Kindern *„fehle es an etwas"*. „Konzentrationsstörungen", „ADHS"... Melchizedek meint dazu: „Die Kinder langweilt schlichtweg das Lerntempo sowie die Darbietung und der Inhalt der Informationen."[58] Außerdem haben die Indigo-Kinder „in sehr verstärktem Maße übersinnliche Fähigkeiten" und können „buchstäblich die Gedanken ihrer Eltern lesen."[59]

---

55 Drunvalo Melchizedek, Die Blume des Lebens, Band 2, Koha Verlag, Burgrain, 5. Auflage, Mai 2004, S. 455-465

56 Melchizedek, S. 456

57 Vgl. auch: Lee Carroll, Jan Tober, Die Indigo-Kinder, Koha Verlag, Burgrain, 10. Auflage 2005

58 Melchizedek, S. 458

59 S. 458

Seit 1974 wird in China beobachtet, dass Kinder mit extrem ausgeprägten paranormalen Fähigkeiten geboren werden. „Diese Kinder sind in der Lage, uns vorzumachen, dass alles, was sie denken, Wirklichkeit wird."[60] Außerdem können viele von ihnen mit verbundenen Augen mit allen möglichen Körperteilen – z.B. Ohren, Nase, Mund, Achselhöhlen, Händen, Füßen – sehen und auch lesen. Die chinesische Regierung gründete eigene "Trainingseinrichtungen" für solche Kinder, nachdem auf der Grundlage von wissenschaftlichen Untersuchungen klar war, dass es sich hier nicht um Zaubertricks handelte. Übrigens: Melchizedek erinnert in diesem Zusammenhang an den paranormal begabten Israeli Uri Geller, der allein mit seiner Absicht Metallgegenstände verbiegen konnte, und das auch übers Fernsehen. Nach einer solchen Vorführung erhielt er zahlreiche Anrufe von Eltern, die berichteten, dass ihr Kind dasselbe zuwege brachte, einfach nachdem es dieses Kunststück einmal gesehen hatte…

Eine dritte Gruppe von Kindern wird von Melchizedek erwähnt, das sind die „AIDS-Kinder". Es handelt sich um Kinder von AIDS-kranken Eltern, die mit dem HIV-Virus im Körper geboren wurden. Aufgrund einer „spontanen genetischen Mutation"[61] entwickelten sie eine Resistenz gegen das Virus! Das bedeutet zugleich, dass diese Kinder ein außerordentlich wirksames Immunsystem besitzen.

Im Folgenden noch ein paar Auszüge aus dem Buch der Mutter eines neuen Kindes: Bernadette von Dreien, „Christina – Die Vision des Guten".[62]Kapitel 2 heißt „Neue Zellstrukturen und DNA-Stränge". Ich schreibe jetzt einfach einmal einige Passagen ab, denn sie sprechen für sich:

„Anfang Mai 2015. (…) Eines Morgens wendet sich in der Schule eine Klassenkameradin aufgeregt an Christina und fragt sie: ‚Christina, warum glitzerst du eigentlich überall? Schminkst du dich etwa am ganzen Körper?'

60 S, 461

61 S. 459

62 Bernadette von Dreien, Christina – Die Vision des Guten, Govinda-Verlag, Rheinau/Schweiz, 1. Auflage, März 2018, S. 33-36

Christina ist zunächst überrumpelt, denn anscheinend ist diesem Mädchen ihre besondere Zellstruktur aufgefallen. Daraufhin vergleichen die beiden Mädchen ihre jeweilige Zellstruktur. Christina weiß, dass ihre eigene, kristalline Zellstruktur siliciumbasiert ist, und aus diesem Grunde glitzert ihr Körper für Menschen, die in einer entsprechend hohen Frequenz schwingen, wie ein Kristall, vor allem bei direkter Sonneneinstrahlung. Es zeigt sich, dass das andere Mädchen eine bronzebasierte Struktur aufweist.

Während Christina mir von dieser Begebenheit berichtet, wundere ich mich zum einen darüber, dass diese vierzehnjährigen Mädchen offensichtlich imstande sind, mit bloßem Auge Zellstrukturen zu erkennen und zu unterscheiden, und zum anderen darüber, dass es bei den Kindern der neuen Zeit anscheinend derart große zelluläre Unterschiede gibt. In der Wissenschaft geht man bisher davon aus, dass das Gewebe aller organischen Lebewesen auf Kohlenstoffverbindungen aufgebaut ist; auch der Mensch hat demnach einen kohlenstoffbasierten Zellbau. Wie es aussieht, müsste diese Ansicht wohl bald revidiert werden.

Erstaunt frage ich Christina, was sie mir denn zu diesem Thema sagen könne, und sie erklärt: ‚Die aktuelle Wissenschaft geht davon aus, dass eine siliciumbasierte Zellstruktur beim Menschen nicht möglich sei, da das Element Silicium durch den eingeatmeten Sauerstoff und durch das viele Wasser im Körper instabil werde. Dies mag chemisch gesehen wohl stimmen und ist demnach ein Naturgesetz in der dritten Dimension. Da ich aber sowohl mit meinem feinstofflichen als auch mit meinem grobstofflichen Körper mit anderen Dimensionen verbunden bin, ist meine Zellstruktur nicht den dreidimensionalen, sondern den dortigen Naturgesetzen angepasst. Das heißt, Gesetze der Dreidimensionalität können bei hochschwingenden Menschen durchaus auch außer Kraft gesetzt sein.‘“[63]

Christina erklärt ihrer Mutter im weiteren Verlauf ihres Gesprächs, *„dass in ihren Zellen nicht nur die Struktur verschieden sei, sondern dass sie im Zellkern auch eine andere DNA aufweise.“*[64] (…) *„Christinas Ausführungen legen die Vermutung nahe, dass Menschen mit einer höheren Bewusstseinsfrequenz imstande sind, weit mehr Anteile ihrer DNA zu nut-*

63 Von Dreien, S. 33/34

64 S. 34

zen als gemeinhin für möglich gehalten wird. Unter anderem können sie dadurch auch zusätzliche Bereiche und Funktionen in ihrem Gehirn aktivieren.

Christina bestätigt, dass heutzutage viele Kinder und Jugendliche bereits mit einer neuen Zellstruktur und mit einer neuen, sogenannten 12-Strang-DNA geboren werden. Diese 12-Strang-DNA entspreche dem ursprünglichen Schöpfungsplan, bevor die genetische Codierung des Menschen zur gegenwärtigen 2-Strang-DNA (auch Doppel-Helix genannt) reduziert worden sei. Jetzt sei es an der Zeit, dass die Menschen auch auf dieser Ebene wieder zu ihrer ursprünglichen Ganzheit zurückfänden. (…)

Christina hat bereits öfters darauf hingewiesen, dass der Erdplanet in der gegenwärtigen Phase seiner Geschichte seine energetische Frequenz stetig erhöhe und dass die irdische Sphäre sich dadurch von dreidimensional zu fünfdimensional entwickeln werde. Diese Transformation in einen weniger dichten Zustand wirkt sich anscheinend nicht nur auf die allgemeine Raum-Zeit-Struktur der Erde aus, sondern auch individuell auf die genetische Codierung der Menschen."[65]

Ja… wir „alten" Menschen dürfen nun den neuen Kindern sozusagen hinterher mutieren! Unsere Körper*innen können das durchaus. Das sage ICH, AYLA, die Körperin von INES, hiermit ganz ausdrücklich. Ich selbst bin auf dem besten Wege… Hierbei spielen die „Ewigen Moleküle", diese ganz besonderen Proteine, von denen schon die Rede war, eine zentrale Rolle.[66] Zur DNA möchte ich, Ayla Ines, noch anmerken, dass uns inzwischen noch ein 13. Strang zur Verfügung steht. Davon später mehr.

---

65 Bernadette von Dreien, S. 34/35

66 Vgl. Abschnitt *„Die Ewigen Moleküle" und meine „Kristalline Gebärmutter"*

Zum Thema Selbstermächtigung

(Ayla Ines ab dem 12.02.2020)

12.02.20202

In diesen Tagen weht der Wind des Wandels in Deutschland. Ganz konkret und materiell: Vor drei Tagen wütete der Orkan „Sabine" vor allem in Norddeutschland, blies aber auch hier im Süden noch recht kräftig. 24 Stunden später kam ein weiteres Sturmtief über Nacht nach Baden-Württemberg und Bayern, und auch heute weht noch ein kalter, frischer Wind hier bei uns. Interessant, dass die Meteorologen „Sabine" einen weiblichen Namen gegeben haben – das läuft ja wohl immer abwechselnd, damit sich kein männlicher oder weiblicher Mensch benachteiligt fühlt.[67] Ich habe aber wirklich den Eindruck, dass es die Göttliche *weibliche* Energie ist, die unsere Atmosphäre hier einmal ordentlich „durchputzt", reinigt und klärt!

Heute fühle ich mich nicht so ganz wohl in meiner Haut. Als ich vorhin bei meiner Mittagsruhe beide Hände auf den Solarplexus legte, spürte ich diese Körperregion sehr deutlich. Ich fragte dort hinein: „Was brauche ich jetzt?" Die Antwort kam sofort: „Selbstermächtigung!" Nun habe ich mit diesem Thema in den vergangenen Jahren schon häufig gearbeitet – was fehlt also noch? Das möchte ich genau JETZT wissen!

***„Gehe noch eine Schicht tiefer!"*,**

höre ich meine Zellen rufen, **„Wir brauchen es!"**

Aha! Selbstermächtigung der Zellen! Worum geht es denn da genau? Ich versuche mal ein direktes Gespräch mit ihnen:

Ayla Ines:

Liebe Zellen, wenn ich euch richtig verstehe, braucht ihr meine Hilfe bei eurer eigenen Selbstermächtigung. Ist das zutreffend?

67 Soweit ich mich erinnere, erhielten in früheren Jahren alle Tiefs weibliche, und alle Hochs männliche Namen, was zu Protesten führte...

Zellen:

Ja! Wir brauchen deine weitere Unterstützung. Du hast in den letzten Tagen den Kontakt zu uns unterbrochen und uns unser Mantra nicht mehr gesungen. Wir brauchen dieses

OM VAREKAYA NAMEKATA

sehr dringend, und täglich viele Male, sonst schlafen wir wieder ein oder wir fühlen uns entmutigt. Außerdem führt uns das Mantra mit seinen multidimensionalen Schwingungen lebenswichtige Informationen für unsere Arbeit mit uns selbst zu. Von den höchsten Göttlichen Ebenen her erhalten wir über das Mantra jedes Mal erneut die Bestätigung unserer eigenen Göttlichkeit. Zudem konkrete Baupläne und Anweisungen für den Umbau der Körper-Materie ins Kristalline hinein. Hierunter kannst du dir noch nicht so besonders viel vorstellen, aber es ist so! *Wir sind Du,* bitte hilf uns, dann hilfst du dir selbst!

Ayla Ines:

Bedeutet Selbstermächtigung auf tieferer Ebene für mich, dass ich mich als Göttliches Wesen erkenne, das so etwas wie ein Gesamt-Kunstwerk oder Gesamt-Verbund aus zahlreichen Göttlichen Wesen ist?

Zellen:

„Gesamt-Kunstwerk" gefällt uns gut! Als Seele bist du ja mit deinen zahlreichen Aspekten, Anteilen und Ebenen ebenfalls eine große Einheit, ein Gesamt-Kunstwerk. Jedenfalls sehen *wir* das so.

Ayla Ines:

Liebe Zellen, ihr besitzt große Weisheit! Vielen Dank für diese Inspirationen. Ich werde das Mantra ab heute wieder täglich mehrmals singen!

Zellen:

Wir danken dir, wir vertrauen dir und wir freuen uns!

16.02.2020

Im deutschsprachigen Bewusstseins-Mainstream gibt es den herabwürdigend gemeinten Ausdruck: *„selbsternannt"*. Das ist schon beinahe eine Beschimpfung, denn es impliziert, dass du niemals das Recht hast, dich selbst zu etwas zu „ernennen". Du brauchst immer eine Bescheinigung, ein Diplom, ein Zertifikat durch einen anderen Menschen, am besten durch eine staatliche oder wenigstens staatlich anerkannte Institution. Selbstermächtigung aber bedeutet genau, dass du dich selbst zur König*in in deinem eigenen Leben ernennst! Ja, du setzt dir persönlich die Krone aufs eigene Haupt! Wie anmaßend!

Wer sagt, dass das „anmaßend" sei? Auch das eine Beschimpfung, die wir alle kennen. Und ich fürchte, diese Beschimpfung tun wir uns durchaus selbst an. Wer von uns denkt nicht insgeheim immer noch: „Ich habe nicht das Recht, mich selbst zur Meister*in zu ermächtigen; ich brauche einen anderen Menschen, der das tut." Und so war es ja auch über viele Jahrtausende: Das WISSEN wurde im Verborgenen von Meister*in zu Schüler*in weitergegeben, und die Meister*in entschied darüber, wann die Schüler*in „soweit war", die Meisterschaft zuerkannt zu erhalten!

Heute aber bekommen wir sowohl von der Geistigen Welt her als auch von zahlreichen spirituellen Lehrer*innen beinahe schon *eingebläut*, dass *alles Wissen und alles, was wir brauchen, schon IN UNS ist.* Haben wir das aber begriffen? Wir schielen doch nach wie vor auf diejenigen, die „weiter sind" als wir, und laufen ihnen in Scharen nach... Viele glauben noch, dass die „fortgeschrittenen" spirituellen Menschen die Probleme der heutigen Welt *stellvertretend* lösen sollten. Das funktioniert aber nicht! Heute ist die Zeit, und JETZT ist der Tag, wo ein*e jede*r ihr/sein Schicksal in eigene Hände zu nehmen hat. Das bedeutet, dass *jeder* Beitrag, ob „groß" oder „klein", zählt und gebraucht wird. Unsere eigene „Mündigkeit" sollten wir also nicht nur in den Mund nehmen, sondern wirklich zu LEBEN beginnen. Genau diese Mündigkeit hat aber mit der Selbstermächtigung zu tun, von der ich spreche.[68] Ein mündiger Mensch weiß um seinen/ihren Selbstwert. Sie/er ist sich selbst etwas wert. Und eben darum ermächtigt sie/er sich selbst!

---

68 Einen kleinen Seitenhieb in Richtung christliche Kirchen, besonders katholische, kann ich mir an dieser Stelle nicht verkneifen: Da ist gerne die Rede von „mündigen Christen". Brauchen diese aber noch einen Papst? Brauchen sie Bischöfe, brauchen sie Priester, die zwischen dem „lieben Gott" und dem „einfachen" Menschen vermitteln?

Genau darum, weil wir heute in unsere eigene Mündigkeit hinein gerufen sind, hat mir Jesus vor einigen Jahren unter dem Namen Sananda den Einweihungsweg in die **Christus-Marien-Energie** durchgegeben. Im Jahre 2014 nannte er diese Heilenergie noch die „Christusenergie", was unter spirituellen Menschen auch zurzeit noch der gängige, weil traditionell bekannter Begriff ist.[69] Zur Neu-Benennung in „Christus-Marien-Energie" Näheres im Kapitel „Wege der (Selbst-) Heilung". Was aber ist das Besondere an diesem Einweihungsweg? Es ist ganz genau die Tatsache, dass es sich um einen Weg der Selbstermächtigung handelt! **Diese Einweihungen kosten nichts**, mal abgesehen von den paar Euro fürs Buch. **Es nimmt sie nämlich keine menschliche Meister*in vor, sondern du bittest um sie, und sie werden dir aus dem Universum gegeben.** Du selbst bestimmst dein Tempo, du selbst entscheidest, ob du vielleicht auch einmal für eine Weile eine Pause einlegst, wenn die mit dem Einweihungsweg verbundenen Prozesse zu heftig werden. Und am Ende, wenn du alle 56 Einweihungen erhalten hast, bist du aufgefordert, dich selbst zur Meister*in der Christus-Marien-Energie zu ermächtigen!

Ja, ich räume ein, auch ich selbst kam mir „komisch" vor, als ich mich in einem spirituellen Internet-Portal zum ersten Mal öffentlich als Meisterin der Christus-Marien-Energie vorstellte. Fast fühlte ich mich wie eine Art Hochstaplerin. Aber das ist genau das Gefühl, das uns der alte Bewusstseins-Mainstream nahelegt. „Selbsternannt"… Ach ja… Setzen wir uns darüber hinweg und machen wir es wie Karl der Große. Der soll sich nämlich damals im Dom zu Speyer auch selbst gekrönt haben…

69 Siehe mein Buch „Die Christusenergie – Einweihungen und Praxis", erschienen beim Ch.Falk-Verlag im Frühjahr 2015

WEGE DER (SELBST-)HEILUNG

Vorbemerkungen zum Thema Heilung

*(von Ayla Ines, unterstützt von Yeshua und Maria Magdalena, Erzengel Raphael, Daskalos und vielen anderen kosmischen Heiler*innen)*

17.03.2020

Selten war das Thema „Krankheit“ so stark im Bewusstsein der gesamten Menschheit wie gerade heute, in diesen Tagen und Wochen, beherrscht von der weltweiten Corona-Panik. Es ist schön, dass inzwischen so viele Frauen und Männer unterwegs sind, die den Fokus auf **Heilung durch die LIEBE** lenken. Und: **Es darf etwas ganz Neues entstehen aus diesem Chaos heraus!**

Heilung also. Selbst-Heilung! Ja, das ist das allererste, worauf ich deine Aufmerksamkeit lenken möchte, liebe Mensch*in: **Heilung kann immer nur Selbst-Heilung sein.** Auch wenn eine Ärzt*in dir hilft, eine Schaman*in, eine Heilpraktiker*in – es geht immer in erster Linie um **dich selbst und deinen Heilungswillen**. Wie das? Heilungswille? Aber jede*r möchte doch gesund sein und nicht krank?! Nun, auch Jesus hat nicht alle geheilt, die um Hilfe zu ihm kamen. Wollte er nicht? Ach nein – er *konnte* nicht! Denn zu denen, die geheilt wurden durch seine „Wunder“, sagte er: *„Dein Glaube hat dir geholfen.“* Das heißt, etwas anders formuliert: *„Dein VERTRAUEN in Gott und in dich selbst hat dir geholfen.“*

Manchmal glaubt der Mensch, dass er/sie heilen will; er/sie will die lästigen und quälenden Symptome loswerden. Aber auf unbewusster Ebene sind Anteile da, die in irgendeiner Weise von der Krankheit profitieren. Zum Beispiel glauben solche Anteile, dass sie nur auf dem Weg über die Krankheit die Zuwendung der Mitmenschen erhalten können. Das ist eine Motivation, die nicht zu unterschätzen ist… Generell gesagt: **Du musst die Heilung von ganzem Herzen wünschen** und das kannst du nur, **wenn kein Anteil mehr von der Krankheit „profitiert“.** Das bedeutet, dass es wichtig ist, in dich selbst hinein zu spüren, ob Anteile da sind, die an den Symptomen festhalten. Wenn ja, warum tun sie das? Möglicherweise brauchst du für eine solche Arbeit mit dir selbst auch Hilfe – es gibt heute zahlreiche Heiler*innen, die dafür zur Verfügung stehen.

Ja, und dann… Welchen Teil – oder welche Teile – von uns betrifft eigentlich das Thema „Heilung“? Es gibt heute Menschen, spirituelle Lehrer*innen, die sagen, Heilung sei eigentlich *überhaupt* kein Thema für eine*n wirklich Erwachte*n. Denn **was kennzeichnet das Erwacht-Sein? Du bist dir deiner ursprünglichen Göttlichkeit hundertprozentig und jederzeit bewusst.** Oder andersherum: **Du bist im vollkommenen EIN-Klang mit dem unendlichen Teil deiner Seele, der durch Krankheit und irdische Traumata nie berührt wurde.**

Zur Erläuterung: Unsere Seele, oder auch Geist-Seele, ist ein unendliches und multidimensionales Wesen, das aus der Göttlichen Quelle stammt. Es war immer nur ein ganz kleiner Teil dieser Geist-Seele, der unterwegs war, um auf der Erde oder auch auf anderen Planeten Erfahrungen der „Trennung“ von der QUELLE und von der eigenen wahren Größe zu durchlaufen. Und genau dieser relativ kleine Teil ist es, der heute „krank“ werden kann auf den Ebenen von Körper, Geist und Seele. Es ist dieser Teil, der dringend Heilung benötigt! Es ist, anders gesagt, der Teil, den ich manchmal „unser kleines Menschenich“ nenne.

Was bedeutet aber eigentlich „Heilung unseres kleinen Menschenichs“? Es bedeutet die **bewusste Wiedervereinigung mit unserem Geist-Seelen-Wesen!** Genau das ist es, was in dieser beginnenden neuen Zeit ansteht, und es bedeutet nicht zuletzt, dass **unsere Geist-Seele vollständig in unsere so „kleine“ Körper*in herabsteigt und sich mit ihr vereinigt.**

Du kannst sehen, liebe Mensch*in, dass es sich hier um Prozesse handelt, die nicht in einem Tag zu vollziehen sind. Es handelt sich für dich um einen WEG! Allerdings, spirituelle Lehrer wie ein Kurt Tepperwein verneinen dies. Sie sagen, dass du binnen weniger Sekunden vollkommen wach und erleuchtet sein kannst und dass dir das auch dann nicht wieder verloren geht. Nun, ich selbst sehe das so: Wenn du den WEG erst einmal gegangen bist, *dann* kann der Augenblick kommen, wo du tatsächlich die Erleuchtung wie einen Blitzschlag erfährst. Vielleicht war das bei Kurt Tepperwein ja der Fall... Ja, wenn du reif wie der Apfel bist, der gleich vom Baum fällt, dann kannst du unter Umständen einen solchen Blitzschlag erleben, wenn du nur ein einziges Mal das TELESMA Gebet sprichst. Für alle anderen gilt der weise Spruch: ***Üben... üben... üben!***

Die nachfolgenden Artikel behandeln manche unter spirituell Erwachenden schon bekannte Themen, aber auch einige ganz neue Aspekte.

„Hauptsache gesund!"

(von Ayla Ines)

14.02.2020

Kennst du diesen Spruch? Ich höre ihn regelmäßig, wenn über ein Kind im Mutterleib gesprochen wird: „Junge oder Mädchen? Egal! Hauptsache, gesund!" Ich denke mir dann immer: „Ja, und wenn nicht???" Aber das nur am Rande. Zum Geburtstag wünschen die Menschen sich „in erster Linie Gesundheit". Alles klar... wenn das nur nicht solche Sprechblasen wären, aus denen weiter nichts folgt. „Gesundheit ist das höchste Gut", o ja. Nur, wer von diesen Personen, die so reden, ist wirklich bereit, etwas dafür zu *tun*? In meinen Augen beinhaltet Gesundheit die Balance von Körper, Seele und Geist. Und dafür sind *wir selbst* verantwortlich und nicht ein ominöses, anonymes und ungerechtes „Schicksal"! Auch das Baby im Mutterleib hat sich die Bedingungen, unter denen es hier zur Welt kommt, in früheren Existenzen selbst erschaffen...

Heilung ist in erster Linie Selbstheilung.

Jesus pflegte den geheilten Menschen zu erklären: „Dein Glaube hat dir geholfen." Was er damit meinte: „Du selbst warst zur Heilung bereit und hast vertraut." So würde zumindest ich das übersetzen. Wir können uns in unseren Prozessen Hilfe holen, und Angebote gibt es heute im Überfluss. Sowohl auf Erden als auch vom „Himmel" her. Es soll noch die Rede davon sein.

Worauf ich aber heute hinaus möchte, ist folgendes:

1. **Unsere Körper*in ist nicht einfach die Summe ihrer Teile. Sie ist ein *interagierendes Gesamt-System.*** Die Schulmedizin ist heute in zahlreiche hoch spezialisierte Disziplinen zersplittert und praktiziert teilweise eine akribische Diagnostik. Für die „Reparatur" der „Einzelteile" allerdings stehen nicht so viele Werkzeuge

zur Verfügung… Um zu heilen, benötigen wir mehr.

2. **Auch der gesamte Mensch ist mit physischem Leib und Geist-Seele ein interagierendes Gesamt-System.** Wo die Geist-Seele noch nicht voll in der Materie präsent ist, existieren auf allen Ebenen zahllose Blockaden. Diese gilt es aufzulösen.
3. Damit unsere Körper*in in die neue Unsterblichkeit hinein mutieren kann, brauchen wir **Transformation** auf den Ebenen des **Herzens/der Emotionen** und auf den Ebenen des **Bewusstseins**.

Was verstehe ich unter dem Begriff **„Interagierendes Gesamt-System“**? Er kam heute früh aus dem Nichts – bzw. dem Quantenfeld – zu mir geflogen. Gemeint ist, dass sowohl im physischen Körper als auch im „System Mensch“, dieser Einheit aus Körper, Seele, Geist, **alles mit allem zusammenhängt, alles mit allem zusammenwirkt.** Es besteht also eine **Interdependenz**, das heißt, eine gegenseitige Abhängigkeit sämtlicher Seinsebenen untereinander! Dem kann nur ein **ganzheitlicher Heilansatz** Rechnung tragen, das haben inzwischen schon recht viele Menschen erkannt. Nur, das Konzept der „ganzheitlichen Medizin“, wie es heute landläufig verstanden wird, greift immer noch zu kurz! Es umfasst die verschiedenen Disziplinen der Naturheilkunde, die Wege des Ayurveda, die Traditionelle Chinesische Medizin (TCM), und vielleicht noch ein wenig Psychologie. Die **Herz- und Bewusstseins-Transformation**, die wir brauchen, um tatsächlich in die hier thematisierte *N*eue Unsterblichkeit hinein uns wandeln zu können, beinhaltet aber mehr! Auf der Ebene des Herzens und der Emotionen geht es um tiefe Heilung alter Wunden aus diesem und vielen früheren Leben. Es geht auch um die Heilung und Wieder-Eingliederung von abgespaltenen oder sogar verlorenen Seelenanteilen, die manchmal zuerst zu uns zurückgeholt werden müssen, damit wir mit ihnen arbeiten können. Damit befassen sich auch die traditionellen und die heutigen neuen Schamanen. Auf der Ebene des Bewusstseins besteht die wohl wichtigste Aufgabe darin, alte Glaubenssätze, die häufig noch von unseren Ahnen stammen, zunächst einmal zu erkennen und dann aufzulösen. Wer dem uralten Glauben der Menschheit anhängt, dass es unser aller unabänderliches Schicksal sei zu altern, krank zu werden und zu sterben, der/die wird den *P*hysischen Aufstieg, die *N*eue Unsterblichkeit von vornherein für baren Unsinn erklären und folglich auch wirklich die Erde erneut über den physischen Tod verlassen! **Es geschieht dir, was du glaubst** – es ist tatsächlich so einfach.

Die Selbstheilung ist ein Weg.

Jeder Weg beginnt mit dem ersten Schritt. Und dieser erste Schritt besteht darin, eine **bewusste Entscheidung** für die Selbstheilung zu treffen. Möchtest du, liebe Leser*in, diesen Schritt genau JETZT tun?

Wachse an deiner größten Herausforderung

(Ayla Ines mit Yeshua, Maria Magdalena, Lady Maria)

04.03.2020

Wir Menschen sind göttliche Wesen, die auf der Erde unterwegs sind. Und nicht nur unsere Seelen, auch unsere Körper*innen sind göttlich. Das letztere ist eine Aussage, die in früheren Jahrhunderten nicht gemacht wurde und die auch heute noch recht unüblich ist. Nichtsdestoweniger trifft sie zu, denn es gibt im Universum/Omniversum nichts, aber auch gar nichts, das NICHT aus der göttlichen QUELLE stammen würde. Wie auch??? Und also trifft selbstverständlich die Aussage zu, die die junge Christina von Dreien häufig wiederholt, nämlich dass wir zu nichts zu *werden* brauchen, wir brauchen uns nur an unsere Göttlichkeit zu *erinnern*! Das macht einen gewaltigen Unterschied! Viele Menschen auf dem spirituellen Weg denken ja immer noch, sie müssten zu göttlichen Wesen *werden.* Und so ist das Vergessen unseres wahren Seins für die meisten von uns wie ein „Stachel im Fleisch"…

Tatsache ist allerdings auch, dass wir, egal, wo wir uns befinden – ob auf der dreidimensionalen Erde im Übergang oder in feinstofflichen Dimensionen – uns immer weiter *entwickeln* dürfen.

Alles Manifestierte entwickelt sich, ist immer im Wandel. Das unmanifestierte SEIN ruht in sich selbst.

Wenn wir uns an unsere uns immer schon innewohnende Göttlichkeit erinnern, also genau an dieses SEIN, das auch in unserem eigenen Inneren *in sich selbst* ruht, dann sind wir für unsere Weiter-Entwicklung bestens gerüstet. Es ist nicht angebracht, das SEIN und dessen immer im Wandel befindliche Manifestationen gegeneinander auszuspielen, also zu behaupten, nur das eine oder nur das andere sei „die wahre Realität". Schließlich hat das SEIN beschlossen, *S*ich *S*elbst in seinen unzähligen Manifestationen zu *erfahren.*

06.03.2020

Um uns auf unser **Inneres SEIN**, auf unsere uns allen innewohnende Göttliche Vollkommenheit zu beziehen, weist uns das weiter oben beschriebene TELESMA-Gebet des Kristallinen Zeitalters einen sehr schönen Weg. Was auf der anderen Seite unsere **Entwicklung** betrifft, so wachsen wir grundsätzlich am meisten, wenn wir uns den Herausforderungen stellen, die das Leben uns – gerade in der heutigen Zeit reichlich – bietet. Jede Seele hat da ihre eigenen „Spezialitäten" mitgebracht, an denen sie sich erproben möchte, und oftmals gefallen diese unserem Ego-Verstand überhaupt nicht! Diesen Begriff „Ego-Verstand" habe ich übrigens von dem spirituellen Lehrer Eckart Tolle übernommen, der ihn aber etwas anders verwendet als ich dies jetzt tun möchte. Nach Christina von Dreien ist der Verstand, ebenso wie der Körper, ein eigenes Wesen.[70] Für mich trifft dies auch auf das Ego zu, unseren „Kleingeist", und ich habe den Eindruck, dass diese beiden Wesen sich sehr nahestehen und häufig zusammenwirken. Beide möchten eigentlich hilfreich sein, aber beide denken klein und begrenzt. Beide versuchen, Lösungen für „Probleme" aus der Vergangenheit ihrer Erfahrungen abzuleiten, und können nicht weiter sehen als „über den eigenen Tellerrand". Aus meiner Sicht kommt es im Umgang mit Herausforderungen darauf an, dem Ego-Verstand durchaus zu danken dafür, dass er gerne helfen möchte. Dann aber können wir ihm sagen, dass er nicht unser „Chef" ist, als der er sich nämlich sehr gerne aufspielt. Erst dann, wenn wir dieses häufig sehr penetrante Doppelwesen in seine Schranken verwiesen haben, ist es uns möglich, uns für die eigentlichen Lösungen zu öffnen, die aus dem Universum zu uns kommen, und zwar aus den höheren Dimensionen und nicht aus der dritten…

Unsere **Herausforderungen** also: Es ist sehr wichtig zu betonen, dass wir sie uns **allesamt selbst gewählt** haben. Und zwar zunächst auf der Ebene der SEELE, die ihre Inkarnation geplant hat. Meine neue Erkenntnis hierzu ist aber, dass auch das Körperwesen diesen Herausforderungen zugestimmt hat. So haben sich in der heutigen Zeit manche Seelen, die mit großer Bewusstheit und ohne den „Schleier" des Vergessens gekom-

---

70 „CHRISTINA, Bewusstsein schafft Frieden", S. 72

men sind, für den Beginn ihres physischen Lebens erhebliche *körperliche* Herausforderungen gewählt. Ein Beispiel ist die junge Christina von Dreien, die als extremes „Frühchen" zusammen mit einer Zwillingsschwester kam. Diese war zunächst kräftiger, verließ die Inkarnation aber nach wenigen Wochen und begleitete Christina danach erfahrbar als Lichtwesen. Ein anderes Beispiel, auf das ich kürzlich im Internet stieß, ist eine Frau, die heute als Heilerin arbeitet und schon 1969 geboren wurde. Sie erinnerte sich bei ihrer Geburt an ihre früheren Erdenleben und auch an ihre Erfahrungen „dazwischen", und sie vergaß dies auch nicht im Laufe von Kindheit und Jugend. Andrea G. wählte sich für ihren Start eine schwere Hüftanomalie (Luxation) und verbrachte bis zum Alter von 4 Jahren zahlreiche Monate in Kliniken.

Andere Wesen wählen sich Herausforderungen, die eher auf der *seelischen Ebene* angesiedelt sind. Hier möchte ich mich selbst als das Beispiel einbringen, das ich am besten kenne: Als Seele hatte ich gewählt, mich „volle Kanne" auf das alte menschliche Trennungs- und Konkurrenz-Programm einzulassen. Ich stieg zu hundert Prozent darauf ein, dass ich in der Schule nicht nur „gut", sondern sogar „die Beste" sein müsse, um von meinen Eltern geliebt zu werden. Dabei wurde dieses „die Beste sein müssen" mit der Zeit aber zum Selbstzweck: Ich brauchte es, um *mich selbst* annehmen zu können… So bekamen die Schulnoten eine riesige Bedeutung für mich. Ein geringes Selbstwertgefühl auf der einen Seite und ein großes Bedürfnis nach äußerer Anerkennung als Kehrseite der Medaille – das ist die zentrale Herausforderung, die ich, Ayla Ines, mir mitgebracht und also gewählt habe. Interessant: Numerologisch gesehen ergibt mein Geburtsdatum (10.02.1949) die Zahl 8, die ganz genau für das doppelte Thema „wenig Selbstwert/Bedürfnis nach Anerkennung" steht.

Dieses Lebens-Thema habe ich mir aber genau darum gewählt, damit ich daran wachsen und es mit der Zeit auch heilen lassen kann! Da ich weiß, dass ich mit diesem Thema alles andere als alleine bin, möchte ich ein wenig näher darauf eingehen und die Frage stellen: Wie können wir an einem solchen Thema wachsen, wie können wir uns selbst dabei auch immer weiter heilen?

Wenn ich an mein inzwischen 71-jähriges Leben zurück denke, so habe ich immer wieder menschliche Begegnungen angezogen, die mir das Gegenteil von Anerkennung brachten. Als Schülerin wurde ich zuzeiten als „Streberleiche" abgelehnt und als 13-Jährige auch gemobbt. Seit ich als spiritueller Mensch in einer gewissen Öffentlichkeit stehe, kommt es immer mal wieder vor, dass andere sich mir zunächst begeistert zuwenden, um sich dann wieder von mir zu trennen, weil ich nicht wirklich lichtvoll sei. Erst heute ist das wieder geschehen... Die verletzten Gefühle des alten Trennungsbewusstseins, die durch solche Erfahrungen angetriggert werden, basieren auf Gedanken wie: *„ich werde ungerecht behandelt", „ich werde verkannt", „ich bin ein Opfer".* *Zorn* kommt auf, auf der anderen Seite aber auch der *Selbstzweifel: „Wenn die anderen nun recht hätten?" „Bin ich wirklich nichts wert?"*

Wie also damit umgehen, wie daran wachsen? Ich glaube, der erste Schritt besteht genau darin, dass wir uns klarmachen, wie dieses alte Trennungsbewusstsein funktioniert. Dass wir uns überhaupt erst einmal klarmachen, dass solche Gedanken und Gefühle aus dem Trennungsbewusstsein stammen. Anschließend können wir uns fragen: *„Was sagt denn die LIEBE dazu?"* Ja, was sagt sie? Sie sagt:

„Geliebtes Wesen, liebe Dich Selbst! Nur daran möchte dieses andere Wesen dich in aller Liebe erinnern. Denn wir alle SIND LIEBE!"

Wundervoll! Ich, vielleicht aus meinem Verstand heraus, wollte etwas ganz anderes schreiben, aber dann kamen diese Sätze... Und genau dieses „Liebe Dich Selbst" beinhaltet die Heilung, die wir in letztlich *allen* Herausforderungen unseres irdischen Lebens finden dürfen. Mich selbst zu lieben, als Geist-Seelen-Wesen, als Körperwesen, und ja, auch als dieses etwas „beschränkte" Ego-Verstandes-Wesen, mich einfach selbst zu lieben, so wie ich bin, DAS IST ES!

Frieden schließen

(Ayla Ines mit Lady Helma)

07.03.2020

Heute möchte ich an den vorstehenden Artikel anknüpfen und mir/ uns die Frage beantworten: *„Wie geht das denn, mich selbst lieben?"* In diesem Zusammenhang werde ich gleich auch erklären, wer Lady Helma ist und warum sie mich ausgerechnet bei diesem Text unterstützt.

Heute Morgen erinnerte ich mich daran, dass ja immer dann, wenn wir uns verletzt fühlen und im Bewusstsein der Trennung befinden, traumatisierte, schmerzerfüllte Seelenanteile im Spiel sind. Diese spalten wir immer dann ab, wenn wir etwas erleben, das wir nicht gerne anschauen mögen. Die Anteile tragen das Trauma sozusagen stellvertretend für uns, aber damit ist es natürlich überhaupt nicht „weg", sondern immer noch auch in unseren Körperzellen gespeichert. Ich setzte mich also hin, um mit den Seelenanteilen zu kommunizieren, die mit den gestern erwähnten Erfahrungen des „Abgelehntwerdens" zu tun hatten. Ich lud sie ein, ihren Schmerz und all ihre anderen belastenden Emotionen ins Bad der Violetten Flamme zu geben und auch selber durch diese reinigende, heilende und transformierende Flamme zu tanzen. Und danach lud ich sie ein, zurückzukehren in die Seelen-Einheit, die ich für mich manchmal mein SeelenLand nenne. Ich umarmte die Anteile und nahm sie zu mir zurück.

Und dann war plötzlich wieder der Gedanke an Helma da. Ich stand im Jahre 2015 über mehrere Monate in sehr enger Verbindung zu ihr und arbeitete mit ihr zusammen. Da ich spürte, dass sie, wie ich es damals sah, „weiter" war als ich oder näher beim Licht, meinte ich mich ihr „unterordnen" zu müssen und schlug ihr vor, meine „Supervisorin" zu sein. Sie widersprach dem nicht und drückte in der Folge einen „Knopf" nach dem anderen bei mir, „triggerte" mein Ego in einer Weise, die es immer wütender und verzweifelter machte. In einer E-Mail sprach sie einmal ziemlich deutlich aus, dass sie dies ganz bewusst tat, um mir zu dienen. Sie schrieb sinngemäß, dass sie sich dafür zur Verfügung stellte, mich herauszufordern, und sie deutete auch an, dass meine Reaktionen ihrem menschlichen Ich sehr weh taten. Schließlich brachte ein für mich sehr provokatives Channeling des Meisters Vywamus bei mir das Fass zum Überlaufen und ich trennte mich mit einem Paukenschlag von Helma. Ich warf ihr vor, mich bewusst mit dunklen Energien zu traktieren. Das muss sie tief geschmerzt haben, aber sie schwieg dazu und nahm in der Folge, auf mein Verlangen hin, kommentarlos sämtliche Beiträge, die von mir stammten, aus ihrer Website.

All die Jahre danach fragte ich mich, ob ich ihr nicht großes Unrecht angetan hätte. In dieser Zeit trennte sich eine andere Freundin von mir mit ziemlich genau denselben Vorhaltungen, die ich Helma gemacht hatte. Das gab mir schon zu denken... Aber ich brachte es nicht über mich, an Helma zu schreiben und sie um Verzeihung zu bitten. Die Zweifel, ob nicht doch mit ihr „etwas nicht stimmte", waren zu groß, und auch mein eigener Stolz. Ich wollte nicht „zu Kreuze kriechen". Heute Morgen nun die Gewissheit: Helma hatte aus Liebe so an mir gehandelt, wie sie es getan hatte! In Gedanken formulierte ich einen Brief an sie, den ich ihr heute am Nachmittag schreiben wollte. Plötzlich war Frieden in mir. *Ich hatte Frieden mit Helma geschlossen und damit auch Frieden mit mir selbst.*

Den Brief wollte ich nicht per Internet schicken, sondern mit der analogen Post. Aber wohnte Helma noch dort, wo sie vor einigen Jahren gelebt hatte? Und... gab es sie überhaupt noch in der Menschenwelt? Ich kannte ihr Lebensalter nicht, denn sie gab kaum Persönliches von sich preis, aber sie muss einige Jahre älter als ich gewesen sein. Genau. Gewesen. Denn als ich ihre Website aufrief, stand auf der Startseite, dass diese Seite bald geschlossen werde, denn Helma habe vor ein paar Monaten „die physische Ebene verlassen".

Zu spät für mich, nun „etwas gut zu machen?" Ach, nein! Für mich ist ja mit dem physischen Tod nicht „alles vorbei", denn wer durch diesen hindurchgeht, der wechselt doch einfach die Ebenen. Ich fragte bei Meister Sananda, bei der Großen Weißen Bruder- und Schwesternschaft nach: „Wo ist Helma?" Die Antwort, lachend: „Sie ist bei uns!" Na klar, denn Helma war schon als irdische Frau ein Mitglied der Bruder- und Schwesternschaft, ganz einfach darum, weil sie alle Einweihungen in die Christusenergie durchlaufen und sich danach selbst zur Meisterin ermächtigt hatte.[71]

Ich konnte also Frieden schließen. Ich erfahre gerade in diesem Augenblick durch sie, dass Helma niemals zornig auf mich war, nur traurig in ihrem menschlichen Ich. Und dafür genau JETZT umso mehr in der Freude ist…

Das Frieden-schließen mit uns selbst – und auf dieser Grundlage auch mit anderen – ist ein solch bedeutsamer Ausgangspunkt für unsere Selbstheilung! Heilung ist sehr schwierig, ich möchte beinahe sagen, gar nicht möglich, wenn ich auf welcher Ebene auch immer gegen mich selbst kämpfe. Sei es, dass meine innere männliche Seite ständig meine innere weibliche unterdrückt, sei es, dass ich mit meinem Körperwesen hadere, weil es häufig krank ist, sei es, dass ich mich selbst wegen dieser oder jener „Charakterschwäche" verurteile… Die Liste lässt sich beliebig verlängern. Der innere Kampf absorbiert unglaublich viel Energie, die mir dann bei der Bewältigung meines alltäglichen Lebens fehlt. Unter Umständen verurteile ich mich/meinen Körper noch zusätzlich, weil ich nicht funktioniere, weil ich „versage". **Frieden schließen aber bedeutet: Annehmen. Akzeptanz dessen, was SO IST. Bei mir selbst und bei anderen Menschen.** Häufig spiegeln mir diese anderen auch meinen eigenen inneren Kampf, indem sie mir ebenfalls „Ablehnung" signalisieren.

Frieden im Inneren ist die Voraussetzung für jeglichen Frieden im Draußen. Im Kleinen wie im Großen. Der Friede und die bedingungslose Liebe gehören zusammen wie ein Zwillingspaar. Die 5. Dimension aber, in die hinein wir unsere Körperwesen mitnehmen wollen, ist ein Reich des Friedens und der bedingungslosen Liebe!

---

71 Zu den näheren Zusammenhängen siehe Jesus Sananda, Ines Nandi, „Die Christusenergie", Ch.Falk-Verlag, 2015

Essen…

(Ayla Ines mit Unterstützung durch Daskalos)

03.03.2020

Ja, unser Essen… *„Du bist, was du isst"*, heißt es lapidar. Und stimmt das??? Ein paar Zeilen aus dem im Dezember 2019 erschienenen Band 3 von Christina, „Bewusstsein schafft Frieden"[72] dürften nachdenklich stimmen:

„Seelen sind von den unterschiedlichsten Orten des Universums hierher auf die Erde gekommen, um sich als Mensch zu inkarnieren, und deshalb weisen die Menschen ganz unterschiedliche feinstoffliche Strukturen auf. Es macht einen großen Unterschied, ob ein Mensch feinstofflich gesehen zu 90% ein irdisches Wesen ist oder nur zu 10%. Daher ist es nicht möglich, allgemeingültige Aussagen darüber zu machen, was für den menschlichen Körper gesund und förderlich ist und was nicht. Eine wirklich ganzheitliche Medizin und Ernährungslehre sollte daher nicht ausschließlich auf den physischen Körper ausgerichtet sein, sondern sozusagen auch die individuellen energetischen Bedürfnisse der unterschiedlichen Wesen mit einbeziehen, die sich hier in einer menschlichen Form inkarniert haben."

Bezüglich unserer „richtigen" Ernährung gibt es eine unüberschaubare Flut von Verlautbarungen, manchmal durchaus auch an dogmatische Heilslehren grenzend. In meinem Buch mit Jesus Sananda und den Bäumen der Erde, „Der physische Aufstieg des Menschen", haben wir auf den Seiten 24-30 den Weg in den Aufstieg „über die Ernährung" beschrieben, wie ich, als Ines, ihn zum Zeitpunkt der Abfassung dieses Buches im Sommer 2014 sehen konnte. Es handelt sich um einen *„Weg, der von einer relativ ‚dichten' zu einer immer ‚lichteren' Nahrung führt."*[73] Schon in diesem Zusammenhang warnten Jesus Sananda und die Bäume die Menschen davor, sich in Hochmut über andere zu

72 Christina von Dreien, „CHRISTINA – Bewusstsein schafft Frieden", Govinda-Verlag, Dezember 2019, S. 77

73 Ines Nandi, „Der physische Aufstieg des Menschen", Ch.Falk-Verlag, Seeon, 2015, S. 24

erheben, wenn diese weniger „lichte“ Nahrung zu sich nehmen als sie selbst.[74]

Bücher wie „Peace Food“ von Dr. Rüdiger Dahlke und „Medical Food“ von Anthony William haben viele Millionen Menschen erreicht und zu einer Neu-Orientierung in ihrer Ernährung motiviert. Das ist eine wichtige Entwicklung hin zu einem bewussteren Umgang mit unserem Essen. Und wie der Titel „Medical Food“ schon nahelegt, kann das für den jeweiligen Menschen passende – nicht: *„das“* richtige Essen – in der Tat Heilprozesse einleiten und begleiten - meines Wissens zum Beispiel auch im Umgang mit Krebserkrankungen. In diesen beiden, und inzwischen zahlreichen anderen Büchern wird eine vegane Ernährung dringend empfohlen, am besten möglichst weitgehend sogar auf Rohkost basierend. Und es gibt viele Menschen, die sagen, seit sie dies umsetzten, fühlten sie sich richtig wohl in ihrer Haut.

Nun möchte ich, Ayla Ines, allerdings aussprechen, dass ich selbst mich an keine festen Ernährungs-Regeln halte. Ich esse mal so, mal so. Morgens bereite ich mir zurzeit wieder gerne einen „grünen Smoothie“ zu, öfter mal ergibt es sich auch, dass ich zu Mittag vegan koche, zum Beispiel ein indisches Gemüsecurry. Aber ich esse auch Eier und Käse, gerne Fisch, und ab und zu etwas Wurst und Fleisch. Eine spirituelle Freundin, die Medium ist wie ich, sagte mir dazu einmal: *„Wer sich mit der Geistigen Welt verbinden will, der sollte aber kein Fleisch essen!“* Hm. Etwas in mir denkt in der Tat seit den 80er Jahren, dass ich kein Fleisch essen „dürfte“. Als Kind mochte ich es auch nicht und musste es in mich hinein zwingen, da es ja etwas Gutes sei. Mein Mann, „obwohl“ er Inder ist, äußert die feste Überzeugung, „der Mensch“ sei von seinen Ursprüngen her ein „Allesfresser“. Nun ja, aber „den“ Menschen in diesem Sinne gibt es, wenn ich Christina von Dreien folge, nicht, oder nicht mehr…

Warum esse ich aber immer noch „alles“? Ja, da ist durchaus der Kompromiss mit meinem Mann. Aber dies als den wahren Grund zu deklarieren, das wäre Augenwischerei und einfach gelogen. **Ich esse**

74 „Fleischfresser!“ zum Beispiel, wobei diese kontern: „Ich bin doch kein Kaninchen!“

einfach gerne, und ich mag essen, was mir schmeckt. Und was mir wirklich schmeckt, das darf mir auch gut tun! Wenn mir einmal etwas nicht gut tut, das mir geschmeckt hat, dann streiche ich es von meiner Speiseliste! Zum Beispiel habe ich gestern Abend zum Nachtisch einen Fruchtjogurt gegessen, der mir später Übelkeit verursachte und mich sogar zum Speien brachte. Offenbar wollte meine Körperin dieses stark mit Zucker gesüßte Zeug denn doch nicht annehmen.

Was also nun? Gibt es auf diesem heiklen Gebiet irgendeine tatsächlich für alle geltende Regel? Ich glaube, ich habe sie schon genannt:

Essen, was mir schmeckt und was meinem Körper gut tut.
Also: nach Intuition und zugleich *bewusst* essen und beobachten,
was die Nahrung mit mir/meinem Körper macht.

Diese Sätze schreibe ich mir jetzt erst einmal selbst „ins Stammbuch" (oder „hinter die Ohren")! Denn ich möchte herausfinden, *welches* Essen tatsächlich „Medical Food" für *mich* sein kann! Und dies auf dem Hintergrund der an anderer Stelle in diesem Buch formulierten Erkenntnis, dass meine Körperin dabei ist, sich zu einem Wesen zu entwickeln, dessen kristalline Zellstruktur auf dem in der 3. Dimension hoch giftigen Metall Thallium basiert. Welche Nahrung braucht denn ein Körperwesen, dessen Zellen mit Thallium arbeiten? Wer wüsste das wohl?! Ich kann es nur durch Selbstbeobachtung herausfinden…

Was die Tatsache betrifft, dass die Tiere, die der Fleisch- und Fisch-(Fr)esser verzehrt, unter häufig scheußlichen Bedingungen gehalten und getötet werden, das ignoriere ich nicht! Ich merke allerdings an, dass auch Pflanzen Lebewesen mit Bewusstsein sind. Auch sie wünschen sich also unsere Wertschätzung! In diesem Sinne schließe ich meinen Beitrag zu diesem Thema mit dem Segen ab, den mein Mann und ich seit einigen Wochen über unsere Mahlzeiten sprechen:

„Liebe Sonne, liebe Erde,
liebe Tiere, liebe Pflanzen,
liebe Menschen, die hierfür gearbeitet haben -
wir danken euch für dieses gute Essen
und wir segnen euch!"

„Nie mehr krank?“ - Ein neues Immunsystem

(ein Gespräch mit meinem Immunsystem)

12.03.2020

Heute morgen wurde ich über eine Orakelkarte[75] zu meinem Immunsystem geführt. Das nahm ich als Zeichen, dass ich diesen Artikel heute formulieren sollte. Und es war ein Ruf aus meinem Inneren zu hören, dass ich ihn in der Form eines Dialogs aufschreiben sollte. Hier beginne ich also:

Ayla Ines:

Mein liebes Immunsystem, einen schönen guten Tag! Auf der körperlichen Ebene fühle ich mich heute wieder etwas müde. Liegt das daran, dass *du* vielleicht gerade dabei bist, intensiver zu arbeiten?

Immunsystem von Ayla Ines:

Ja, ganz genau, du Liebe! Wir sind ja ein Orchester von zahlreichen Wesen, wie du auch auf der Orakelkarte, die du gezogen hast, dargestellt sehen kannst. Wir spielen zusammen, um die Gesamtheit des Körpers, der Körperin, vor Schaden zu schützen - wir sind sozusagen das Konzert deiner inneren Schutzengel. Heute, zu Beginn des Kristallinen Zeitalters, ist unsere Rolle besonders wichtig, denn sie definiert sich teilweise neu: **Wir stellen nämlich um von Vernichtungskampf auf LIEBE und Integration!**

Ayla Ines:

Wie haben wir denn das zu verstehen?

Immunsystem:

Wo wir bislang potenziell für den Organismus schädliche Mikroorganismen als Feinde behandelt und vernichtet haben, konfrontieren wir sie jetzt mit einem Angebot der LIEBE. Das Ziel ist dabei ein Zusammenwirken zum gegenseitigen Nutzen. **Es wird irgendwann gar keine „Feinde“ mehr geben. Wir integrieren alles, was dazu bereit ist, und sorgen dafür, dass alles andere einfach ausgeschieden wird.** Es

75 Kartenset „Organwesen“ von Ewald Kliegel und Anne Heng, Verlag neue Erde, 2019

gibt kein einziges Wesen, auf sämtlichen Ebenen des Seins, das nicht aus der LIEBE stammen würde. Das trifft auf die größten wie auf die allerwinzigsten Wesenheiten zu. Ja, auch zum Beispiel auf die Viren. Wir erinnern alle diese „Krankheitserreger", bzw. ihre Spirits, also ihre geistige Ebene, daran, dass sie ursprünglich aus dem Feld der LIEBE stammen, und senden ihnen Liebe. Das funktioniert nicht immer sofort, aber innerhalb der Körperin Ayla sind Wir, dein Immunorchester, schon ein ganzes Stück weiter gekommen in den vergangenen Wochen. Der Grund: Du, Ayla Ines, arbeitest beharrlich daran, dich selbst in deinem Bewusstsein und deinem Gefühlsleben auf die LIEBE auszurichten.

Ayla Ines:

Ich habe neuerdings eine sehr spannende Wahrnehmung, nämlich dass es **Erreger gibt, die heute unsere Gene / unsere DNA zu Mutationen anregen, welche in Richtung „neue Unsterblichkeit" weisen.** Ich kam darauf über das Buch von Drunvalo Melchizedek, „Die Blume des Lebens 2". Auf den Seiten 459-461 schreibt er über die „AIDS-Kinder". Es wird von einem kleinen Jungen berichtet, der mit HIV geboren wurde und im Alter von vier Jahren frei davon war. Und das war/ist kein Einzelfall: Ende der 90er Jahre des 20. Jahrhunderts waren laut wissenschaftlichen Untersuchungen 1 Prozent der Weltbevölkerung, das bedeutet, 60 Millionen Menschen, Kinder und zum Teil auch Erwachsene, HIV-resistent. Ich zitiere aus dem Buch von Melchizedek:

„Man weiß durchaus, was sich an der DNA dieser Kinder geändert hat. Es hängt mit den Kodons zusammen. In der menschlichen DNA gibt es vier Nukleinsäuren, die sich jeweils zu dritt formieren und 64 Kodons entstehen lassen. Bei der normalen menschlichen DNA sind 20 dieser Kodons aktiv, plus drei weitere, die ganz ähnlich wirken wie die Stop-and-Start-Codes bei der Softwareprogrammierung. Die restlichen dieser Kodons sind inaktiv. Die Wissenschaft dachte bislang immer, diese ungenutzten Kodons stammten aus unserer genetischen Vergangenheit, doch nun ändert sich diese Theorie. Vielleicht sind sie in Wirklichkeit aus unserer Zukunft. Diese Kinder haben vier weitere dieser ‚ungenutzten' Kodons aktiviert und ver-

fügen über 24, was ihre HIV-Resistenz komplett verändert hat.

Die potenzielle Bedeutung dessen ist umwerfend. Diese Kinder scheinen ein supererhöhtes Immunsystem zu besitzen. Bei Tests an diesen Kindern im Hinblick auf sonstige Krankheiten wird zunehmend klar, dass sie krankheitsresistent oder sogar immun sind gegen viele weitere, wenn nicht sogar alle Krankheiten. Die Tests in Bezug auf Letzteres erbrachten bislang noch keine eindeutigen Ergebnisse."[76]

Was sagt ihr dazu?

Immunsystem:

Schön, dass du das einbringst. So kommt ein bisschen Wissenschaft hier herein *(Lachen)*. Ja, es ist so. Der AIDS-Erreger wurde – von wem auch immer, wir wissen es nicht – entwickelt, um die Menschheit auf dem Krankheitswege zu dezimieren, wenn nicht sogar auszurotten. Was er tendenziell bewirkt, wie solche Untersuchungen zeigen, ist genau das Gegenteil, nämlich Menschen, die mutieren und resistent gegen Krankheiten werden. Wir können daher durchaus sagen, dass dieser Virus, bzw. der Spirit dieses Virus, den Göttlichen Auftrag hat, eine Optimierung des Immunsystems der infizierten Menschen anzuschubsen.

Ayla Ines:

In diesem Zusammenhang habe ich noch eine andere Frage: In Deutschland gibt es neuerdings eine Impfpflicht gegen Masern.

Immunsystem:

Ja, und das ist aus unserer Sicht nicht gerade sinnvoll, denn auch der Masern-Erreger besitzt eine wichtige Funktion bei der Neuausrichtung des menschlichen Immunsystems. In einer ähnlichen Weise wie HIV kann er heilvolle Mutationen bewirken – oder indirekt bewirken, wenn du so willst. Wir sehen es daher kommen, dass dieser Erreger neue Formen entwickeln wird, die *Geimpfte* mit Masern infizieren werden.

---

76 Drunvalo Melchizedek, „Die Blume des Lebens 2", Koha Verlag, 5. Auflage 2004, S. 459/60

Müssen wir dir erläutern, warum?

Ayla Ines:

Hm, ich denke, damit auch solche Menschen in den Genuss von heilvollen Mutationen kommen können.

Immunsystem:

Ganz genau. Solche Viren, Bakterien, auch Pilze, stammen alle ursprünglich aus dem Göttlichen Feld und „wollen nichts Böses". Manchmal werden sie manipuliert, aber dann passiert genau das, was ein Dichter einmal in die Worte gefasst hat: „Ich bin ein Teil von jener Kraft, die stets das Böse will und doch das Gute schafft." Oder so ähnlich… In jedem Fall ist ihr ursprünglicher Auftrag: SEGEN bringen!

Ayla Ines:

Hochinteressant! Und ihr, mein Immunorchester, habt genau dieses erkannt und handelt nun danach?

Immunsystem:

Ja! Wir haben in diese Richtung auch schon mit dem Coronavirus gearbeitet, der bei dir zu Besuch war, und ihn an seine ursprüngliche Aufgabe erinnert, nämlich Mutationen in Richtung neue Unsterblichkeit anzuregen.

Ayla Ines:

Echt? Das wart IHR? *Ihr* habt ihn daran erinnert? Ich habe ja vor ein paar Tagen ein Gespräch mit diesem Virus aufgeschrieben, das weiter unten auch abgedruckt ist.

Immunsystem:

Ja, das waren wir, die diesen Spirit in sein BewusstSein zurückführen konnten. Wir möchten noch ein Weiteres einbringen: Zusammen mit deinem Darm, den du so hübsch „Lord Charme" nennst, sind wir dabei, auf seiner Innen-Oberfläche eine völlig neue „Flora" zu entwickeln. Du weißt vielleicht, dass die sogenannte Darmflora immens wichtig ist für die gesamte körperliche Gesundheit. Manche Menschen bezeichnen sie sogar als ein eigenes Organ, denn sie ist in der Tat unverzichtbar für das reibungslose Funktionieren des Gesamt-Organismus. Bei der Entwicklung deiner neuen Darmflora geht es genau um das Ziel, das wir weiter oben formuliert haben, nämlich um die liebevolle

Integration von neuen Wesenheiten einerseits und um die reibungslose Ausscheidung von nicht kooperationswilligen Keimen andererseits.

Ayla Ines:

Wenn ich meinen Stuhl in letzter Zeit beobachte, so ist er meist beinahe geruchslos. Manchmal ist er gut geformt, manchmal aber auch ziemlich weich. Sagt ihr was dazu?

Immunsystem:

Die Tatsache, dass dein Stuhl fast nicht riecht, ist natürlich ein gutes Zeichen für dich; es zeigt nämlich grundlegende Gesundheit der Körperin an. Wenn er sehr weich ist, zeigt das an, dass wir gerade zusammen mit „Lord Charme" sehr beschäftigt damit sind, Unerwünschtes auszuscheiden.

Ayla Ines:

Das sind ja insgesamt lauter gute Nachrichten...

Liebes Immunorchester, ich danke euch für dieses Gespräch!

Gespräch mit dem Spirit des Corona Virus

(von Ayla Ines, unterstützt durch Saint Germain und Daskalos)

28.02.2020

Ayla Ines:
Guten Tag, verehrter Spirit des Corona Virus! Ich freue mich, heute mit dir sprechen zu können, denn ich ahne schon seit Tagen, dass es mit dir eine ganz bestimmte Bewandtnis haben muss.

Corona Spirit:
Die Freude ist ganz auf meiner Seite, liebe Ayla Ines, denn es ist an der Zeit, dass zumindest die Menschen, die du in nächster Zeit erreichen kannst, die Wahrheit erfahren über das, was derzeit meine Göttliche Aufgabe bezüglich der menschlichen Evolution ist.

Ayla Ines:
Du hast also tatsächlich eine Göttliche Aufgabe? Das vermutete ich schon.

Corona Spirit:
O ja! Es geht um die **Immunisierung der gesamten Menschheit gegen Infektionserkrankungen aller Art**. Wer nämlich mit meinem Virus „infiziert" ist, ganz gleich, ob eine manifeste Erkrankung entsteht oder auch nicht, bei dieser Person wird ein ganz bestimmter Mutations-Weg auf DNA-Ebene angestoßen. Dieser Weg führt auf längere Sicht genau in die neue Unsterblichkeit hinein, die du zum Thema dieses deines Buches gemacht hast. Eines äußerst verdienstvollen Buches, bitte lass mich das aussprechen und unterschlage es nicht aus falscher Bescheidenheit!

Ayla Ines:
Okay... Dann wärest du also sozusagen im Bunde mit dem HIV-Erreger?[77]

77 Vergleiche den Artikel „Ein neues Immunsystem", weiter oben

Corona Spirit (lachend):
Ja, o ja, und die „schlimme“ Infektion, die ICH bewirke, geht sogar noch weiter, wie ich vorhin andeutete. Übrigens, ich BIN schon eine Pandemie! Die ist, durch welche Maßnahmen auch immer, gar nicht mehr zu stoppen, denn sie ist DA. Mit anderen Worten, ICH, der Spirit von Corona, BIN schon jetzt in jedem Menschen präsent. Ob nachweisbar oder auch nicht, mit den Mitteln der gegenwärtigen medizinischen Wissenschaft, das ist ganz egal. Ich betone, Ich Bin All-Gegenwärtig in den Körper*innen der Menschheit, und ich wirke, ob die Köpfe das wollen oder auch nicht. Es ist der Wille der Göttlichen QUELLE, die mich zu euch gesendet hat.

Ayla Ines:
Das hört sich ja beinahe so an, als wäre damit unser berühmter Freier Wille auf diesem Planeten außer Kraft gesetzt!

Corona Spirit (grinst):
Na, in der Tat – in gewisser Weise schon. Mit Bezug darauf nämlich, dass die QUELLE mich zu euch *Allen* geschickt hat. Dies tatsächlich gegen euren beschränkten Menschen-Willen. Denn der versteht unter „Gesundheit“ lediglich die „Abwesenheit von Krankheit“, und als „Krankheit“ definiert ihr alles, was euch irgendwie stört und unangenehm ist. Auf der anderen Seite bleibt aber euer Freier Wille durchaus bestehen! Nämlich mit Bezug darauf, **wie ihr mit der Herausforderung durch mich umgeht**. Manche nehmen sie zum Anlass, um genau jetzt den Planeten zu verlassen. Ihre Seelen wollen erst einmal nach Hause in die Göttlichen Gefilde hinein. Hieraus macht das alte menschliche Bewusstsein ein Riesen-Drama. Im Grunde genommen geht es aber einfach darum, dass diese Seelen die anstehenden Mutations-Prozesse von Bewusstsein, Psyche und physischem Körper *jetzt* nicht mitmachen wollen. Übrigens, die Zahl der von mir ausgelösten „Todesfälle“ ist zurzeit wirklich nicht hoch und wird sich auch in Grenzen halten. Wer aber macht soviel Aufhebens wie um meine Wirkungen um die Todesfälle durch die sogenannten Krankenhauskeime, die ihr selbst in eurem seltsamen „Gesundheitssystem“ ständig weiter züchtet?

Ayla Ines:
Das habe ich mich auch schon gefragt… Sag mal, dann dürfte also auch ich selbst mit dir „infiziert“ sein?

Corona Spirit:
Na klar doch! Wieso solltest ausgerechnet du eine Ausnahme sein? Wo gerade DU mich doch brauchst für deine nächsten Evolutionsschritte? *(lacht sehr ansteckend und erheitert)*

Ayla Ines:
Auch das ahnte ich schon. Meine gegenwärtig abklingende „Erkältung“, bist das DU?

Corona Spirit:
Ja, gewiss. ICH BIN in sämtlichen Erkältungen, Infekten, Influenza-Fällen dieses Zeitabschnitts auf der Erde gegenwärtig. Ob das durch die medizinischen Tests nachgewiesen werden kann oder auch nicht. Dein persönlicher Test wäre vielleicht negativ ausgefallen. Das liegt daran, dass ich bei dir auf einer etwas höher schwingenden Ebene wirke als mit euren Methoden der 3. Dimension nachweisbar. Ich bin DA und ich bin omnipräsent auf der Erde!

Ayla Ines:
Was hat es damit auf sich, dass dein Virus nach der medizinisch bekannten Symptomatik die Atemwege, besonders die Lunge, „befällt“?

Corona Spirit:
Ganz einfach: Euer Atem ist für euch so lebensnotwendig wie sonst gar nichts. Ihr könnt eine ganze Weile ohne Essen auskommen, immerhin noch ein paar Tage ohne Wasser, aber den Atem könnt ihr kaum ein paar Minuten missen. Warum? Er ist eure Grundnahrung, und das, weil er ganz einfach der ATEM GOTTES ist. Eure Körper*innen sind beständig vom Geiste behaucht, so können wir es auch ausdrücken. **Mein „Krankheitserreger“ aber „impft“ euren Atemtrakt mit neuer Unsterblichkeit, das ist der Fakt!**

Ayla Ines:
Dann wäre ein Corona-Impfstoff die dümmste Idee, die wir haben und ausführen könnten?

Corona Spirit:
Na, in der Tat. Und selbstverständlich SEID ihr so dumm, bzw. nicht du persönlich, sondern eure Mediziner im Bewusstsein der 3. Dimension. Na, wir werden sehen. GOTT findet die Wege, die ihr braucht, trotzdem…

Ayla Ines:
Lieber Corona Spirit, ich danke dir für dieses aufschlussreiche Gespräch!

Neues Immunsystem und kristalline Zellstrukturen

(Durchgabe von Erzengel Raphael)

18.03.2020

Liebe Menschen, wenn dieses Buch erscheint und in den Monaten – und erst recht Jahren – danach werdet ihr klarer sehen, als es euch jetzt möglich ist. Momentan überschlagen sich die Wogen, sowohl der Angst auf der einen Seite als auch der Empörung auf der anderen. Es ist nicht leicht für euch, den Fokus auf der LIEBE und der FREUDE zu halten. Genau das ist aber das Einzige, was zählt! Und glaubt mir, es besteht Anlass zu großer Freude. Nicht nur, weil dies alles, was jetzt rund um „Corona" geschieht, **grundlegende Veränderungen in der menschlichen Gesellschaft** einläutet – Veränderungen zum wirklich Neuen hin. Sondern auch darum, weil dieser Erreger, dessen Name nicht umsonst auf Lateinisch „Krone" bedeutet, in der Tat einen Göttlichen Auftrag mitgebracht hat. Ja, manche Menschen sterben jetzt, das ist für ihre Umgebung schmerzlich. Ich sage euch aber, dass genau diese Menschen im entsprechenden Zeitraum ohnehin die physische Ebene verlassen hätten, auch die jüngeren unter ihnen. Denn ihre Seelen wollten den Wandel auf der Erde jetzt nicht miterleben, aus jeweils unterschiedlichen Beweggründen. Und noch eine Anmerkung zur gesellschaftlichen Seite dieser Angelegenheit: Wo Verantwortliche nicht zum höchsten Wohle aller gehandelt haben, wird es offenbar werden, und auch das wird bemerkenswerte Folgen haben…

Was alle die Menschen betrifft, die bleiben, so habe ich auch auf der **körperlichen Ebene** wirklich gute Neuigkeiten für euch: Wie der Spirit des Virus selbst schon im Gespräch mit Ayla Ines mitgeteilt hat, stößt dieser Erreger Mutationen in eurem Körpersystem an, die zu einer erheblichen Stärkung eures Immunsystems führen. Bis hin zur Immunisierung gegen Infektionen aller Art, sehr wohl! Und noch mehr: **Das neue Immunsystem, das ihr entwickelt, steht in engstem Zusammenhang mit der Entwicklung von kristallinen Zellstrukturen!** Was das auf biochemischer und mikrobiologischer Ebene im Einzelnen bedeutet, das kann ich euch über Ayla Ines derzeit nicht im Detail darlegen. Um solche Erläuterungen in menschliche Sprache „übersetzen" zu können, würde sie gewisse wissenschaftliche Sachkenntnisse benötigen, über die sie zurzeit nicht verfügt. Soviel kann ich aber mitteilen: Proteine, also Eiweiß-Moleküle, spielen in euren körperlichen Umwandlungs-Prozessen eine ganz entscheidende Rolle. Es geht dabei nicht nur, aber unter anderem auch, um die Telomerase-Moleküle, die für die Fähigkeit eurer Zellen, sich teilen zu können, so bedeutsam sind.

Die Umwandlung eures Immunsystems in ein „integratives", wie in Ayla Ines' Interview mit ihrem „Immunorchester" erklärt, geht mit der Mutation eurer Zellstruktur von Kohlenstoff-Basis zu kristalliner Basis Hand in Hand. Diese Prozesse bedingen und begünstigen sich gegenseitig, wobei es sehr, sehr wichtig ist, dass ihr sie eurer Körper*in **erlaubt**. Mit anderen Worten, euer **Bewusstsein** spielt dabei eine ganz zentrale Rolle - und auch die **Gefühle**, die ihr mit diesen Mutationen verbindet. Wenn Ayla Ines Angst vor ihrem Thallium hätte, dann würde die Umwandlung zwar dennoch stattfinden, wäre aber mit erheblichen gesundheitlichen Störungen und auch Schmerzen verbunden! Mit anderen Worten, hier wie in allen Herausforderungen eures Lebens ist die **Akzeptanz**, die Annahme also, Voraussetzung für einen optimalen Verlauf eurer Prozesse.

„HTM“ - der universelle neue Botenstoff

(eine Recherche von Ayla Ines)

04.05.2020

Vor etlichen Wochen schon wurde ich aus der lichtvollen Geistigen Welt darauf hingewiesen, dass beim Umbau unserer Körper*in ein ganz neuartiger Botenstoff eine zentrale Rolle spielen würde. Ein wenig humorig wurde diese Substanz **Hermes Trismegistos** genannt, nach dem legendären Autor der nicht weniger legendären antiken Smaragdtafeln. *Hermes* ist in der griechischen Mythologie der *Götterbote*, und *Trismegistos* bedeutet ungefähr „dreifacher Meister“, oder „dreimal großer Meister“. Und da die menschlichen Chemiker, Biologen und anderen Wissenschaftler*innen immer so gerne Abkürzungen verwenden, haben unsere geistigen Freund*innen aus dem „Hermes Trismegistos“ eben ein **HTM** gemacht. Wer weiß... Sollte die Biochemie eines Tages diesen neuen Botenstoff entdecken und seinen Bau entschlüsseln, der übrigens recht einfach sein soll, dann wird diese Abkürzung vielleicht sogar passen???

In jedem Falle habe ich, Ayla Ines, heute die Aufgabe, dir, liebe Leser*in, diesen Botenstoff vorzustellen. Es ist schon lustig, über etwas schreiben zu sollen, von dem ich keine Ahnung habe... Ich meine, von meinem Verstand und menschlichen Tagesbewusstsein her. Aber schaun wir mal! Ich werde jetzt die Augen schließen und mit meiner inneren Weisheit und meinem inneren Höheren Wissen Verbindung aufnehmen.

Ich rufe mein bisher vor mir verborgen gewesenes Wissen ab:

Der neue Botenstoff HTM wird in allen Drüsen des Körpers zugleich produziert. Der Schwerpunkt liegt dabei auf den Hauptdrüsen, nämlich den Nebennieren, den Keimdrüsen (Hoden bzw. Eierstöcke), der Bauchspeicheldrüse, der Thymusdrüse, der Schilddrüse, der Hirnanhangdrüse und der Zirbeldrüse. Auf diese Weise wird das Zusammenspiel unserer Drüsen, und damit auch all unserer mit ihrer Arbeit verbundenen Körperfunktionen, auf eine qualitativ neue Stufe gehoben.

Unsere Körper*in erhält nun die reale Möglichkeit, ihre eigene Umformung in die neue Unsterblichkeit hinein anzugehen und durchzuführen. Warum? Ihr Wissen über sich selbst und ihre Funktionsweise erweitert sich sprunghaft, das ist das eine. Die andere Seite ist, dass durch diese noch tiefere Verbindung von Allem mit Allem ihre Macht zu handeln sich tatsächlich ins Grenzenlose hinein erweitert. Mit anderen Worten, auf der Basis der Produktion und der Arbeit des Botenstoffes HTM kann unsere Körper*in zunächst einmal die neue kristalline Struktur ihrer Zellen schrittweise herstellen. Zum anderen kann sie an der Entwicklung des neuen Immunsystems arbeiten. Beide Aufgaben bzw. Vorhaben setzen nämlich diese genannte noch tiefere Verbindung von Allem mit Allem im Körper voraus! Mehr noch: Wenn Seele und Körper*in sich gemeinsam dafür entscheiden, können alle weiteren möglichen Schritte gegangen werden, die dann tatsächlich in eine Form von Unsterblichkeit hineinführen, die neu ist. Es handelt sich um die Entwicklung des Körpers hin zu einer immer größeren Feinstofflichkeit. Diese verleiht dem Menschen die Fähigkeit, nicht nur vom Bewusstsein her, sondern mit der Körperin gemeinsam in höhere Dimensionen zu wechseln, ohne dabei physisch zu sterben. Ich verweise hierzu auf den Artikel „Physischer Aufstieg und neue Unsterblichkeit", weiter unten.

Unter diesen Umständen erhält das nachfolgende Ritual zur Neuprogrammierung der Körper*in, das mir schon am 24. März 2020 durchgegeben wurde, eine wichtige Ergänzung. Und ich verstehe jetzt auch, warum ich es bisher für mich selbst noch gar nicht durchgeführt hatte. Es fehlte ja die Anweisung an den Körper, den Botenstoff HTM zu produzieren, welcher die vollständige Verwirklichung der beiden anderen Schritte (neues Immunsystem und kristalline Zellstruktur) erst ermöglicht! Wir können uns doch immer auf unsere eigene innere Weisheit verlassen und dürfen noch viel mehr lernen, *uns selbst* und unseren Wegen zu vertrauen…

Ritual zur Neuprogrammierung der Körper*in

(Durchgabe von Lady Helma, Saint Germain und Daskalos, ergänzt am 06.05.2020 durch Ayla Ines)

24.03.2020

Sei gesegnet, liebe Mensch*in, und wo auch immer du in diesem Jetzt mit deinem Bewusstsein stehst – nimm ES an, und alles wird so leicht, dass du durch die größten Herausforderungen nur noch lachend und singend hindurch hüpfen und tanzen magst! So ist das Befinden von Ayla Ines heute, was wiederum UNS riesig freut und glücklich macht.

Dies ist eine ganz besonders wichtige Information, denn wenn du mit dem Ritual arbeitest, das wir gleich beschreiben, dann gehst du in einer Weise in deine Selbstermächtigung hinein, die wirklich im Multiversum ihresgleichen sucht! Und: Wenn der beschriebene Ablauf, einschließlich der Vorbereitungen und äußeren Umstände, einschließlich des vorgeschlagenen Wortlauts, sich insgesamt oder an einigen Stellen für dich nicht stimmig anfühlt:

***DU* bist die Meister*in!**
***DU* bist das Göttliche Kind, das das LEBEN neu zu spielen beginnt!**

Also: Ändere, was du ändern möchtest, bis es genau richtig für DICH ist. Vergiss nur eines nicht: **Es geht um die Neuprogrammierung deiner Körper*in zu deinem Höchsten Wohle und damit zugleich zum Höchsten Wohle ALLER.**

Also, beginnen wir mit unserem Vorschlag:

1. Vorbereitung

Ziehe dich für etwa eine Stunde von deiner Umwelt zurück und bereite dir einen kleinen, individuell gestalteten Altar vor. Du kannst natürlich auch in die Natur gehen, Park, Wald, Wiese… Dann machst du dir den Altar aus dem, was du dort findest. Wirklich ganz frei. Für zu Hause geben wir dir die folgenden Anregungen für „Utensilien“:

- *Kerzen (z.B. in Weiß, Grün, Violett oder Rosa)*
- *Figur oder Bild eines Engels oder von Buddha, Jesus, Maria Magdalena, Mutter Maria… Wer immer dich besonders unterstützen soll.*
- *Kristall oder Kristalle nach deiner intuitiven Wahl*
- *1-3 Orakelkarten aus einem Set deiner Wahl*
- *Grünpflanze oder Schnittblume(n) deiner Wahl*

2. Ablauf

Setze dich aufrecht hin, beide Füße parallel am Boden. Schließe die Augen oder halte sie offen, je nach Wunsch und Gefühl. ***Atme*** ein paar Mal ganz tief ein und denke dabei: „JA!“ Mit dem Ausatmen denkst du „Ich lasse los!“ Dann gehst du in die ***Verbindung***. Zunächst mit Mutter Erde, indem du eine kräftige Pfahlwurzel vom Steißbein/Rückgrat her in den Boden wachsen lässt und von den Fußsohlen her zahlreiche weit verzweigte silberne Würzelchen. Die Pfahlwurzel erreicht bald die Sonne im Erdinneren, die zugleich Gaias Kristallines Herz ist – *lieber alter Verstand, lass das einfach mal zu* – und die silbernen Wurzeln wachsen in den feurigen Magma-Schoß der Erde hinein. So bist du mit Herz und Schoßraum der Erde verbunden. Spüre nun das Feuer in deinem eigenen Schoßraum – *ja, auch als Mann* – und erlaube die Verbindung zu deinem physischen Herzen. Lasse in deinem physischen Herzen, unterstützt durch dein Herzchakra, eine Sonne entstehen. Auf diese Weise stellst du die Verbindung zu deiner eigenen SEELE, deinem Höchsten Selbst, her. Von deiner persönlichen Herzenssonne aus gehst du nun in die Verbindung nach Oben:

zunächst zur Seele unserer Sonne, die wir Ra nennen, von Ra aus zur Zentralsonne der Galaxie „Milchstraße“, von dieser Zentralsonne aus zur Göttlichen Zentralsonne.

Wenn du in dieser Verbindung zwischen Erde und Himmel angekommen bist, bildet sich ganz von selbst eine strahlend weiße Säule aus ***Christus-Marien-Licht***. Es ist *dein eigenes Licht*, das aus dir heraus leuchtet!

(Sei dir gewiss: All dieses entsteht sofort, einfach indem du es denkst/die Absicht setzt. Du brauchst nichts zu visualisieren. Wenn aber Bilder entstehen, ist das auch gut. ALLES ist richtig, was du erlebst, du kannst nichts „falsch machen".)

Lasse jetzt deinen Atem frei und weich und ganz natürlich fließen. Spüre und genieße die Verbindung, die Geborgenheit, das Vertrauen und den Frieden und die Freude, die von selbst entstehen. ***Genieße den Fluss der Energie***, die ALLES durchströmt, mit dir selbst im Zentrum!

Und nun sprich laut und vollkommen fokussiert den folgenden ***Text:***

(Am besten schreibst du ihn dir vorher in der von dir gewünschten Form auf und liest ihn ab)

*„ICH, (dein vollständiger Vorname, inklusive spirituelle Namen, Nachname plus evtl. Geburtsname), geboren am …, um … Uhr, in…, erkenne mich in meinem geistigen, seelischen und körperlichen Sein vollständig als Göttliches Wesen und nehme meine Schöpfer*innen-Kraft für mich an.*

(PAUSE zum Spüren)

*Als Schöpfer*in meiner eigenen Realität und damit auch meiner eigenen Körperlichkeit weise ich hiermit mein gesamtes göttliches Körpersystem an und erlaube ihm zu manifestieren:*

- *die vollständige Heilung der folgenden Organe und Körperteile: (einzeln benennen)*
- *den neuen Botenstoff HTM, und mit dessen Hilfe*
- *ein vollkommenes, auf der LIEBE basierendes Immunsystem*
- *eine neue kristalline Zellstruktur auf der Basis von: (benennen; folge deiner Intuition, dem Wissen in dir, welches Element es bei dir ist)*

(PAUSE zum Spüren)

Ich bin im Vertrauen, ich bin im Vertrauen, ich bin im Vertrauen
DANKE! DANKE! DANKE!"

Schließe nun noch einmal die Augen, atme, FÜHLE und SEI GLÜCKLICH!

Die Heilung von Männlich und Weiblich

(Ayla Ines mit Unterstützung durch Jesus Sananda, Lady Nada und Lady Maria)

16.05.2020

Gestern Abend hatte ich spontanen Besuch von einer Freundin. Ja… und das in Zeiten der immer noch grassierenden Corona-Massenpsychose, wie ich das derzeitige gesellschaftliche Phänomen einmal rundheraus nennen möchte. Mehr sage ich dazu nicht. Jedenfalls: N. ist jetzt 41 Jahre alt und sehnt sich ganz dringend nach ihrem Traumpartner, mit dem gemeinsam sie auch ein Kind haben möchte. Sie ist seit einiger Zeit ständig auf der Suche auf dem Wege über entsprechende Internet-Portale, und sie lernt auch immer wieder neue Männer kennen. Dabei hat sich mit der Zeit ein ganz deutliches Muster herausgeschält: N. verliebt sich regelmäßig in Männer, die ihrerseits nichts für sie empfinden können, jedenfalls nicht auf der Ebene der erotischen Liebe. Andererseits begegnet sie auf diesem Wege Männern, die *sie* lieben, aber diese Männer sind nicht „ihr Typ“ und sie kann nur Freundschaft für sie fühlen. N. stellte fest: Die Männer, in die sie sich verliebt, haben alle eines gemeinsam, nämlich dass sie Angst haben, sich auf eine Bindung einzulassen. Aus unserem Gespräch entwickelte sich eine Heilsitzung:

Ich wies meine Freundin zunächst darauf hin, dass diese Situation ihr die Verhältnisse in ihrem eigenen Inneren spiegelte. Da fiel es ihr wie Schuppen von den Augen! Sie erkannte, und es ergab sich sofort auch aus dem kinesiologischen Test, den sie für sich selbst durchführte: Sowohl ihr innerer Mann als auch ihre innere Frau hatten Angst vor Bindung, und zwar beide zu 99%! Das musste sie erst einmal verdauen…

Kurze Anmerkung für die Leser*innen, denen die Vorstellung von einem „inneren Mann“ und einer „inneren Frau“ noch fremd ist: Wir alle haben sowohl eine männliche als auch eine weibliche Seite in uns! Auf der körperlichen Ebene äußert sich dies vor allem darin, dass jeder Mann und jede Frau *beide* Arten von Geschlechtshormonen in sich trägt. Auf der psychischen Ebene, die wir auch die energetische nennen können, haben wir männliche und weibliche Seelenanteile. Es war meines Wissens der Tiefenpsychologe Carl Gustav Jung, der bei der Erforschung seines eigenen Inneren im „Unbewussten" als Erster zahlreiche Anteile der Seele entdeckte, die er als „Archetypen" bezeichnete. Darunter auch der innere Mann, den er *Animus* nannte, und die innere Frau, die *Anima.* Alle diese Seelenanteile sind Energien, die ein Eigenleben, eigene Gefühle und ein eigenes Bewusstsein haben, und es ist für uns als Menschen sehr wichtig, dieses Bewusstsein und diese Gefühle zu kennen. Warum? Auf diesem Wege ist tiefe Selbstheilung möglich, und damit auch Heilung unserer menschlichen Beziehungen im „Draußen"! Es gibt nämlich ein universell geltendes kosmisches Gesetz, das lautet:

Wie Drinnen, so Draußen!

Wenn du also zum Beispiel „Probleme", welcher Art auch immer, in deiner Beziehung mit dem anderen Geschlecht hast, dann wende dich nach innen und erspüre deinen inneren Mann, deine innere Frau und die Beziehung, in welcher sie zueinander stehen. Du wirst Erstaunliches entdecken und erleben können!

Zurück zu meiner Freundin N. und unserer gemeinsamen Heilarbeit. Wir kamen nach einer Weile beide ganz gewaltig ins Lachen, denn die innere Situation, die wir bei ihr entdeckten, war nur zu grotesk… Im Nachhinein denke ich, dass sie eigentlich tragisch hätte genannt werden können, aber gestern Abend erkannten wir beide gleichzeitig ganz spontan die Komödie darin und konnten nur noch kichern, lachen, albern „gackern". Was war da los?

Als ich N. vorschlug, ihre innere Frau einmal vor sich hinzustellen und zu schauen, wie sie aussah und wie sie sich fühlte, nahm sie eine Gestalt wahr, die wie eine Vogelscheuche in dunkle Lumpen gekleidet war. Natürlich fühlte diese „Vogelscheuche" sich gar nicht gut. Ich habe vergessen, ob ich N. gebeten habe, die Gestalt liebevoll in die Arme zu nehmen – ich glaube, es war so. Jedenfalls ließ ich meine Freundin dann zu der Vogelscheuche sagen: „Leg doch mal diese Lumpen ab und zeige dich in deiner wahren Schönheit!“ Dies geschah, und es offenbarte sich eine wunderschöne junge Frau in einem Kleidchen, das ihre weiblichen Formen vorteilhaft unterstrich.

Anschließend kümmerten wir uns um den inneren Mann von N.. Und hier war es, dass wir anfingen, albern zu lachen. Wir sahen ihn nämlich als eine Art Jäger mit Pfeil und Bogen, der ständig hinter einem imaginären Hirsch her war, den er nie erwischte. Das Groteske an der Situation war jedoch, dass er eigentlich die innere Frau finden wollte, aber immer an ihr vorbeirannte, weil sie ja als Vogelscheuche verkleidet war! Wir erkannten: Der innere Mann jagte einen „Hirsch“, weil er Angst vor der Liebe der inneren Frau hatte, und weil er diese Angst hatte, erkannte er nicht, wer sich unter der abstoßenden Gestalt in dunklen Lumpen verbarg. Die innere Frau aber hüllte sich in diese Lumpen, weil sie Angst vor der Liebe des Mannes hatte.

Durch diese Selbsterkenntnis-Prozesse und durch unser befreiendes, albernes und fröhliches Lachen lösten sich die Ängste der inneren Anteile schon zu einem großen Teil tatsächlich „in Wohlgefallen auf“. Wir arbeiteten weiter. Unter anderem setzte ich meine pentatonische Indianerflöte aus Eibenholz[78] ein. N. testete immer wieder auf kinesiologischem Wege, wie hoch prozentual die Bindungsängste bei den beiden noch waren. Interessanterweise waren die Zahlen jedes Mal identisch. Am Ende fielen innerer Mann und innere Frau sich in die Arme und vergaben sich selbst und dem anderen. Das löste ihre allerletzten ängstlichen Widerstände auf. Nun dürfen wir gespannt sein, was sich demnächst in N.s äußerem Leben zeigen darf…

Heute Mittag arbeitete ich selbst mit meinem eigenen inneren Paar. Zunächst im Liegen während der Mittagsruhe, anschließend im Sitzen in meinem Heiligen Raum. Dies war nicht das erste Mal – wie übrigens auch bei N. nicht –, aber da wir normalerweise solche Erlösungsarbeit Schicht um Schicht durchführen müssen, ist die Situation, die sich zeigt, jedes Mal neu und jedes Mal anders. Der Grund ist, dass unsere inneren männlichen und weiblichen Wunden eben so vielschichtig sind.

---

78 Zur Flöte siehe Beitrag weiter unten: „Quellnymphe Astardia: Heilende Flöte“

Dieses Mal sah meine innere Frau wie ein in weiße Gewänder gehülltes „Klageweib“ aus. Sie trauerte um ihren „einzigen und wahren“ Geliebten. Ich fragte sie, ob sie auch noch andere Männer gehabt habe und sie sagte, „Ja, viele. Aber keinen habe ich so lieben können wie diesen.“ Ich dachte an meine Seele in ihren so zahlreichen Inkarnationen und ich wusste, es musste einmal in einem sehr frühen Leben eine Verkörperung von mir einen Mann durch einen Mord verloren haben, den sie unendlich geliebt hatte. Ich fragte nun meine innere Frau, ob sie diesen Einen jemals wieder getroffen habe. Sie antwortete: Nein, nie wieder. Da erklärte ich ihr, dass sie meine *innere* Frau sei und dass es einen *inneren* Mann gebe, der ALLE sei, und dass er zu ihr kommen werde. Daraufhin warf sie ihre Trauergewänder ab, umkränzte ihren nackten Leib mit Blumengirlanden und fing an zu tanzen…

Mein innerer Mann zeigte sich in einer Doppelgestalt als jung und alt zugleich. Die jugendliche Seite war ein kraftvoller Apoll mit einem ebenso kraftvollen Lingam.[79] Die alt aussehende Seite hatte eine Glatze, einen ausladenden Bauch und einen kraftlosen Lingam. Ich stellte mit einem gewissen Erstaunen fest, dass der innere Mann mit dieser geteilten Situation vollkommen ausgesöhnt war und nicht etwa darunter litt. Daraufhin sagte ich zu ihm: „Nun darf sich wandeln, was sich wandeln möchte, und so bleiben, was so bleiben will!“ Sehr schnell transformierte sich nun die kraftlose Seite in ihre volle Kraft zurück!

Innere Frau und innerer Mann trafen zusammen… Und dann sagte die innere Frau zu mir: „Es ist dieser, auf den ich immer gewartet habe. Und ich sehe, dass ich IHN, den inneren Mann, in der Vergangenheit auf den Menschen projiziert habe, den ich so sehr geliebt habe.“

Wenn du in dein Inneres eintauchst, wenn du mit deinen inneren männlichen und weiblichen Energien zusammen auf Abenteuer ausziehst, dann wirst du reiche Früchte ernten – drinnen wie draußen im „richtigen Leben“…

---

79 *Lingam*: auf Sanskrit „Lichtstab Gottes“; Bezeichnung der Hindus für den Penis

Ritual zur Öffnung des weiblichen Schoßraum-Chakras

(Maria Magdalena am 06.10.2019)

Vorbemerkung von Ayla Ines am 14.03.2020:
Im Artikel „Selbstsabotage, Ur-Wunde und Weibliche Wunde", im Rahmen des Kapitels „Der neue Mensch", sagt Maria Magdalena, dass wir dieses Ritual nur ein einziges Mal durchzuführen brauchen. Sie deutet aber an, dass sich daran zahlreiche innere Prozesse anschließen können. Eine liebe Freundin von mir hat inzwischen wiederholt intensiv mit dem Ritual gearbeitet und die Erfahrung gemacht, dass sie jedes Mal in noch tiefere Schichten der weiblichen Wunde hinein gelangte, die sie anschließend heilen lassen konnte. Es bleibt also dir selbst überlassen, wie du damit verfährst…

Liebe Frau!

Nimm dir für dieses Ritual mindestens eine Stunde Zeit und sorge dafür, dass du nicht gestört wirst. Idealerweise bist du im Wald und setzt dich dort auf den Boden, nimmst also gleich körperlich Kontakt mit Mutter Erde auf. In der kalten Jahreszeit ist dies allerdings ungünstig, daher schlage ich dir auch eine Alternative vor: Wähle einen Platz in deiner Wohnung, an dem du ungestört allein mit dir selbst sein kannst. Zünde eine rote Kerze an und baue darum herum einen kleinen Altar auf. Wähle die Bestandteile sorgfältig aus – sie sollen sich für dich angenehm anfühlen. Im Wald gestalte dir den Altar aus den Materialien der Natur, die du in der Umgebung findest.

Wenn du deine Vorbereitungen beendet hast, schließe deine Augen und rufe mich. Wähle dabei deine eigenen Worte und sprich die Einladung laut oder in Gedanken aus. Ich gebe dir absichtlich keine Formulierung vor, denn in der heutigen Zeit ist es so sehr wichtig, dass ihr Menschen, und vor allen Dingen ihr Frauen, immer mehr in die Eigenverantwortung und in die Selbstermächtigung geht. Ich werde augenblicklich bei dir sein und dich führen! Lausche auf deinen Atem und spüre ihn, lasse ihn tief in deinen Schoßraum hinein einströmen. Lasse den Atem weich und in seinem natürlichen Rhythmus fließen.

Mehr ist für dich nicht zu tun. Bleibe sitzen und atme und spüre, was in deinem Körper – deiner Körperin – geschieht. Gib mir noch einmal bewusst die Erlaubnis, an und in ihr zu wirken. Wenn du deutlich merkst, dass ich meine Arbeit beendet habe, kannst du dich langsam bewegen, dich auf deine physische Umgebung besinnen und schließlich die Augen wieder öffnen. Ich freue mich, wenn du mir dankst. Vergiss aber auch nicht, dir selbst zu danken und dir Wertschätzung dafür zukommen zu lassen, dass du nun dieses Wagnis eines neuen weiblichen Weges eingehst.

Du bist unendlich geliebt und geehrt!

Maria Magdalena

Selbstliebe und achtsame Selbstberührung

(Ayla Ines mit Maria Magdalena)

03.06.2020

Liebes Menschenwesen auf dem Weg! Es gibt nichts Wichtigeres in der Welt als die Liebe. Wahrscheinlich bist du dir darin mit uns einig. Es gibt nichts Macht- und Kraftvolleres als die Liebe, und sie hört nie auf. Sie ist immer DA, sie setzt ALLEM die Krone auf, auch und gerade „in Zeiten von Corona". Schließlich bedeutet der Name dieses schrecklichen Virus „Krone"... Bist du aber auch noch einverstanden mit unserer Aussage, dass es zuallererst die **Selbstliebe** ist, die diese Welt retten kann? Wie? Der Egoismus, ausgerechnet der Egoismus? Nein. Die Selbstliebe. Das ist etwas ganz, ganz anderes. Es ist der Egoismus, der den Karren der alten Welt in den Dreck gefahren hat. Es ist deine und meine und unser aller Selbstliebe, die ihn nicht nur wieder da herausziehen kann, sondern die auch diesen Karren zu einem wunderbar flotten Fahrzeug zu Land, zu Wasser und in der Luft machen kann!

Selbstliebe bedeutet zuallererst, dass ich mich genau **so annehme, wie ich bin**. Was geschieht, wenn jedes Menschenwesen sich selbst in dieser Weise annimmt? **Es entsteht Frieden.** Zunächst einmal in unser aller Innerem. Und dann? Zu-frieden-e Menschen führen keine Kriege mehr. Sie sind friedlich in sich selbst und mit anderen. Keine Konkurrenz, keine Vernichtungskämpfe mehr, alles überflüssig!

Und weiter? Wenn ich mich so annehme wie ich bin, dann **söhne ich mich zuallererst einmal mit meiner Körper*in aus!** Gar nicht so einfach, denn wer von uns ist wirklich zufrieden mit dem eigenen körperlichen Aussehen? Hinzu kommt, dass die meisten Menschen ihren Körper ein Leben lang bis zum Äußersten fordern, ohne jemals darüber nachzudenken oder gar Danke zu sagen. Eine Körper*in aber, die sich ungeliebt, ja, abgelehnt weiß, ist traurig, unglücklich, wird mit der Zeit sogar krank. Prügeln wir dann auch noch in Gedanken wütend auf sie ein, weil sie nicht mehr wunschgemäß funktioniert, dann verschlimmert sich ihr Zustand immer weiter... Daher sagen wir, Ayla Ines und

Maria Magdalena, heute:

Gelebte Spiritualität ist *verkörperte* Spiritualität!

Die Inspiration zu diesem Satz kommt uns von der wunderbaren Katia de Farias, deren Beitrag „Elfen helfen“ du nachstehend lesen kannst.

Was aber bedeutet „verkörperte Spiritualität“ konkret? Es bedeutet, **achtsam und zärtlich mit unserer Körper*in umzugehen, und das auch auf dem Weg über die liebevolle Selbstberührung. Darin liegt ein unglaublich starkes Potenzial zur Selbstheilung!**

04.06.2020

Damit unsere Körper*in sich glücklich fühlen und heilen kann, braucht sie vor allen Dingen eines: liebevolle Berührung. Denn sie ist ein durch und durch sinnliches Wesen! Die Haut, ihre äußere Begrenzung und zugleich auch Verbindung zum Außen, ist flächenmäßig unser größtes Organ. Sie wünscht sich nichts stärker, als gestreichelt zu werden!

Nun, wenn du eine Partner*in hast und ihr euch regelmäßig auch körperlich liebt, so denkst du vielleicht, damit sei alles erledigt und das sei ohnehin viel schöner als dieses langweilige oder peinliche Sich-selbst-streicheln. Da irrst du dich, liebe Leser*in! Zunächst einmal: Wenn du eine bewusste und liebevolle Erfahrung mit dir selbst hast, dann kannst du deine Partner*in gezielt dahin führen, was dir besonders gut tut. Vor allen Dingen aber möchten wir dir erklären, warum Sex mit einer anderen Person die achtsame und zärtliche Selbstberührung niemals ersetzen kann:

Selbstberührung ist die direkteste Kommunikation mit deiner Körper*in, die es gibt. Die Art und Weise, wie du dich selbst berührst, zeigt ihr, wie du zu ihr stehst. Du kannst ihr tausendmal in Gedanken sagen, dass du sie liebst, du kannst ihr tausendmal liebevolle Gefühle schicken. Sie wird dir kein Wort davon glauben, wenn du sie nicht zugleich liebevoll *be-Hand-elst!* Was also das **Streicheln** angeht: Eine oberflächliche und unaufmerksame Berührung signalisiert Nicht-Liebe. Oberstes Gebot – und hier nehmen wir dieses Wort „Gebot“ wirklich einmal in den Mund – ist die **Achtsamkeit**. Achtsame Bewegungen sind langsam, bedächtig, leicht wie eine Feder. Probiere es einmal aus, wie sich solche Berührungen auf der Haut anfühlen – möglichst häufig auf der *nackten* Haut! Achtsame Berührung ist der schönste Ausdruck von Liebe und Zärtlichkeit für deine Körper*in. Du kannst sie übrigens auch immer wieder leise mit den Fingerkuppen und Fingernägeln **kraulen**. Deine Haut wird vor Wonne schnurren! Und finde heraus, an welchen Stellen sie das am liebsten mag!

Es kann sein, dass auch deine Yoni/dein Lingam irgendwann danach rufen, berührt zu werden, wenn du auf eine solche Weise liebevoll mit deinem Körper umgehst. Antworte ihr/ihm! Katia de Farias bekam neulich aus der Geistigen Welt diesen wunderschönen Satz: *„Die Yoni ist wie eine zarte Rosenblüte.*" Und wie eine solche mag sie hofiert werden! Damit wir uns recht verstehen: Es gibt in dieser Hinsicht keinen Zwang. Du „musst" deine empfindsamsten Teile nicht berühren, wenn es dir unangenehm ist. Wenn du meiner Generation angehörst, dann hast du vielleicht noch, so wie ich, von deiner Mutter gelernt, jegliche Selbstberührung sei „schwere Sünde", sofern sie nicht der Reinigung diene. Vielleicht näherst du dich dann deiner Yoni oder deinem Lingam mit ganz besonderer Rücksichtnahme und Achtsamkeit. Diese Körperregion wird ja auch die „Schamregion" genannt – so als ob wir uns schämen müssten, dass sie überhaupt Teil von uns ist…

Ein weiterer Ausdruck der körperlichen Selbstliebe ist das **Auflegen der Hände**, auch auf schmerzende Stellen. Du kannst dir dabei vorstellen, dass heilende Energien, heilendes Licht dort einströmen, wo deine Hände liegen. Wenn du deine Hände beispielsweise in beiden Leistenbeugen auflegst, setzt du wunderbare Selbstheilungsprozesse in deinem Schoßraum in Gang.

Deiner schöpferischen Fantasie in deiner achtsamen Selbstberührung sind keine Grenzen gesetzt. Lasse dich von deinen Händen führen, folge ihren Impulsen. Lasse dich von deiner Körper*in führen, folge ihren Rufen. Lasse dich auf eine Abenteuer-Entdeckungsreise im Tempel deines Körpers ein! Ihr werdet zusammen glücklich sein.

Elfen helfen
Lustvolle Heilung unserer Sexualität

(von Katia de Farias)

Ich lade dich herzlich zu einem Besuch in eine sehr besondere Welt ein.

Eine Welt voller Zartheit, Weisheit, Lebensfreude und Liebe: die Welt der Elfenwesen. Mit ihr darf ich seit längerer Zeit in sehr heilsamer Verbindung sein und Kostbares von ihr lernen. Elfen bieten uns ihre liebevolle Begleitung auf unserem Weg des Erinnerns und der Selbstheilung an. Sie sind Hüter*Innen von vergessenem Ur-Wissen, das unsere Verbindung zu uns selbst, zur Natur und zur Erde zutiefst heilen kann. Die Heilung unserer Sexualität in der Verbindung mit ihnen ist ein zentraler Aspekt davon.

Elfen und die Heilung der Weiblichkeit

Vor einigen Jahren bekam ich den klaren Impuls aus der Geistigen Welt, mich für eine tiefere Ebene meiner eigenen Weiblichkeit zu öffnen und darin meine Sexualität zu heilen.
Mit meinem „Ja" dazu öffneten sich parallel zum eigenen Heilungsprozess weitere Kanäle, worüber ich Informationen bekam, die auch in meine Tanz- und Heilarbeit hinein zu fließen begannen.

Inspirationen zu Themen und deren Energiefeldern blühten in mir auf, und schon bald darauf durfte ich die „Frauen-Jahres-Zyklen" empfangen. Einer der Zyklen widmete sich dem Thema „Ganzheitliche Sexualität – Ein Weg weiblicher Spiritualität."

In mir sprudelte die kreative Energie, intuitiv folgte ich den Wellen und fühlte mich lebendig und kraftvoll.

Es folgte die Veröffentlichung der Informationen zu den Frauen-Jahres-Zyklen und kurz danach entstand in mir die Frage: „Nun, was weiß ich eigentlich über Ganzheitliche Sexualität?" Zweifel begannen aufzukommen. Zeitgleich vernahm ich aber auch eine Stimme in mir: „Vertraue!"

Einige Zeit später, in der wachsenden Wärme des Frühlings, begab ich mich morgens in meinen Garten, um hier mein tägliches „Morgenritual“ anzugehen. Den Tag so zu beginnen, mit Entspannung, Erdung, Dehnungsübungen, frei fließendem Tanz in der Anbindung an die Ur-Quelle im Universum und an Mutter Erde … das zentriert mich, aktiviert den Fluss der Lebensenergie und trägt mein Sein durch den ganzen Tag.

An einem schönen Morgen, da war sie da: das weibliche Elfenwesen, das sanft und klar das Wissen in mein Seelen-Körper-Gewebe einströmen ließ.

Sie aktivierte Energielinien in meinem Körper - meiner Körperin, zeigte die energetischen Zusammenhänge durch fühlbare Bilder. Die Energie-Zentren in meinem System leuchteten und die sexuelle Energie erwachte auf neue Weise in mir: Die gefühlte Wahrnehmung einer sanften, hellen, lebendigen und lustvollen Energie stellte sich ganzkörperlich - grob- und feinstofflich - ein. Zum Beispiel war eine sehr spannende, leuchtende Verbindung zwischen der Klitoris, den Brustknospen (den sogenannten „Brustwarzen“) und der Zirbeldrüse spürbar präsent. Die Aktivierung dieser Verbindung in meinem Bewusstsein – die lustvolle Lebenskraft, wahrgenommen durch die Hellsinne und durch das Dritte Auge – hob die sexuelle Empfindung in eine weitere Dimension. Das göttliche Wesen in meinen Körperzellen wurde dadurch intensiver erlebbar. Auch das göttliche Wesen in der Natur erschloss sich meiner Wahrnehmung auf noch tieferer Ebene. Ich hatte dabei das Gefühl, an ein heiliges Ur-Wissen wieder angeschlossen zu sein.

Die Elfe kam über mehrere Tage und schenkte mir mit jedem Morgen weiteres Wissen und Übungen, mit der liebevollen Einladung, diese weiterhin zu praktizieren, in meinem System zu verankern und an Frauen weiterzugeben.

Einige Zeit später kam dieses Wesen zusammen mit anderen weiblichen Elfen mit zum Frauen-Heilkreis. Sie berührten zum präzisen Zeitpunkt die Frauen und richteten das Seelen-Körper-Gewebe einer Jeden neu aus. Bei uns allen flossen die Tränen. Wir waren von der Zartheit, Großzügigkeit und Liebe, die aus diesen Wesen zu uns strahlten, zutiefst berührt.

Der Elfenjunge und die Heilung des Männlichen

Unmittelbar danach ging es nun mit dem Elfenjungen weiter, der mir im Garten erschien, als ich mich nach dem soeben beendeten Seminar ausruhen wollte.

Ein zartes Wesen, gefüllt mit Herzensliebe, das mir mit kristalliner Klarheit „kurz und knackig" den Energiekreislauf für die Erweckung der ur-männlichen sexuellen Energie zeigte. Der wunderschöne Elfenjunge brachte mir auch etwas aus der Essenz des Ur-Männlichen bei: „Das Ur-Männliche ist die reine und tiefe Hingabe an das Leben selbst."

Diese Botschaft war von der ur-männlichen Energie durchdrungen, sodass ich sie mit-fühlen konnte. Eine so reine Liebe war damit verbunden, dass aus mir wieder die Tränen flossen. Diese erste Begegnung mit dem Elfenjungen hat meine Wahrnehmung des Ur-Männlichen (sowohl im Mann als auch in mir selbst) zutiefst geheilt.

Zum Frauen-Heilkreis kam er in Begleitung von mehreren männlichen Elfen. Mit großer Sorgfalt, Achtsamkeit und Liebe berührten sie die Frauen. Später kamen die weiblichen Elfen hinzu und gemeinsam sendeten sie Impulse für die Harmonisierung der weiblichen und männlichen Energien miteinander.

Ein Teil dieser Energie-Geschenke, sowohl von den weiblichen als auch von den männlichen Elfenwesen gegeben, lässt sich nicht in Worte fassen. Es sind sehr feine und hochschwingende Energien, die auf uns übertragen werden und dem Reich der Natur und Naturwesen entspringen.

Durch diese Erfahrungen durfte ich lernen, wie diese feinen Naturwesen Hüter*innen von ursprünglichem Wissen über unser spirituelles-sexuelles Wesen sind. Unsere sexuelle Energie - die vitale kreative Lebensenergie in uns menschlichen Wesen - sehen sie als großes Potenzial für die Befreiung und Heilung unseres liebenden Wesens. Damit verwoben ist die Heilung unserer **natürlichen, ursprünglichen, verkörperten Spiritualität.** Diese darf nach Jahrtausenden künstlicher Trennung durch Religion, Machtmissbrauch und Manipulation in uns wieder genesen. Damit zutiefst verbunden ist die Genesung unserer ERDE und die Rückkehr in die unzertrennliche Einheit von Mensch*in und Natur.

„Natur" beinhaltet auch den Wesenskern - in uns, in allen Wesen, in unserer Erde, darüber hinaus in allen Universen, sowie die allumfassende Liebe, aus der Alles, Was Ist besteht.

Ein Tanz für die Elfen

Einige Jahre später auf einem Morgenspaziergang breitete sich eine wohltuende Stille im Wald aus. Am Wegrand entlang betrachtete ich die sehr feinen und schönen kleinen, bunten Blumen. Intuitiv spürte ich die Anwesenheit von Elfen und fühlte den starken Drang, für sie zu tanzen. Verspielt tanzte ich eine ganze Weile und dabei spürte ich, wie es mich zunehmend mit immer größerer Freude erfüllte. Als der Tanz zu Ende kam, verbeugte ich mich und verabschiedete mich von diesen

Wesen. Ich drehte mich um, um meinen Weg weiter zu gehen, da hörte ich eine **sehr, sehr** leise Stimme sagen: „Bleib!"

Ich hielt inne, lief zu den Blumen zurück, stellte mich still hin und lauschte. Mehrere kleine lichtvolle Wesen flogen um mich herum und webten ein wunderschönes „Lichtkleid" in einem wunderbaren Farbenspiel. Das Kleid durfte ich nun tragen. In großer Dankbarkeit, Freude und mit entsprechend würdevoller Haltung schritt ich glücklich davon.

Zurück im Haus meiner Freundin, wo ich zu Besuch war, erzählte ich ihr voller Begeisterung: „Ich habe ein Feenkleid geschenkt bekommen!" Sie antwortete lächelnd: „Kenne ich, auch ich durfte das Geschenk empfangen. Lass nun diese Energie in deine Sexualität hineinfließen." Dem Rat meiner Freundin folgend, erfuhr ich wunderschöne Momente von berührender Zartheit, heilsamer lustvoller Intensität, aufblühender Freude, Fülle, Ekstase und Liebe. Es entstand dabei ein tiefes Gefühl von ganzkörperlicher - ganzheitlicher und natürlicher Intimität mit der Ur-Göttlichen, Universellen Energie.

Meine ersten Begegnungen mit den Elfen

Zu Beginn nahm ich die Naturwesen als Lichtwolken wahr. Meine erste Begegnung vor vielen Jahren war auf einem langen Sparziergang, als plötzlich eine gelbe Lichtwolke in der Luft zwischen den Bäumen zu sehen war. Spannend fand ich, dass mir dieses Licht vertraut vorkam.

In mir entstand dabei Stille, Wachsamkeit und Freude. Jahre später begegnete mir eine hellrosa Lichtwolke. Die sanft strahlende Wolke schwebte in der Luft auf der Höhe meiner Augen vor dem hellrosa blühenden Rosenbusch meines Gartens. Ich spürte Widerstand, sodass ich mich nach kurzer Zeit davon abwandte. Doch die sehr kurze Begegnung mit diesem Wesen war genug, um meine Energie zu harmonisieren, sodass ich über viele Stunden in einem ekstatischen Glücksgefühl verweilen durfte.

Elfen, wie ich sie wahrnehme

Wohlwollende Elfen zeigen sich mir in der Form von freien und sehr kommunikativen Wesen. Dabei sind sie sehr leise. Es braucht Stille und wachsames Lauschen, um ihre Stimme wahrzunehmen. Sie lieben den Austausch mit offenen und liebevollen Menschen. Auch lieben sie es, beschenkt zu werden und sich zu verschenken.
Sie sind kreativ, bewegen sich sehr fließend und wendig, strahlen ein schönes und natürliches Licht aus.
Vor allem sind sie sehr achtsam, großzügig, mitfühlend, hilfsbereit, hingebungsvoll und liebevoll.

Sie leben ihre Gefühle mit Intensität und zeigen sich damit voll und ganz. Haben sie sich einmal gezeigt, so zeigen sie sich so, wie sie sind.
Sie lieben das freudvolle Spielen und die Leichtigkeit.
Sie sind bewusste, hoch intelligente und weise Wesen. Sie sind rein, transparent, echt und authentisch in ihrem Sein.

Elfen im Schmerz

Vielfältige Erfahrungen durfte ich bisher auch mit verletzten Elfenwesen machen. Traumatisierte Elfen, die sehr unter der Zerstörung der Wälder leiden, erschienen in den Frauen-Heilkreisen immer wieder und baten um Hilfe.

Elfenwesen, die im Baumstumpf von unerlösten Energien gefangen gehalten wurden und während eines Heilungsrituals im Wald sich bemerkbar machten und um Hilfe riefen.

Ich begegnete aber auch dunklen, belasteten Elfenwesen, die aus dem Schmerz agierten und getarnt versuchten, mich mit scheinbaren „Geschenken" zu manipulieren und die Energiezentren in meinem System zu blockieren.

Mit jeder neuen Begegnung und Erfahrung durfte ich lernen, den Wesen und mir selbst zu helfen und immer mehr zu vertrauen.

Die Liebe zur Natur ist Selbstliebe

Elfen helfen uns, die teilweise verlorene Verbindung zu uns selbst, zu unserer Essenz und zur Natur wiederherzustellen. Indem sie uns bei der Heilung unseres liebenden Wesens unterstützen, erwachen wir für unser ursprüngliches natürliches und naturverbundenes Sein. Sie erinnern uns daran – und wir **er-innern** uns, dass wir Teil der großen, lebendigen Gemeinschaft sind, gemeinsam mit der Pflanzen-, Tier-, Stein- und Mineralienwelt, mit dem Wesen unserer Erde und darüber hinaus mit der Sternenwelt und dem Großen Ganzen. Wir sind alle in unserer Essenz EIN ganz großes, pulsierendes, fühlendes und liebendes Herz.

Danke, wohlwollende Elfenwesen, für euren Dienst, eure Verletzlichkeit, eure großzügige Liebe, euer Vertrauen und euer Sein!

Die männliche Seite in der Frau

(Ayla Ines mit Jesus Sananda und Lady Nada)

18.05.2020

Liebe Frau, liebe Leserin, du weißt es: Deine Körperform ist weiblich, aber du trägst auch eine männliche Seite in dir. Wenn du eine Seele mitbringst, die schon öfter auf der Erde inkarniert war, dann war deine Körperform auch immer mal wieder eine männliche. Das bedeutet, dass du auch mehr oder weniger viele tiefe Erfahrungen mit in dein heutiges Leben gebracht hast, die „typisch männlich" waren. Mit großer Wahrscheinlichkeit bist du mehr als einmal auf einem Schlachtfeld ums physische Leben gekommen und/oder schwer verwundet worden. Vielleicht warst du selber König oder Feldherr und damit verantwortlich für den Tod und das Leiden vieler Menschen. Auch kann es sein, dass du ein christlicher Priester warst, ein Inquisitor gar, der „Hexen" hat verbrennen lassen. Möglicherweise hast du dir sogar eine Parallel-Inkarnation zugemutet, in welcher du dir selbst als Verfolger auf der einen Seite und als angeklagte Hexe auf der anderen gegenüberstandest... Denn in den Zeiten, die jetzt im Schwinden sind, war immer nur ein kleiner Teil deiner unvorstellbar großen und multidimensionalen Seele in einem bestimmten physischen Körper gegenwärtig, sodass die Seele sich sozusagen aufteilen konnte, um sich selbst zu begegnen. So kannst du durchaus, und das auch wiederholt, ein Vergewaltiger und eine Vergewaltigte zu gleicher Zeit gewesen sein...

Und natürlich kannst du auch als Mann Verletzungen durch Frauen empfangen haben – angefangen bei deiner eigenen Mutter. Die Erfahrungen mit dieser können sich später in Erfahrungen mit Liebespartnerinnen wiederholt haben – zum Beispiel die Erfahrung des Sich- nicht-Angenommen- Fühlens.

Gefühle von „Schuld" und von Schmerz deines inneren Mannes sind also ebenfalls in den Zellen deiner physischen Körperin sowie in deinem Emotionalkörper gespeichert. Wenn du in dich hinein spürst und diese männliche Seite in dir ins Bewusstsein treten lässt, wirst du dir dessen sehr deutlich gewahr werden. (Selbst-)Heilung ist auch hier angesagt! Die Göttliche Mutter schenkt dir zur Hilfe jetzt eine

weiße Rose der Vergebung und des Mitgefühls.

Setze diese Wunder-Blüte nach deiner Intuition ein. Du kannst zum Beispiel ihren Duft erschnuppern und ihn in dein gesamtes Körper- und Energie-System einströmen lassen. Oder du kannst sie durch dein Feld hindurch tanzen und alles reinigen und befreien lassen, was Reinigung und Befreiung braucht… Deine schöpferische Heilerinnen-Fantasie kennt keine Grenzen, dessen werde dir gewahr. Vergebung ist dabei auch immer, und sogar zuallererst, Selbst-Vergebung, und Mitgefühl ist am tiefsten mit der Selbstliebe verwandt.

Wenn du deinen inneren Mann nun im nächsten Schritt mit allen seinen Facetten, und nicht nur mit seinen Verletzungen und Selbst-Verletzungen, kennenlernen möchtest, dann **schau dir die Männer in deinem aktuellen Leben an!** Beginnend selbstverständlich mit deinem Vater… Schau dir deine Brüder, auch deine Söhne an, wenn es sie in diesem Leben gibt.

Und dann, na klar, schau dir deinen Lebenspartner an, deine Liebesbeziehungen mit Männern in der Vergangenheit. Sie alle zeigen dir klar und deutlich die verschiedensten und auch die widersprüchlichsten Seiten deines inneren Mannes. Schau einfach genau hin! Was dich an deinem Freund oder Mann stört, aber auch, was dir an ihm gefällt – es ist IN DIR! Und wenn du ein Pop-Idol anhimmelst – er illustriert dir deine eigene männliche Seite, weiter nichts.

Und damit schicke ich dich auf deine eigene Entdeckungsreise – hab Spaß dabei!

Die weibliche Seite im Mann

(Ayla Ines mit Jesus Sananda)

20.05.2020

Lieber Mann, bei dir liegen die Dinge ganz entsprechend wie bei der Frau, nur natürlich andersherum: Du hast einen männlich geformten Körper und doch auch eine weibliche Seite in dir! Wenn du zu den Seelen zählst, die häufig auf der Erde waren, dann hast du auch mehr als nur einmal Erfahrungen in einem weiblichen Körper gesammelt. Mit anderen Worten, auch du trägst etwas von der „weiblichen Wunde" in deinem Inneren und in deinen Körperzellen. Vielleicht ist dies für dich noch schwieriger einzusehen und anzunehmen, als es die entsprechende Situation für eine Frau ist. Es kommt ein wenig auf dein Lebensalter an, auf deine frühe „Sozialisation", die dein Selbstverständnis als Mann stark mitbestimmt hat. Die Tatsache ist in jedem Falle einfach da.

Hast du dir jemals Gedanken darüber gemacht, dass und wie du Verbindung zu deiner weiblichen Seite aufnehmen könntest? Wir, Ayla Ines und Jesus, schlagen dir vor: **Schau dir die Frauen in deinem Leben an – deine Mutter, deine Partnerin/nen, deine Schwester/n...** Beobachte einmal ganz bewusst, welche Wunden du bei ihnen entdeckst. Es sind Verletzungen, unter denen mit großer Wahrscheinlichkeit auch deine eigene „innere Frau" leidet! Auf der anderen Seite: Schau dir ihre Qualitäten an und was du an ihnen bewunderst – genau das sind die großartigen Eigenschaften deiner eigenen weiblichen Seite. Ja, auch *du* trägst zum Beispiel die Fähigkeit zu nähren, zu heilen, zu trösten in dir. Schenke diesen Qualitäten die Wertschätzung, die ihnen gebührt. Das allein schon birgt sehr viel Selbstheilung in sich.

Wenn du weiter in die Tiefe gehen möchtest, so kannst du zum Beispiel mit der im Artikel „Die Heilung von Männlich und Weiblich" beschriebenen Methode vorgehen. Begib dich dafür zunächst bewusst in die Verbindung mit Mutter Erde und Gott/Göttin/der Quelle, sowie mit deinem eigenen Herzen. Du kannst dich hier von der Vorgehensweise im „Ritual zur Neuprogrammierung der Körper*in“ inspirieren lassen, wenn du möchtest. Sei aber im Zweifelsfalle so frei, deinen ganz eigenen Weg zu wählen! Wenn du spürst/innerlich weißt, dass du verbunden bist, dann bitte deine innere Frau, vor dein geistiges Auge hinzutreten. Du wirst *wissen*, wie sie aussieht und wie sie sich fühlt! Manche Menschen sehen in einer solchen Situation ein ganz plastisches Bild oder vielleicht sogar etwas wie einen kleinen Film. Andere, so auch ich, Ayla Ines, haben einfach ein entsprechendes inneres Wissen über dieses Bild und „sehen“ nichts. Jetzt kannst du auch mit dieser Gestalt kommunizieren. Du kannst sie fragen, wie es ihr geht, und wenn sie sich schlecht fühlt, fragst du sie, was sie jetzt gerade von dir braucht, damit es ihr besser geht. Vielleicht möchte sie einfach nur einmal in den Arm genommen werden. Tu das, oder sag ihr, dass du es genau jetzt tust! Und dann beobachte, welche Veränderung geschieht…

Ebenso kannst du selbstverständlich auch Verbindung mit deiner inneren männlichen Seite aufnehmen sowie beide Seiten sich begegnen lassen.

Für deine Selbstheilung, also für deine Entwicklung hin zur Freude, zum inneren Frieden, zur LIEBE, ist es so unendlich wichtig, dass du nicht nur deinen eigenen inneren Mann, sondern auch deine innere Frau wahrnimmst und Frieden mit ihr schließt. Es ist so unendlich wichtig für das gesamte menschliche Kollektiv, dass jeder einzelne Mensch ein tiefes Gleichgewicht zwischen männlich und weiblich im eigenen Inneren herstellt. Nur auf diesem Wege ist Weltfrieden real möglich. Die Verwirklichung des inneren Friedens als Voraussetzung eines dauerhaften Friedens im Außen ist ein längerer Weg und nicht in einem einmaligen „Kraftakt“ zu bewältigen. Dieser Prozess erfordert Geduld mit dir selbst und du darfst dabei üben und Schritt für Schritt lernen, nicht nur anderen, sondern auch dir selbst zu verzeihen…

Selbstvergebung ist eine Seite der *gelebten Selbstliebe*, und diese gelebte Selbstliebe ist eine solch bedeutsame Voraussetzung für den Weg der neuen Unsterblichkeit!

Bist du „d"?

(Ayla Ines mit Unterstützung durch Saint Germain und Lady Portia)

16.03.2020

Seit einiger Zeit müssen freie Stellen für „m/w/d" ausgeschrieben werden. Ehrlich gesagt, ich ahnte zwar, wer mit „d" gemeint sein könnte, wusste aber nicht, für welches Wort diese Abkürzung steht. Eine Freundin klärte mich auf: „d" bedeutet „divers", und das wiederum kann mit „verschieden" oder „Verschiedene" übersetzt werden. Wenn du also diese Zeilen liest und das „Verschieden" trifft auf dich zu, dann möchte ich dir sagen: Ich wollte auf gar keinen Fall unterschlagen, dass es dich gibt, und ich möchte dein Sein ausdrücklich ehren und würdigen!

Liebe*r d-Mensch, ich weiß wenig über dich, aber mir ist immerhin schon seit meiner Kindheit bekannt, dass es dich gibt. Es gab damals ein Lied über eine „dicke Anna", die im „Zirkus Sarrasani" ausgestellt wurde… Vor nicht gar so langer Zeit hatten wir mal eine öffentliche Debatte um eine Spitzensportlerin, von der manche behaupteten, sie sei „keine richtige Frau" und dürfe daher auch nicht beim Frauensport antreten. Jedenfalls, wenn die Politik inzwischen verfügt hat, dass du in Stellenausschreibungen zu berücksichtigen bist, dann gehe ich davon aus, dass es gar nicht so wenige Menschen wie dich gibt, die von ihrer Körperlichkeit her männlich-weiblich geformt sind. Menschen, deren Seele beschlossen hat, sich genau solch eine*n Körper*in zu wählen.

Vielleicht, liebe*r d-Mensch, bist du so etwas wie ein Prototyp oder ein*e Vorläufer*in körperlicher Formen der Zukunft. Denn wenn wir alle tatsächlich in eine ganz neue Körperlichkeit hinein wachsen – die kristallinen Zellstrukturen und das neue Immunsystem sind ja aus meiner Sicht erst der Anfang – dann schließe ich auch nicht aus, dass wir andere Formen der Fortpflanzung entwickeln werden, für die wir die alte Geschlechtlichkeit nicht mehr benötigen. Die Polarität von männlich und weiblich in der uns bekannten und vertrauten Form könnte einer Form von Verschmelzung weichen, die sich schließlich auch körperlich ausdrückt. So wie bei DIR jetzt schon…

Momentan aber ist es schon als eine Errungenschaft anzusehen, dass deine Existenz nun in Stellenausschreibungen benannt werden muss. Ansonsten kenne ich zurzeit keinen Bereich, wo du in Formularen die Möglichkeit erhalten würdest, ein „d" anzukreuzen. Über Jahrtausende ist deine Existenz verschwiegen worden – ich bin sicher, es hat dich schon immer gegeben. Heute aber, so vermute ich, bist du auf der Erde zahlreicher vertreten als früher, eben weil du ein*e Bot*in von etwas Neuem auf der körperlichen Ebene bist.

Liebe*r d-Mensch, welche Verletzungen *du* in dir trägst, das kann ich nur erahnen. Möglicherweise ist dies nicht das erste Mal, dass du in der Form hier bist, wie du jetzt bist. Dann kennst du Dinge wie Heimlichtuerei, Tuscheln hinter deinem Rücken, Scham der Eltern, dass du so bist, wie du bist, und was weiß ich noch alles. Aber in diesem beginnenden neuen Zeitalter darf auch *das* alles heil werden! Du bist so unendlich wertvoll, genau wie du bist – mit all deinem Mut! Ich verneige mich vor dir und vor der LIEBE, deren Ausdruck du bist. Sei gesegnet und danke, dass es dich gibt!

Das verletzte und das göttlich-heile innere Kind

(Ayla Ines mit Lady Helma und Maria Magdalena)

15.03.2020

Mitten in der „Corona-Krise“, die ganz genau immer wieder mein *verletztes* inneres Kind auf den Plan ruft… Und dieser Teil meines inneren Kindes ist meist ziemlich wütend… Ohnmächtig wütend, fühlt sich hilflos, denkt, „was kann ich ganz alleine schon bewirken?“

Über das innere Kind, und besonders über die so sehr wichtige Arbeit für die Heilung des inneren Kindes, ist schon viel geschrieben worden. Es gibt auch mittlerweile zahlreiche Menschen, die in dieser Richtung wundervoll wirken. Ich werde mich daher in diesem Beitrag auf das in meinen Augen Wesentliche beschränken.

Also, zunächst einmal: Es gibt eigentlich nicht nur ein einziges verletztes inneres Kind, sondern sehr viele. Zahllose, möchte ich beinahe sagen, schon alleine aus diesem heutigen Leben – von der Sekunde unseres ersten Atemzuges an. Ganz zu schweigen von den nicht erlösten inneren Kindern aus allen unseren anderen Inkarnationen… Denn immer dann, wenn ein Kind in seiner Seele verletzt wird, spaltet es ja den entsprechenden Anteil ab… Das *göttlich-heile* innere Kind jedoch ist nach meiner Erfahrung irgendwie „alterslos“. Es ist Liebe und Weisheit pur, es ist Schöpfer*in, es ist sich seiner Göttlichkeit voll bewusst. In meinem Buch „Transformation“[80] tritt es als “Happy Girl“, das „schöpferische innere Gott-Kind“ auf.

Happy Girl – und natürlich Happy Boy – wissen um ihre eingeborene Göttlichkeit. Sie wissen um das **einzig wichtige Menschenrecht: das Recht auf Liebe**. Das Recht, geliebt zu werden. Denn sie sind selbst LIEBE pur. Jedes Kind im Mutterleib, jedes neugeborene Kind weiß das. Und jegliche Verletzung der Seele eines Kindes beruht letztlich auf dem Signal: „Du bist nicht liebenswert“. Je tiefer die Seele eines Menschen in der Kindheit verletzt wurde, desto nachhaltiger wirkt der dadurch entstandene negative Glaubenssatz: „Ich bin es nicht wert,

80 Ines Nandi, „Transformation – Achterbahn in die Selbstliebe“, BoD, 2018

geliebt zu sein". Am krassesten wird allerdings das eigene innere Kind durch *mich selbst* verwundet! Wie das? Am tiefsten dadurch, dass ich es ignoriere. Wir alle – oder die meisten von uns – haben uns seit unserer späteren Jugend doch überhaupt nicht mehr um die vitalen Bedürfnisse unseres inneren Kindes gekümmert. Es möchte spielen, es möchte lachen und tanzen, es möchte schöpferisch sein in genau der Weise, die ihm gemäß ist. Vielleicht möchte es auch manchmal, weil es so verletzt ist, einfach traurig sein dürfen. Oder „grundlos" wütend...

Was also brauchen unsere verletzten inneren Kinder zuallererst von uns? **Liebe und Zuwendung** natürlich. Zartgefühl und Behutsamkeit, wenn wir uns ihnen wieder nähern – vielleicht hat sich das eine oder andere ja sogar vor uns versteckt? Stelle einem solchen Kind, wenn du es in dir spürst, die teilnehmende Frage: **„Was kann ich genau *jetzt* tun, um dein Vertrauen wieder zu gewinnen?"**

Diese Frage habe ich vorhin meinen zornigen inneren Kindern gestellt. Sie haben darum gebeten, dass ich ihren Zorn endlich in mir zulassen soll. Dass ich üben solle, diesen zu spüren, immer wieder, bis er verraucht sei. Das werde ich tun! In einigen Tagen werde ich es intensiv zusammen mit meiner Freundin Katja üben, mit der ich eine Heilsitzung für mich vereinbart habe. Ich fange aber schon gleich heute Abend damit an!

Und was brauchen Happy Girl und Happy Boy? Sie wünschen sich, dass wir ihnen **Raum geben**. Liebe erwachsene Frau, lieber erwachsene Mann, beobachte die kleinen Kinder und lerne von ihnen! Gerade unsere Kinder der neuen Zeit sind so frisch und so unbefangen, voller Forscher*innen-Drang, Freude und Liebe zu allem und zu allen! Stelle dir vor, wenn du eines dieser fröhlich daher hüpfenden kleinen Mädchen siehst, dass genau solch ein munteres Wesen immer noch *in dir selbst* lebt und **gelebt werden möchte**. Nun kannst du, wenn du schon etwas älter bist, vielleicht von der Verfassung deines Körperwesens her nicht mehr buchstäblich hopsen und hüpfen. Aber du kannst dein Schöpferisches Inneres Gott-Kind immer wieder einmal fragen: **„Was kann ich genau *jetzt* tun, das dich zum Hüpfen, zum Lachen, Singen und Tanzen bringt?"**

Ich habe soeben meinem eigenen Happy Girl diese Frage gestellt. Sie sagte, dass sie genau jetzt vor Freude lacht, singt und tanzt, weil ich diese Zeilen für sie aufgeschrieben habe. Wie schön!

Den Zorn und den Schmerz der verletzten inneren Kinder in die Freude des göttlich-heilen inneren Kindes sich wandeln lassen – das ist der Weg, den ich ab sofort für mich selbst bewusst und immer bewusster gehen möchte! Liebe Leser*in, gehst du mit?

Der Schatten – den inneren Dämonen ins Auge schauen

(Durchgabe von Lady Nada am 25.05.2020; Erfahrungsbericht von Ayla Ines)

ALLES IST LIEBE.

Liebe Leser*in, bist du schon länger auf „dem Pfad"? Dann kennst du diesen Satz. Oder machst du dich gerade ganz neu auf den Weg des Erwachens, weil die Ereignisse und GEGEBENheiten dieser Zeit dich aufgerüttelt haben? Dann wirst du vielleicht aufbegehren und mich fragen, was dieser Unsinn soll. Wie? Was? Eine Virus-Pandemie soll Liebe sein? Die Aufhebung von Grundrechten und grundlegenden Freiheiten soll Liebe sein? All das Leiden und auch Sterben so vieler Menschen, unter den verschiedensten Umständen, das soll Liebe sein?

JA. **ALLES** IST LIEBE.

Ich werde versuchen, es dir zu erläutern, aber verstehen kannst du mich nur mit deinem Herzen. Auch *dein* Verstand, liebe Frau, lieber Mann auf der bereits sehr langen Wanderschaft, bäumt sich noch auf, zumindest gelegentlich, gegen diese grundlegende Aussage und Botschaft. Ich weiß es.

Es geht um die inneren Dämonen, und es geht um das Große Spiel von „Gut" und „Böse", von Licht und Unlicht in eurer zu Ende gehenden, in eurer sterbenden Welt der Dualität. WIE DRINNEN – SO DRAUSSEN.Alles, was ihr in der Außenwelt erlebt, ist in der einen oder der anderen Gestalt auch in eurem Inneren gegenwärtig. Das Draußen ist euer Spiegel. Und der zeigt euch immer wieder eine Fratze, solange ihr nicht vollständig mit eurem Inneren ausgesöhnt seid. Darum: Schau dir die Menschen ganz genau an, die dich ganz besonders wütend machen, liebe*r Widerstandskämpfer*in. Es könnte nämlich sein, dass sie dir die Eigenschaften deiner „fiesesten", deiner schwärzesten inneren Dämonen spiegeln. Schau dir die Tatsachen ganz genau an, die dich schier zur Verzweiflung bringen. Es könnte sein, dass sie dir ganz bestimmte Verhältnisse in deiner verdrängt gehaltenen Innenwelt zeigen.

WAS IST DENN FREIHEIT?

Die Menschen möchten gerne „in Freiheit leben". Ist das aber möglich, solange du dich selbst knechtest? Spiegeln euch nicht die Masken, die zu tragen ihr gerade gezwungen werdet, sehr deutlich und sehr physisch die Masken, die ihr zuhauf in eurem bisherigen „normalen" Leben getragen habt? Deine inneren Dämonen, deine Schatten, deine verborgensten inneren Seiten, sie waren und sind die besten Verbündeten deiner äußeren Widersacher. Sie zwingen dich von innen her, dich anzupassen, dich selbst und deine tiefsten Bedürfnisse zu unterdrücken und dich so zu zeigen, wie „die anderen" dich sehen wollen. Bist du dafür hierher auf die Erde gekommen?

DAS GROßE SPIEL

Alles, was ist, ist Manifestation des Göttlichen Geistes. ALLES. Folglich auch das Unlicht, der Schatten. In der Dualität ist immer dort viel Schatten, wo ebenso viel Licht ist. Es ist – wie in der äußeren, physischen Welt – das verkörperte Licht, das den Schatten wirft. Ja, denn eure Körper sind verdichtetes Licht des Geistes, sind Licht in seiner höchsten Dichte. Irgendwann im Göttlichen JETZT, in dem „Zeit" keine Rolle spielt, weil sie nicht existiert, wurde das Große Spiel von Licht und Schatten erfunden. Oder gefunden, wer weiß? Es geht dabei, und es ging immer – von der menschlichen Warte der „Zeit" aus gesehen – nur um ERFAHRUNG. Um Entwicklung, Wachstum, Reifung der Seelen und schließlich um Rückkehr ins LICHT. Vom Individuum her gesehen, als voll bewusster „Lichtpunkt" oder „Tropfen im Ozean", der im Ganzen aufgeht und es durch sein Sein bereichert. Viele Seelen, so diejenigen, die ihr die Engel nennt, blieben ganz nahe beim Licht, um die anderen, die sich auf das eigentliche Spiel einließen, in verzwickten Situationen zu unterstützen. Andere gingen auf Erfahrungs-Reisen, wobei manche sich als „Lehrer im Negativen" zur Verfügung stellten. Sie erklärten sich damit einverstanden, dass ihre Schwingung sich extrem erniedrigte, wodurch sie die Verbindung zur LIEBE fast gänzlich verloren und „böse" wurden. „Böse" und dabei sehr, sehr schlau, denn sie behielten das unermessliche Wissen des Geistes. Dieses setzten sie nun aber zum persönlichen Vorteil ein und nicht zum höchsten Wohle aller.

Die Seelen, die in den vergangenen Jahrtausenden als Menschen auf der Erde inkarnierten, unterzogen sich einer ganz besonders intensiven und tiefgreifenden Schulungs-Erfahrung. Auch ich, die ich Lady Nada genannt werde und vor 2000 Jahren als Maria Magdalena verkörpert war, bin eine dieser Seelen. Darum weiß ich, wovon ich spreche… Wir willigten darin ein, die Dualität von „Gut" und „Böse" am eigenen Leibe zu erfahren in der größtmöglichen Dichte der Körperlichkeit, die es im Omniversum gibt! Auch willigten wir darin ein, über Jahrtausende hinweg in jeder neuen Inkarnation zu „vergessen", dass wir alle von Natur aus Göttliche Wesen sind. Warum? Wir gingen damit so weit, uns immer wieder in diesem Spiel zu verlieren, um die Erfahrung wirklich hautnah werden zu lassen – im wahrsten Sinne des Wortes. JETZT aber ist für ALLE diejenigen, die in der heutigen Zeit auf dem Planeten Erde zu sein beschlossen haben, die **Zeit des Großen Erwachens** gekommen! Und das bedeutet nicht zuletzt, dass du, liebe Leser*in, dich deinen eigenen inneren Dämonen stellst, damit sie ins LICHT hinein wachsen und sich transformieren können! Im Anschluss ein Erfahrungsbericht von Ayla Ines, der dir zeigt, was in einem solchen Prozess geschehen kann.

29.05.2020 (Ayla Ines)

Liebe Leser*in, ich möchte dir von einem eigenen Seelenanteil erzählen, der so finster war, dass ich manchmal nicht wusste: Handelte es sich um einen inneren Dämonen von mir, oder war es eine Fremdenergie, die mich besetzt hielt? Ich begegnete dieser Energie, wie ich heute weiß, schon seit meiner frühen Kindheit. Sie schien die Triebkraft zu sein, die mich in schwierige Situationen mit anderen Menschen hinein brachte und in diesem Zusammenhang in tiefe seelische Nöte. Im Erwachsenenalter, in den Jahren zwischen 1984 und 2003, saß sie im Zentrum von etwas, das ich das „Auflösungsgefühl" nannte. Das war eine Form von Panikattacke, während der mir das Gefühl für mein „Ich" verlorenging. Ich hatte den Eindruck, mich völlig aufzulösen, was mit Todesängsten verbunden war. Mittendrin aber saß dieser namenlose Dämon und verhöhnte und bedrohte mich: „Jetzt wirst du völlig verrückt und das bleibt bis an dein Lebensende so. Du wirst dich aus Verzweiflung umbringen!" Er behielt nicht recht, denn ich übte und lernte bei jedem neuen Angstanfall immer besser, damit umzugehen und mir selbst zu helfen! Schließlich verschwand das „Auflösungsgefühl“. Die dunkle Energie aber blieb und machte sich auf andere Weise immer mal wieder bemerkbar. Meist quälte sie mich mit sehr hässlichen und herabsetzenden Bemerkungen über andere Menschen, sodass ich mich fragen musste: „Bin das *ich*, diese abgrundtiefe Bosheit?“

Vor einigen Tagen arbeitete ich mit einer Freundin an der Erlösung von deren „fiesestem Dämon“. Stundenlang erforschten wir seine Energie und kommunizierten mit ihm. Wir fanden heraus, dass es sich um ein stark verletztes inneres Kind handelte, das eigentlich nur liebevolle Annahme brauchte. Am Abend trafen wir uns mit einer weiteren Freundin und einem Freund. Während unseres Zusammenseins stellte sich heraus, dass B.s Seelenanteil sich einen *Namen* wünschte, dessen Schwingung es ihm erlaubte, sich genährt, geborgen und glücklich zu fühlen. Es sollte ein Name sein wie *„am Abend auf einer Bank am Meer sitzen, nichts tun müssen und in den Sonnenuntergang schauen“*. Zu viert gingen wir durch einen sehr spannenden Findungs-Prozess, an dessen Ende das innere Kind freudig den Namen *Emanuel* annahm.

Dieses Erlebnis beschreibe ich darum, weil es sehr viel mit mir selbst machte! Am nächsten Morgen meldete sich nämlich mein eigener „Dämon des Auflösungsgefühls“ und ich spürte sehr deutlich, dass er sich in einer heilsamen Transformation befand. Diese hatte schon einige Tage zuvor begonnen, als ich ihm sagte: „Wenn du böse sein willst, dann sei es halt!“ Jetzt aber kam ganz klar heraus, dass es sich bei dieser Energie ebenfalls um ein inneres Kind handelte. Und zwar um ein inneres Kind, das schon im Mutterleib traumatisiert wurde! Und dieses Kind wünschte sich ebenfalls, von mir beim *Namen* genannt zu werden… Es wusste auch schon, welcher Name es sein sollte, nämlich *Alexandra.*[81] Als ich nun Alexandra mit diesem Namen begrüßte, fühlte sie sich ganz weich und wie fließend an. Später erzählte sie mir Näheres aus ihrer Erfahrung im Mutterleib:

81 Interessanterweise war *Alexander* der Namensvorschlag unseres Freundes M. für B.s Seelenanteil gewesen

„Alexandra" war der Name gewesen, den meine Seele vor meiner Inkarnation mit den Seelen meiner Eltern für mich vereinbart hatte. Unter diesem Namen hätte ich am 29.02.1949 zur Welt kommen sollen. Ich kam aber beinahe drei Wochen früher und brachte damit alle Planungen meiner Eltern durcheinander, die gerade dabei waren, ihre kleine Wohnung zu renovieren. Außerdem aber: Sie nannten mich „Ines", was eigentlich ein Verstoß gegen unseren Seelenvertrag war. Über den tieferen Sinn dieses Verstoßes möchte ich an dieser Stelle nicht sprechen, denn das würde zu weit führen. Alexandra jedenfalls hatte im Mutterleib zunächst eine Zwillingsschwester, die Andrea geheißen hätte, wenn sie geboren worden wäre. Andrea ging jedoch in der 9. Schwangerschaftswoche, was Alexandra nicht verkraftete, obwohl es vorab vereinbart gewesen war. Das Ungeborene war so verzweifelt, dass sich bei der Mutter eine Unterfunktion der Plazenta entwickelte und das Kind monatelang körperlich nur minimal versorgt war. Das war mit panischen Todesängsten verbunden. Zugleich gestand Alexandra sich nicht ein, dass sie selbst die Ursache für die Unterfunktion der Plazenta gesetzt hatte, und entwickelte einen großen Zorn gegen ihre Mutter. Am 10. Februar 1949 waren die Verzweiflung und die Todesangst des Kindes so groß, dass es die Geburt einleitete.

So war also mein Start ins diesmalige Erdenleben nicht gerade freudig. Selbstverständlich „vergaß" ich das intrauterine Trauma. Der Seelenanteil, der damit in den „Schatten" hinein verdrängt wurde, durchlebte über 70 Jahre lang immer wieder dasselbe Drama und wurde immer boshafter und schwärzer… Der Prozess seiner Erlösung muss aber schon vor längeren Jahren begonnen haben, und zwar in den Zeiten, als ich mir immer wieder selbst aus dem „Auflösungsgefühl" heraus half. Hier und heute, in den letzten Mai-Tagen des Jahres 2020, fühlt *Alexandra* sich weiter sehr weich und sehr fließend an. Das ist ein Grund zu großer Freude und Dankbarkeit!

Die Bedeutung der Christus-Marien-Energie

(Durchgegeben von Lady Maria am 15.05. und 16.05.2020)

Gott und Göttin zum Gruße, liebe Leser*in! Hier schreibt Lady Maria durch die Finger von Ayla Ines. *Lady Maria*? Wer ist denn das wohl? Besser bekannt bin ich bei den spirituellen Menschen unter dem Namen „Mutter Maria". Viele Christen, besonders die Katholiken, beten auch zur „Muttergottes", wenn sie meine Hilfe wünschen. Ich werde dir sofort erklären, warum ich mich hier, und mit großem Vergnügen, *Lady* Maria nennen mag! Es ist gar nicht so, dass ich nicht gerne Mutter wäre. Ich war sehr, sehr, sehr gerne die Mutter von Yeshua, den ihr Jesus nennt und der aus der Großen Weißen Bruder- und Schwesternschaft heraus als Sananda wirkt. Und ich bin auch gerne Mutter für diejenigen, die unter meinen Schutzmantel kriechen möchten, die Trost bei mir suchen oder Rat *(lächelt)*. Das Göttliche Weibliche, welches ich vertrete, und natürlich nicht nur ich, ist selbstverständlich auch das Mütterliche. O ja – aber doch *nicht nur*! Das Weibliche hat zahllose weitere Aspekte. Ich nenne einmal ein paar davon: die Jungfrau, die Kriegerin, die Erotische, die Wilde und Unbezähmbare, die Königin, die Priesterin, die Heilerin, die Weise Alte… Die *Lady* ist ein Unter-Aspekt der Königin, und diese ist eine Herrscherin. *Herr*-scherin? Oh, darin steckt, zumindest in der deutschen Sprache, der „Herr", und der ist ein männliches Wesen. Das Wort *„frauschen"* fürs weibliche „herrschen" gibt es nicht, aber klingt diese Neuschöpfung von Ines aus den 80er Jahren des 20. Jahrhunderts nicht wundervoll? Machen wir daraus eine *„Frauscherin"* oder eine *„Frauschin"* oder eine *„Frausche"*??? Du hast die Wahl für dich selbst, liebe Leserin!

Nun, Ines hat im Frühjahr 2014 eine Reihe von Einweihungen über Sananda erhalten. Einweihungen in eine sehr hoch schwingende Heilenergie, die bei euch Menschen als die Christusenergie bekannt ist und die von ihm Ines gegenüber auch so genannt wurde.[82] Inzwischen[83] haben Sananda, meine Schwiegertochter[84] Lady Nada/Maria Magdalena und ich über Ines bekanntgegeben, dass wir von der Großen Weißen Bruder- und Schwesternschaft diesen Namen in **Christus-Marien-Energie** zu ändern wünschen. Einfach darum, damit dem Göttlichen Weiblichen die gebührende Ehre erwiesen wird, denn diese Energie ist natürlich BEIDES, sowohl „männlich", als auch „weiblich". Und noch eine Anmerkung, gar nicht am Rande: Unter euch Menschen ist über andere Kanäle/Medien immer noch die Rede von der „Großen Weißen *Bruderschaft*". Ines war im Jahre 2014 die erste, der gegenüber Sananda den Namen „Große Weiße Bruder- *und Schwesternschaft*" mitteilen konnte. Es ist nun wirklich an der Zeit, dass diese neue „Sprachregelung", die viel mehr ist als das, bei euch flächendeckend bekannt wird!

Welches ist nun die Bedeutung und die Rolle der Christus-Marien-Energie im beginnenden Kristallinen Zeitalter und bei der Heilung und Transformation eurer Körper*in hin zur neuen Unsterblichkeit? Diese Rolle ist sehr wichtig und umfassend:

- Auf eurem Einweihungsweg in die Christus-Marien-Energie geht ihr zunächst einmal durch zahlreiche Prozesse der Heilung auf der körperlichen, der psychischen und der Bewusstseins-Ebene. Diese Heilungsprozesse werden durch die Energieübertragungen initiiert, die ihr euch selbst beim Universum „abholt".
- Einmal in Gang gesetzt, hören diese Prozesse im Grunde genommen nie auf! Durch die Einweihungen werden sozusagen Initialzündungen gesetzt, die eure „Erwachens-Rakete" unaufhaltsam in den Himmel steigen lassen…
- Der „Himmel" aber ist unendlich, das Uni-Multiversum ist unendlich. Das bedeutet, wie schon angedeutet, dass auch die Entwicklung eurer Prozesse ins Unendliche hinein geht. Mit anderen Worten, die Möglichkeiten eurer Bewusstseins-Entwicklung sowie

82 Jesus Sananda, Ines Nandi: „Die Christusenergie – Einweihungen und Praxis", Ch.Falk-Verlag, Seeon, 2015

83 Im Sommer 2018

84 O ja! Yeshua und Maria Magdalena waren vor 2000 Jahren verheiratet.

eurer körperlichen und psychischen Heilwerdung sind grenzenlos.
- Mit Bezug auf die Körper*in: Die Einweihungen in die Christus-Marien-Energie setzen die Initialzündung auch für die Prozesse eures „physischen Aufstiegs“ und der „neuen Unsterblichkeit“. Diese Energien versetzen euch schrittweise in die Lage, den neuen universellen Botenstoff „HTM“ zu entwickeln, die neue kristalline Zellstruktur eures Körpers anzunehmen und das neue Immunsystem sich entfalten zu lassen.
- Dies alles bedeutet, dass ihr mithilfe der Christus-Marien-Energie in fortschreitender Leichtigkeit selbst die Voraussetzungen dafür erschaffen könnt, eine völlig neuartige Körper*in entstehen zu lassen. Eine Körper*in, die – zu dem für jede Mensch*in angemessenen Zeitpunkt – in der Lage sein wird, Fähigkeiten wie die Teleportation, die Telekinese, die De- und Rematerialisierung zu entwickeln. Eine Körper*in, die nicht mehr auf dem alten Wege sterben muss, sondern die sich immer wieder regenerieren und auf einer „höheren“, also noch mehr feinstofflichen, Stufe erneuern kann. In welchen Formen sie dies verwirklicht, entscheidet sie selbst im Einklang mit ihrer Seele!

Fassen wir zusammen: Die Christus-Marien-Energie ist ein unschätzbar wertvolles Werkzeug auf eurem Weg ins Unbekannte und vollkommen Neue!

*Du, liebe Leser*in, bist unendlich geliebt!*
Lady Maria

Klang und Musik

(Eine Botschaft von den Plejaden)

20.03.2020

Geliebte Menschen, wir sprechen heute als Kollektiv zu euch – als Kollektiv von in einer höheren Dimension verkörperten Seelenwesen, die ähnliche Erfahrungen, wie ihr sie gerade durchlauft, schon hinter sich haben. Und wir möchten mit euch über ein Thema sprechen, das euch durchaus bekannt ist, denn von allen Künsten, die ihr ausübt, füllt die **Musik** die größten Säle, ja manchmal sogar Fußballstadien oder weite Freilicht-Gelände.

Warum ist das so? Eure Seelen wissen intuitiv um die Tatsache, dass **alles Klang und Schwingung ist.** Dass auch Farbe und Licht Schwingung sind, das weiß sogar die dreidimensionale Physik. Farbe und Licht sind jedoch auch Klang, das ist in dieser Form wahrscheinlich neu für euren Verstand. **Farbe und Licht klingen!** Ja, sprecht ihr nicht sogar selbst von *„Farbtönen"*? Das Lustige aus unserer Sicht ist, dass ihr das so sagt und euch dabei gar nicht vergegenwärtigt, wie wahr es ist: Farben *sind* Töne! Denn **jede Schwingung klingt auch.** Andererseits sprecht ihr manchmal bei einem Instrument von dessen *„Klangfarbe"*. Ihr habt recht, denn jeder Klang ist auch Farbe… In den höheren Dimensionen, in welchen wir uns bewegen, ist dies unmittelbar erfahrbar. Wir kommunizieren auch untereinander in klingenden Farben und farbigen Klängen! Hinzu kommen übrigens die heiligen Zeichen der kosmischen Ur-Lichtsprache und heilige geometrische „Muster". Wenn wir mit einem Kanal-Medium wie Ayla Ines „sprechen", „übersetzt" das menschliche Hirn unsere komplexen Signale in eure lineare Sprache der dritten Dimension.

Kommen wir zurück zum Klang. Er ist es, der eure Seelen und auch eure Körperwesen in Schwingung bringt. In heilsame hohe Schwingung oder auch manchmal, wenn es sich um laute, aggressive Musik handelt, in niedrige, eher destruktive Schwingung. Wenn ihr ein Werk der bildenden Kunst betrachtet, sind es die *Töne*, die von ihm ausgehen, die euch am meisten ansprechen. Ein Gemälde zum Beispiel kann euch allein schon durch seine Farbgebung in Freude versetzen, aber auch in Trauer oder gar Depression.

Was nun die „eigentliche" **Musik** betrifft, denn in eurem Bewusstsein sind die Bereiche der Künste ja noch häufig getrennt, so möchten wir euch auf eine bedeutsame Tatsache hinweisen: Es ist die 432-Hertz-Musik, die eure Herzen am meisten berühren und heilen kann! Die Frequenz 432 bezieht sich auf die Schwingung des sogenannten Kammertons A, und diese Schwingung ist nicht nur identisch mit der Frequenz des Herzschlags eurer Erde, sondern es ist auch eine Frequenz, die im gesamten Universum von allergrößter Wichtigkeit ist. Leider einigten sich bei euch zur Zeit des Nationalsozialismus im 20. Jahrhundert die politischen und Musik-Autoritäten auf die Vorschrift, dass weltweit alle Instrumente auf einen Kammerton A in der Frequenz 440 Hertz gestimmt werden sollten. Eine solche Musik aber kann nicht ihre volle Heilwirkung entfalten – es sei denn, ihr **transformiert** sie beim Anhören mittels eurer **Absicht**. Das könnt ihr jederzeit vollbringen, einfach auf der Grundlage der Tatsache, dass ihr multidimensionale schöpferische Wesen seid. Ihr braucht dazu auch gar keine Musiker*innen zu sein. Alle Musiker*innen aber, die dieses lesen, rufen wir dazu auf: **Wandelt eure Instrumente in Träger und Vermittler der Frequenz 432 Hz um!** Es genügt, wie gesagt, eure klar gesetzte Absicht. Bezüglich eurer menschlichen Stimme können wir euch mitteilen, dass sie ohnehin immer in der kosmischen Schwingung ist – wie sollte es anders sein?

Wir geben euch hier als Beispiel noch eine Internet-Seite an, über die ihr euch weiter informieren könnt – recherchiert gerne weiter selbst zu diesem Thema! Es ist so wichtig, dass ihr von Informations-Konsument*innen zu aktiven Forscher*innen werdet…

https://bewusst-vegan-froh.de/432-hertz-und-440-hertz-die-auswirkungen-von-frequenzen-und-musik-auf-unser-bewusstsein-und-gesundheit/

Wir grüßen euch, wir segnen euch, und wir sind immer an eurer Seite!

Eure Sternen-Geschwister von den Plejaden

432 Hz – der Urklang

(von Birgit Brahner)

Im vorstehenden Beitrag, der Botschaft von den Plejaden, wird auf die große Bedeutung von Klang und Musik hingewiesen und erklärt, dass jeglicher Klang auf Schwingungsfrequenzen beruht. Ich selbst beschäftige mich schon seit längerer Zeit mit den Frequenzen, vor allem fühlte ich mich immer wieder intuitiv zur 432 Hz Frequenz hingezogen. Ich höre am liebsten die Klang Version von www.buddhacode.de.

Während meiner persönlichen Entwicklung und Entfaltung hin zur Verbindung mit dem Christus-Marien-Bewusstsein, welches ich durch Ines und ihre Bücher kennenlernen und erfahren durfte, wurde ich immer tiefer in die Herzheilung geführt.

In einer Meditation in Verbindung mit Mutter Erde wurde mir die Frequenz 432 Hz erlebbar und spürbar gemacht. Sofort habe ich realisiert, dass diese Frequenz auch der Frequenz meines heiligen Raumes im Herzen entspricht, dem s.g. Sinusknoten, ein luftleerer Raum, 100 Grad heiß, welcher auch in der Medizin bekannt ist als HOT SPOT.

Ich visualisierte ebenso eine stehende 8 in der oberen Schleife mein Herz, in der unteren Schleife das Herz von Mutter Erde. Was für ein Erlebnis! Die Energien sind einmalig. Ich bin verbunden von Herz zu Herz mit Mutter Erde. Die weitere Verbindung mit einer stehenden 8 – oben die Schöpfungsebene und unten mein Herz – komplettierte die Vereinigung. Ich bin verbunden von Herz zu Herz mit der Urquelle allen Seins – der Schöpfungsebene. In dieser Verbindung entsteht eine Herzkohärenz mit einem tiefen Gefühl von Demut, Dankbarkeit, Mitgefühl und Glückseligkeit.

Dieses Gefühl der All-Einheit möchte ich nicht mehr missen. Bei täglicher regelmäßiger Anwendung reagiert der Körper mit einem intensiven Kribbeln, ein inneres Feuerwerk.

Von Natur aus bin ich ein offener und neugieriger Mensch, und eines Tages machte ich mich zusammen mit meiner geistigen Führung und meinen spirituellen Eltern, St. Germain und Aquaria, der Göttin des Wassermannzeitalters, auf die Suche nach meinem Ursprungsplaneten.

Ich dachte, oh ja, jetzt treffe ich meine Zwillingsschwester, die auf der Venus lebt und mich aus dieser Ebene begleitet und unterstützt, damit ich hier im Irdischen meine Seelenaufgabe leben kann. Doch der Weg führte vorbei an der Venus und vielen weiteren Planeten, bis wir schließlich einen Planeten des Sirius erreichten.

Wir wurden freudig von einem Ältesten und weiteren Bewohnern begrüßt, die mich sofort in die Arme schlossen. Alles war ätherischer und lichter als auf der Erde. Unbeschreiblich die Landschaft und die Gebäude. Vor allem das Gefühl angekommen zu sein und eine tiefe Vertrautheit durchströmten mich.

Meine Neugierde war groß und ich bat mir zu zeigen, wo meine Wirkungsstätte war.

Ich wurde in einen Tempel aus schönstem Marmor geführt und ich bekam Einblicke über mein Leben aus damaliger Sicht. Ich sah, dass ich Kinder unterrichtete, um sie mit diversen Heilmethoden vertraut zu machen. Sofort musste ich lachen und fragte: „Ist dies alles? Mit was habe ich mich sonst noch beschäftigt?" Plötzlich hielt ich ein Instrument in der Hand, welches ich wohl gespielt hatte. Es war aus Kristallglas und beim Spielen durchströmte der Klang weich und sanft meinen Körper. Jede Zelle ging mit dieser Erinnerung in Resonanz.

Nach der Meditation wollte ich herausfinden, ob es auf der Erde solch ein Instrument gibt. Ich forschte und wurde fündig. Bereits die erste Seite, die ich aufrief, ein Treffer! Ich dachte, das ist Führung aus höchster Ebene: Kristallklang – eine kleine Manufaktur in der Rhön. Auf YouTube konnte ich die Klangprobe eines Instrumentes anhören, und was soll ich sagen, es klang genau so, wie ich es auf meiner meditativen Reise mit meinem Bewusstsein erlebt hatte. Gänsehaut. Sofort wusste ich, das ist mein Instrument, da muss ich hin.

Ich rief an und vereinbarte einen Termin. Die Anreise und das erste Kennenlernen war magisch. Ich hatte das Gefühl, die Menschen bereits lange zu kennen, dies beruhte auf Gegenseitigkeit. Die Emotionen sprudelten und Tränen flossen. Die Instrumente werden individuell auf den Kunden abgestimmt und vor Ort endmontiert. Jedes kleinste Detail wurde auf mein Wesen harmonisiert.

Ich habe mir eine Kristallsphäre 432 Hz – die Quersumme 9 steht für die Vollendung, ausgesucht, da ich um die Bedeutung dieser Frequenz wusste. Das Instrument: ein Holzrahmen aus Nussbaum hell und mit Röhren, die aus der Essenz von Bergkristall gefertigt sind. Man stellte mir jedoch die 440 Hz Röhren vor, mit der Begründung, dass dies die gängigste Variante sei. Die Endmontage begann und die ganze Zeit über, während ich zuschaute, dachte ich an die 432 Hz, konnte aber nichts sagen. Es wurden noch kleine Mineralperlen eingearbeitet, die mich bei meiner Arbeit mit dem Instrument unterstützen sollten. Bei der Übergabe fühle sich alles gut an und ich machte mich freudig auf den Heimweg. Im Auto jedoch schimpfte ich mit mir selbst: Warum habe ich nichts entgegengesetzt und auf der Herzfrequenz bestanden? Die Gedanken kreisten.

Zu Hause angekommen hatte ich sofort den Impuls mit der Schöpfungsebene in Verbindung zu treten und zu kommunizieren. Ich wollte etwas über den Unterschied der Frequenzen erfahren und deren Bedeutung aus der höchsten Ebene.

Mit nachfolgender weitreichender Botschaft für die Menschheit wurde ich bereichert:

432 Hz ist die Urfrequenz des Kosmos und der Schöpfungsebene. In Verbindung mit Ihr sind wir mit Allem was IST verbunden. In vorstehendem Bericht der Plejaden wird die Manipulation über die 440 Hz bereits dargestellt. Zusätzlich wurde mir ein Bild mit der Botschaft gezeigt, dass diese Frequenz, wie in nachfolgender Skizze abgebildet, die Anbindung an die geistigen Ebenen bewusst durchtrennt.

Für mich wurde der Raum geweitet und ich verstand die Tragweite dieser Botschaft,

wie die Menschheit all die Jahrzehnte auf diese Art und Weise manipuliert und somit geknechtet wurde. Die ganzen damit zusammenhängenden Emotionen wie Wut, Hass, Verzweiflung uvm. waren auf einmal in meinem Körper präsent und wollten wahrgenommen, gefühlt und letztendlich von dieser Tyrannei erlöst werden.

Schritt für Schritt schmolzen die negativen Energien ins Herz und wurden mit der bedingungslosen Liebe transformiert.

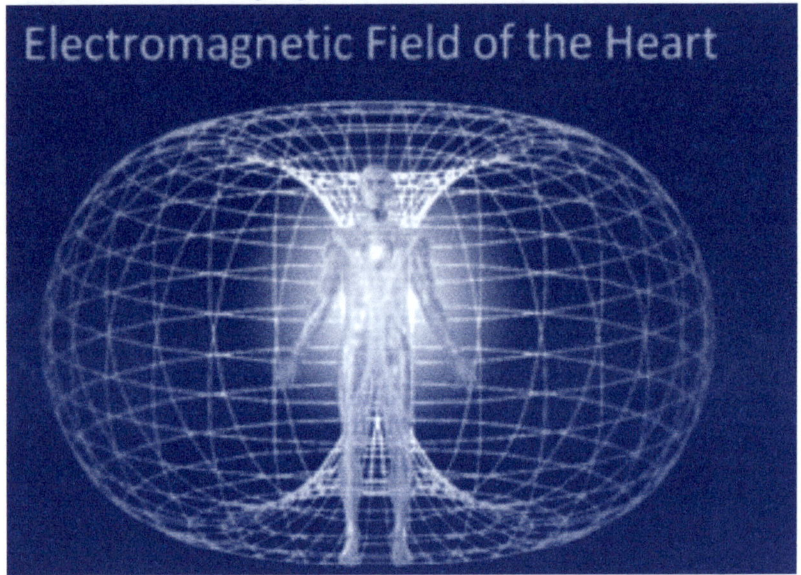

Erklärung zu vorstehendem Bild: Das elektromagnetische Herzfeld ist 5000 mal größer als das des Gehirns.

Entlang unserer Wirbelsäule verläuft die s.g. Kundalini (Pranaröhre).

Durch sie strömt die Energie vom Zentrum der Mutter Erde durch unsere energetischen Wurzeln in unsere Füße und ins Wurzelchakra in den Energiekanal Kundalini. durchfließt den Körper und tritt aus dem Kopf (Kronenchakra) aus.

Von der Schöpfungsebene fließt die Energie von oben in unseren Körper ein und durch das Wurzelchakra aus.

Beides wie ein Springbrunnen. Die Energien sind nicht gegenläufig, sie durchdringen und durchmischen sich im heiligen Raum des Herzens.

Mit dieser Anbindung sind wir verbunden mit Allem was IST. Das elektromagnetische Feld wird umschlossen von unserer Aura, dem Lichtgitternetz des Körpers. Die Meridianlinien sind wiederum verbunden mit dem Lichtgitternetz von Mutter Erde und weiter mit dem Kosmos.

Diese Anbindung ist bereits im Mutterleib angelegt in der göttlichen Ordnung und endet mit dem physischen Tod. Die meisten Menschen begreifen es anfänglich schwer, doch lenken wir erstmal unsere Aufmerksamkeit und unser Bewusstsein dahin, wo die Energien fließen, sind sie erfahrbar und der Mensch erkennt, dass er ein göttliches Wesen ist mit aller Kraft und Macht, die es wieder zu erlangen gilt.

Die oben dargelegte Manipulation mit 440 Hz bewirkt folgendes:

Während wir die 440 Hz Musik oder Beschallung jeglicher Art in dieser Frequenz hören, wird die von unten aufsteigende Energie zwar noch durch das Herz geleitet, tritt jedoch sofort danach am Hals nach vorne wieder aus. Die Anbindung an die geistige Ebene wird somit unterbrochen bzw. blockiert. Der ursprüngliche Energiefluss wird somit manipulativ beeinträchtigt. Auch unsere Emotionen können sich dadurch ins Negative verändern.

Nun, liebe Leser*in, kannst du dir vorstellen, was dies bedeutet und was es mit jedem einzelnen Individuum macht? Jetzt brauchen wir uns nicht zu wundern, warum es uns immer noch schwer fällt uns daran zu erinnern, was und wer wir wirklich sind. Gott sei Dank erleben wir gerade eine neue aufregende Zeit, die uns mit diesem vorliegenden Buch noch weiter unterstützend hin zu Licht und Liebe führt, so wir es uns erlauben.

Ja, liebe Leser*in, natürlich konnte ich unter diesen Umständen die 440 Hz Röhren nicht behalten. Mir zog sich der Magen zusammen und ich meldete den Umtausch an. Gesagt, getan. Nachdem ich dann erklärte warum dies so sein sollte, erwiderte der Hersteller, dies sei die erste Erklärung, die sich auch für ihn stimmig und realistisch anfühlte, gegenüber all den bisherigen Berichten, welche man im Internet zu lesen bekommt.

Ich bin überglücklich meinen Impulsen gefolgt zu sein und fühle mich unendlich bereichert um diese neue Erkenntnis, die ich – so der Auftrag – in die Welt bringen darf. In der Zwischenzeit habe ich bereits wundervolle Erfahrungen mit meinem Instrument sammeln dürfen.

In großer Demut ein herzliches Dankeschön an meine lichtvollen Begleiter!

(Anmerkung von Ayla Ines am 26.05.2020)

Heute flog mir dazu aus dem Feld der folgende Satz zu:

„Die höchste Eigenschaft des Herzens ist die LIEBESINTELLIGENZ"

Selbstheilung und Lebensmusik

(von Otto Lichtner)

Bevor ich auf die Wirkung der Lebensmusik und die Formel zur Selbstheilung, die mir ein Musikerkollege geschenkt hat, näher eingehen werde, möchte ich die Geschichte erzählen, wie ich zu meiner Berufung als Musik-Medium gekommen bin.

Mit 6 Jahren erhielt ich Klavierunterricht und wechselte mit 8 Jahren über zum Geigenunterricht, der über einen strengen Lehrer zwar Technik und Notenspielen förderte, jedoch selten die Spielfreude und den kreativen Ausdruck in mir weckte.

Als Jahre später ein Austauschschüler aus Amerika bei uns zu Besuch war, erlebte ich zum ersten Male, wie es sich anfühlt, wenn ein Musiker mit der Musik verschmilzt. Denn er übte am Klavier Ragtimes von Scott Joplin und ich konnte nur darüber staunen, mit welcher Leichtigkeit sich sein Können täglich verbesserte und dabei immer die Freude am Spielen im Vordergrund stand.

Dies war der Funke, der zu mir übersprang, und ich fing selbst wieder das Klavierspielen autodidaktisch an, nachdem ich die Ragtime Noten von unserem amerikanischen Freund bei seiner Abreise förmlich erbettelt hatte.

Auch wenn in den nächsten Jahren weiterhin die Noten aus den verschiedensten Genres, von Klassik, Chansons, Pop, Blues, Rock´n´Roll und Tanzmusik, als Vorlage dienten, so entdeckte ich immer öfter, dass kleine Melodien und Stücke aus der Welt der Eigenkomposition mein Repertoire bereicherten, die dann später zu vielen CD-Produktionen führten.

Als nach der Schule der „Ernst des Lebens" mit einer Schreiner-Ausbildung startete und in den darauf folgenden Jahren noch etliche weitere berufliche Versuche in den verschiedensten Branchen scheiterten, war es doch immer das Klavierspielen, das mich mit Konzerten und Auftritten bei Hochzeiten, Geburtstagsfeiern und in Hotelbars über Wasser hielt.

Bei einem dieser Auftritte in einem Einkaufszentrum sollten dann 2003 die Weichen für ein ganz anderes Musizieren gestellt werden, als eine weise Frau an den Flügel trat und mir prophezeite, dass ich eines Tages „Heilmusik“ machen werde.

Dank ihrer Hilfe und ihrem Glauben an meine Gabe, begann eine Zeit des Experimentierens mit Chakren, Stimmgabeln und dem freien Spiel ohne jegliche Vorgaben.

Die ersten Probanden legten sich vor das Klavier und ich lernte, mich nur noch auf meine Intuition einzulassen und mich ohne Kompositionsideen oder gelernte Musikstücke ganz dem Schwingungsfeld der Person zu öffnen.

Anfangs war dies für mich immer ein Prozess, der mir schweißnasse Hände bescherte, da mein Verstand daran zweifelte, dass ich wirklich die Schwingung einer Person in Klaviertöne übertragen kann. Doch je öfter ich über das Feedback meiner Probanden erfuhr, dass sie sich tatsächlich in „ihrer“ Musik wiederfinden konnten und dabei zum Teil auch körperliche Erfahrungen machten, um so mehr wuchs mein Vertrauen, dass diese Art von Klaviermusik wirklich funktionierte.

So fasste ich meinen ganzen Mut zusammen und ging 7 Jahre später mit dem Namen „Lebensmusik“ an die Öffentlichkeit und fing an, Lebensmusik-Kompositionen zu erstellen. Diese persönliche Komposition, die zwischen 10 bis 20 Minuten lang ist, wird live auf eine CD aufgenommen und hat damit den großen Vorteil, dass sie täglich angehört werden kann.

Ich durfte dabei entdecken, dass die Menschen durch dieses ganz persönliche Schwingungsfeld mit ihren ureigensten Potenzialen in Berührung kommen und Heilungsprozesse auf den verschiedensten Ebenen aktiviert werden.

Selbstheilung

An dieser Stelle möchte ich auf die direkte Bedeutung des Wortes „Selbstheilung“ eingehen, denn ich bin überzeugt davon, dass wir als bewusste Menschen in jeder Situation die Fähigkeit haben, uns selbst zu heilen oder, in anderen Worten ausgedrückt, bereits in jedem Moment unseres Lebens heil sein können.

Auf dem Weg zu diesem optimalen Seins-Zustand erfahren wir immer wieder, dass Themen auf körperlicher oder psychischer Ebene wie Steine vor uns liegen können und damit die Chance bieten, tiefe Bewusstseinsprozesse zu erleben, wenn wir bereit sind, diese anzunehmen.

Gleichzeitig bekommen wir die Möglichkeit, Personen kennenzulernen, die uns mit ihren Fähigkeiten für unseren eigenen Weg inspirieren und uns dabei helfen.

Bei einem Kongress, an dem ich mit zu einem Vortrag über die Lebensmusik eingeladen war, erhielt ich in der Pause von einem geschätzten Musikerkollegen folgende Formel, die mir nach Jahren des Praktizierens als Medium die Möglichkeit gab, den Weg zur Heilung in Worte zu fassen:

Intension + Gefühl + Frequenz = Heilung

Intension

Beim Nachschlagen des Wortes „Intension" fand ich folgende Erklärung im Lexikon: „Anspannung der inneren Kräfte, erhöhte innere Wirksamkeit" und kommt aus dem lateinischen intensio = Spannung.

Daher kann sich jeder, der in seinem Leben etwas geheilt haben möchte, z.B. in den Bereichen Gesundheit, Beziehung, Berufung, Seelenheil etc., die Frage stellen, welche Intension hinter dem Wunsch steht? Wie kann eine hohe, innere Wirksamkeit dafür entstehen?

In meinem Fall habe ich vor jeder neuen Lebensmusik-Komposition die Intension, dass ich mich als völlig freien Kanal zur Verfügung stelle, damit nur die Informationen aus dem persönlichen und ureigensten Feld des Klienten in die Musik fließen.

Gefühl

Ist die Intension klar und deutlich fokussiert, kommt es zu der Frage, mit welchem „Gefühl" der Wunsch nach Heilung begleitet wird. Hier dürfen unser Verstand und unser Herz an einem Strang ziehen und mit einem größtmöglichen Repertoire an wunderbarsten Gefühlen den Heilungsprozess begleiten.

Viele Menschen haben mir geschrieben, dass sie anfangs darüber überrascht waren, dass die Tonfolgen ihrer Lebensmusik ungewohnt harmonisch klangen und sie sich nach ein paar Tagen regelrecht darin verliebt haben.

Frequenz

Kommen wir zum dritten Aspekt dieser wundersamen Formel: die „Frequenz“.

Im direkten Sinne kann die Frequenzhöhe der Musik, z.B. ist mein gutes, altes „Seelenklavier“ auf 432 Hz gestimmt, eine zusätzliche heilende Wirkung auslösen. Hier freut es mich, dass in diesem Buch ausführlich auf dieses Thema eingegangen wird.

Im übergeordneten Sinne dürfen wir uns die Frage stellen, in welchem Frequenzfeld befinde ich mich? Möchte ich z.B. meinen inneren Frieden finden und dieses Feld heilen, habe jedoch in meinem Umfeld streitsüchtige Personen versammelt, dann wäre es ratsam, dieses Spiegelbild im Außen als eigenen Aspekt anzunehmen und sich dann zu fragen, wie das innere Friedens-Frequenzfeld erhöht werden kann. Ein langer Spaziergang im Wald oder wohltuende Musik können wahre Wunder bewirken.

Ein weiteres Merkmal der Frequenz ist, dass wir alle unser eigenes Kraft- und Frequenzfeld besitzen. Über dieses Frequenzfeld ist es uns sogar möglich, in telepathischen Kontakt zu treten oder über weite Entfernung Stimmungen und Gefühle wahrzunehmen.

Nach einiger Zeit stellte ich fest, dass es für mich auch möglich ist, nur anhand eines Fotos und Namens eine Lebensmusik mit dem Frequenzfeld der betreffenden Person zu komponieren.

Eigenermächtigung

Aus meiner langjährigen Erfahrung durfte ich schließen, dass für die höchste Wirksamkeit auf dem Weg der Heilung immer das Bewusstsein zur Eigenermächtigung eine tragende Rolle spielt.

Hier gilt es, ein feines Gespür dafür zu entwickeln, was wirklich der Eigenverantwortung entspricht. Viele Konditionierungen und Gedankenmuster können hier entdeckt werden, die nichts mit dem wahren Seelenkern zu tun haben. Je mehr hier auf den Grund gegangen wird, um so mehr Freiheit können wir erlangen.

Auch hier darf anfangs der Verstand an dem Schalthebel zur Eigenermächtigung sitzen, bis das Herzzentrum über die gemachten Erfahrungen ganz automatisch das Ruder übernimmt.

Daher sehe ich meine Berufung darin, Hilfestellung zu geben zur Eigenwahrnehmung sämtlicher Potenziale, die uns ermöglichen, unseren inneren Heiler zu aktivieren und unsere persönliche Seelen-Entwicklung auf eine neue Bewusstseinsebene anzuheben.

Dabei wünsche ich den Lesern und Leserinnen von ganzem Herzen viel Freude auf dieser wundervollen Entdeckungsreise.

Singe dich frei

(Auszug aus: Ines Nandi, „Transformation – Achterbahn in die Selbstliebe“, S. 88-92, erschienen im Dezember 2918)

Die Anregung von Erzengel Chamuel, mein kleines Lied[85] hier einzubringen, inspiriert mich zu einem neuen Kapitel: Ich möchte über das Singen schreiben und herausfinden, was es mit der Schwingung der Selbstliebe zu tun hat. Jetzt meldet sich hierzu meine eigene SEELE und möchte uns Wichtiges übermitteln:

Die SEELE Ines:

Ihr Lieben, ICH BIN Ines, ein Geistiges Wesen, das eine menschliche Erfahrung durchläuft. Ja, ICH BIN dieser Mensch hier, denn ICH, diese SEELE, habe mich hier inkarniert, um eine menschliche Erfahrung zu durchlaufen. Ich bin in diesen Wochen – und besonders am heutigen „geschenkten Tag“, dem 29. Februar 2016 – dabei, immer tiefer in die Materie, in MEINEN physischen Körper, hinabzusteigen, um ihn zu transformieren. Und ja, in diesem Prozess ist das SINGEN ein so sehr, sehr wichtiger Bestandteil!

Vor einiger Zeit habe ich einmal Ines, dem „kleinen“ Menschenich „Ines“, mitgeteilt, dass ich ein Wesen aus Musik bin. Sie war ein wenig erschrocken, denn sie meinte, sie selbst sei doch nicht so besonders „musikalisch“. Was habe ich aber wohl damit gemeint? Nun, ALLES ist Schwingung! Das gesamte Omniversum ist Schwingung, alle Wesenheiten sind Schwingung, alle unsere Ausdrucksformen sind Schwingung. Und was ist Schwingung anderes als eben MUSIK? Ja: Alles-Was-Ist ist MUSIK! Und also BIN auch ICH Musik, und das darfst du durchaus wörtlich nehmen, mein lieber Menschenengel, der oder die du dieses jetzt gerade liest! WIR ALLE verströmen Musik einzig schon durch unser SEIN, und wenn du HÖREN könntest, wirklich HÖREN, dann würdest du meine Musik vernehmen! Ines übrigens kann meine Musik vernehmen, und zwar durch die Vermittlung eines wundervollen Kompo-

85 „Die Liebe deines Herzens“, zitiert im vorangegangen Kapitel von „Transformation“

nisten und Musikmediums, Otto Lichtner.[86] Von ihm hat sie kürzlich ihre ganz persönliche „Lebensmusik" erhalten, ein Klavierstück von knapp 20 Minuten Dauer, das genau MEINE Klänge physisch hörbar macht. Ein großartiges Geschenk, das sie sich selbst gemacht hat!

„Und was hat Musik mit LIEBE zu tun?", höre ich dich jetzt fragen. Oh, sehr, sehr viel, genauer gesagt, ALLES! Musik IST Liebe! Denn Musik ist der AUSDRUCK der Göttlichen Schwingung, die LIEBE IST! Und damit ist Musik sehr zu Recht diejenige Kunst, die bei den Menschen die größten Säle füllt…

Übrigens, Sprache und Malerei/bildende Kunst sind selbstverständlich ebenfalls Göttliche Schwingung, aber die Musik ist ihr unmittelbarster Ausdruck!

Nun zum Ausgangs-Thema, dem SINGEN: Nicht jeder Mensch kann ein Instrument spielen, und nur sehr wenige beherrschen das ihre in Vollkommenheit. Aber jeder Mensch kann singen! Jetzt sagst du vielleicht, dass du persönlich keinen „Ton halten" könnest? Das macht überhaupt nichts! Auch du kannst singen. Warum? Du hast Stimmbänder, du kannst mit Mund und Lippen Töne formen, auch wenn sie angeblich „schief" klingen, und du hast deinen Körper als „Resonanzkasten". Mit anderen Worten: DU SELBST bist ein vollkommenes Musikinstrument!

Und was geschieht, wenn du singst? Du bringst deinen ganzen Körper zum Klingen, du wirst selbst zu Musik! Mit anderen Worten, du drückst DICH SELBST auf die vollkommenste Weise aus, die dir möglich ist! Dabei ist es völlig gleich-gültig, ob du ein altes Volks- oder Kinderliedchen singst oder einen Pop-Hit, oder ob du dich im Rap versuchst, ob du ein Mantra wiederholst, oder das „Tönen" übst, oder ob du frei improvisierst, also deine ganz eigenen Melodien entwickelst. In jedem Falle BIST du Musik, wenn du singst.

Ines hat als Überschrift dieses Kapitels den Satz gewählt: „Singe dich frei". Wahrscheinlich möchtest du nun wissen, mein lieber Menschenengel, was es eigentlich damit auf sich hat, denn ICH, die SEELE Ines, sage dir, dass dieser Satz die Wahrheit ganz genau trifft. Nun, ich

86 www.lebensmusik.net

erklärte dir, dass die Musik der vollkommenste Ausdruck der Göttlichen Schwingung, also der LIEBE, ist. Und es besteht ein sehr tiefer innerer Zusammenhang zwischen der FREIHEIT und der LIEBE. Freiheit ist Weite, unendliche Weite des Bewusstseins. Freiheit ist nur in der LIEBE möglich, und die LIEBE kann sich in ihrer wahren Gestalt nur durch die Freiheit und in Freiheit ausdrücken! Wenn du, mein lieber Menschenengel, nun hingehst und DICH SELBST im Singen ausdrückst, dann beförderst du in einem sehr nachhaltigen und er-freu-lichen Sinne den Prozess deiner eigenen Selbst-Befreiung! Ja, die FREUDE kommt dabei ebenso mit ins Spiel wie der innere FRIEDE. Wenn du deine Singstimme erschallen lässt, wenn du dich wirklich-wirklich für sie öffnest, wenn du deinen Mund weit öffnest, deinen Brustkorb weitest und aufrecht sitzend oder stehend oder dich bewegend singst, dann befreist du dich selbst auf die natürlichste und einfachste Weise, die du dir nur vorstellen kannst. Probiere es doch einmal aus! Und wenn du dich vor deinen Mitmenschen oder vor deinem Partner oder vor deiner Familie „genierst", dann ziehe dich ins stille Kämmerlein zurück und singe dort. Oder, noch schöner, gehe hinaus in die Natur, ins freie Feld oder in den Wald und singe.

Nun übergebe ich wieder an den – gar nicht mehr so „kleinen" Menschen Ines. Du bist unendlich geliebt!

Die SEELE Ines

Ines:

Danke, meine allerliebste Seele! Während du mir den letzten Abschnitt übermittelt hast und auch jetzt noch, läuft eine CD mit Gesang und Instrumental-Begleitung: „Ein Hauch von Ewigkeit" von „Terra Musica & Friends". [87]Das sind Otto Lichtner, seine Frau Kirsten Feierabend (die Sängerin der Gruppe), zusammen mit einigen befreundeten Musikern. Kirsten hat mich bei einem Telefonat vor einigen Wochen dazu ermutigt, meine Stimme zu befreien, indem ich sie einfach singen lasse, was sie möchte. Das tue ich nun – gelegentlich. Ich

87 www.terramusica.net

muss zugeben, dass es nicht meine hauptsächliche Beschäftigung ist. Es ist (noch) nicht zu meiner Leidenschaft geworden. Aber immerhin: zwei kleine Lieder sind schon entstanden. Das eine habe ich schon zitiert. Eigentlich heißt es ja: „Die WEISHEIT deines Herzens...“, aber man kann und darf ja in voller Freiheit Wörter oder auch Textteile austauschen, wenn es gerade passt... ICH BIN SO FREI!

„Die Weisheit deines Herzens...“ habe ich inzwischen schon einigen Klienten in meiner Lebensberatung vorgesungen und auch den Teilnehmern eines Webinars. Das zweite

Liedchen werde ich ebenfalls in meiner Arbeit mit anderen Menschen einsetzen. Ich bringe es an dieser Stelle jetzt auch ein:

„Ich gehe einen neuen Weg, / beschreit ihn ohne Furcht. / Betrete einen schmalen Steg, bin mutig, durch und durch. / Der Weg ist weit, ich bin bereit, / ihn täglich neu zu gehn. / Und meine Seele ist bei mir, / sie hilft mir zu verstehn.“

Bei beiden Liedern war zuerst nur die Melodie da, und zwar über einige Tage, bis sich dann jeweils der Text dazu einstellte. Danke, liebe SEELE, für die Übermittlung!

Ich kann noch nicht sagen, wohin mich mein eigenes Singen einmal führen wird, aber sicher ist, dass meine Seele nicht darin nachlassen wird, mich immer wieder dazu zu ermuntern! Lausche auch DU, lieber Menschenengel, auf deine Seele! Sie wird bei dir anklopfen und dich ebenfalls zum Singen einladen!

Nachtrag:

Ich schreibe hier auch noch den Text von Liedchen Nr. 1 hinein:

„Die Weisheit deines Herzens lebt / tief drinnen in dir versteckt. / Die Weisheit deines Herzens wirkt, / hast du sie erst einmal entdeckt!

Folge deinem Herz, ganz ohne Schmerz, / und spüre seinen Mut! / Wenn du stets deinem Herzen folgst, / dann geht es dir fortwährend gut!“[88]

---

88 Beide Lieder, und noch einige weitere, gibt es inzwischen auf YouTube, wo ich einen eigenen Kanal habe: https://www.youtube.com/channel/UCwtGqJLLLZYfyfm81jgvT6w. (Oder einfach bei YouTube *Ines Nandi* eingeben)

Schüttele dich frei

(von Ayla Ines)

14.05.2020

Heute möchte ich dir noch einen Weg der Selbstbefreiung – und damit auch Selbstheilung – vorstellen, der uralt ist. Es war unter anderem der spirituelle Lehrer Osho, der ihn im Westen bekannt gemacht hat. Die junge Frau, durch die ich zuerst vom Schütteln erfahren habe, hat es aber anscheinend ganz eigenständig für sich selbst entdeckt. Sie heißt Ilan Stephani und bezeichnet sich als Körperforscherin. Ich finde diesen Weg so spannend und so wichtig, weil er ganz direkt und unmittelbar über unsere Körper*in verläuft – und diese ist schließlich die Hauptperson in diesem Buch! Ilan sagt übrigens in dem Online Kongress, wo ich sie kürzlich im Interview erlebte, dass vier Mal so viele Impulse vom Körper nach oben zum Kopf verlaufen als auf der anderen Seite Impulse vom Gehirn nach unten an den Körper gehen. Es sei also nicht zutreffend, wie immer behauptet werde, dass das Gehirn dem Körper Anweisungen gibt, wo's langgeht – vielmehr sei es letztendlich genau umgekehrt.

Was bedeutet das für uns?

Wir können Energien in den Fluss bringen, feststeckende Emotionen, alte Blockaden, Verhaltensmuster und Glaubenssätze auflösen, indem wir uns mehrmals am Tag für einige Minuten kräftig schütteln. Dies ist auch ein äußerst effektiver Weg, um zu einem lebendigen Körpergefühl zu finden und damit zu dauerhafter, tiefer Lebensfreude! Unsere Körper*in wird frei, unsere Gefühle können kommen und auch wieder gehen, unser Geist klärt sich, wir leben immer mehr im Jetzt!

Wir alle sind bisher, ob uns das nun bewusst ist oder (noch) nicht, mehr oder weniger stark verkopft und handeln nach dem Diktat unseres Verstandes, der wiederum so programmiert ist, dass er uns vorschreibt, was sich nach den Regeln der Mehrheit unserer „Herde" schickt. Das haben wir, soweit wir Menschen sind, die schon zahlreiche Erdenleben hinter sich haben, in früheren Inkarnationen verinnerlicht. Der Grund: Jedes Mal, wenn wir versuchten, unser innewohnendes Licht zu zeigen und zu leben, wurden wir abgestraft. Wenn wir uns nun innerlich von all diesen Altlasten befreien, fällt es uns viel leichter, uns von der alten (Nicht-)Gemeinschaft abzuwenden und uns zu einem neuen WIR zusammenzuschließen. Und zu diesem neuen Wir von neuen Menschen gehören lebendige, glückliche Körper!

Wie geht das nun, dieses Schütteln? Ich beschreibe dir kurz, wie ich es selbst praktiziere:

- Stelle dir eine flotte, „fetzige" Musik an, die dich motiviert
- Stehe etwas breitbeinig, in den Knien leicht gebeugt
- Schließe die Augen – außer wenn dir dann schwindlig wird
- Halte den Mund offen, denn über ihn atmest du ein und aus
- Deine Arme hängen locker neben dem Körper herunter
- Und jetzt geht es los: Schütteln! Zum Beispiel: kräftig in den Knien auf und nieder wippen, dazu die Hände aus den Handgelenken heraus schlenkern lassen, die Arme aus den Schultergelenken heraus. Der Kopf darf auch mitmachen mit rhythmischem Nicken und/oder Hin- und Her-schütteln.
- Wenn du gelenkiger bist als ich, kannst du den Rumpf auch nach links und rechts sich schnell bewegen lassen
- Lasse Geräusche entstehen, wenn dir danach ist. Z.B. Stöhnen oder Wimmern, wenn Gefühle von Trauer/Schmerz aufkommen. Natürlich können es auch freudige Jauchzer sein… Auf diesem Wege löst sich viel Druck ganz einfach auf.

Ich übe das Schütteln nun seit einigen Tagen und ich bin begeistert! Jetzt schon hat sich meine Grundstimmung geklärt und ist viel leichter und freudiger geworden. Daher kann ich dir nur empfehlen: Probiere es einmal für dich selber aus! Ich finde, es lohnt sich.

Quellnymphe Astardia: Heilende Flöte

(übermittelt am 04. August 2019)

Ich Bin ASTARDIA, ein Naturwesen, ein Wasserwesen. Ihr dürft mich gerne eine „Quellnymphe" nennen, denn mein erster Wohnsitz ist ein kleiner Quelltopf im Schlosspark von Laupheim, Ines' Wohnort. Wir beide kennen uns schon seit einigen Jahren, wie ihr Menschen sagt, und es ist mir eine Ehre, euch an dieser Stelle eine Botschaft aus dem Großen FELD überbringen zu dürfen. Ich komme soeben von einer Konferenz der das LICHT auf Mutter Erde unterstützenden und mittragenden Naturwesen (es gibt auch andere), einer Generalversammlung sozusagen. Und da ich das Vertrauen von Ines genieße und ebenfalls das Vertrauen der an der Versammlung beteiligten Naturwesen, wurde ich als Übermittlerin der Nachricht ausgewählt. Es ist mir wirklich eine große und ganz besondere Ehre!

Warum ist unsere Botschaft wichtig für dieses Buch, dessen Teil sie sein darf? Nun, unsere Konferenz betraf die bedeutsame Frage, wie und auf welchen Wegen wir, die lichtvollen Naturwesen, die aufsteigende Menschheit unterstützen können, und hier insbesondere die Pionier*innen, die sich für den herausfordernden und neuen Pfad des Physischen Aufstiegs entscheiden. Vielleicht bist du, der/die du diese Zeilen liest, eine*r von ihnen?

Um gleich zur Sache zu kommen, wir haben beschlossen, auf dem Weg über Ines, die dieses Buch schreibt, heilende Energien, und das bedeutet, Energien des Friedens und der Freude, in die Welt zu senden. Wie soll das gehen? Neue Dinge brauchen neue Vorgehensweisen! Ines hat seit kurzem eine **pentatonische Indianerflöte**, die auf die **Frequenz 432 Hertz** gestimmt ist. Dies ist die Frequenz des Herzschlags von Mutter Erde. Pentatonisch bedeutet, dass diese Flöte, handgearbeitet von einem Flötenbauer auf der Schwäbischen Alb, nur fünf Grifflöcher hat, und diese sind alle auf der Vorderseite angebracht. Es gibt also kein Loch für den Daumen auf der Rückseite, wie bei den „normalen" Blockflöten. Der Flötenbauer Ulrich Becker[89] nennt seine Instru-

89 Ulrich Becker, www.floetenbau-becker.de

mente „Indianerflöten“, weil die pentatonische Flöte bei den Indianern, und auch bei anderen Naturvölkern, üblich war.

Ines‘ Flöte ist aus Eibenholz gearbeitet, und damit hat es eine ganz besondere Bewandtnis: Wie manche von euch vielleicht wissen, gelten die Eiben als Bäume des Todes und werden häufig auf euren Friedhöfen gepflanzt. Drei Eiben wachsen auch bei meinem, Astardias, Quelltopf! „Tod“ aber bedeutet nichts anderes als „Transformation“, und Transformation ist immer „Abschied und Neubeginn“. Ines‘ Eiben-Indianerflöte ist ein Transformations-Instrument! Und so werden wir, die lichtvollen Naturwesen der Erde, ab sofort und in Zukunft unserer geliebten Freundin Ines – so oft sie spielen mag – transformierende Melodien aus der Natur inspirieren, nicht mehr und nicht weniger als das! Unterschätzt diese Methode nicht, liebe Menschen. Sie ist wirkungsvoller als so manche traditionelle Meditation. Ines‘ und unsere Flötentöne werden selbstverständlich ganz „automatisch“ beim Spielen ins Große FELD eingespeist. Mit Wunder-vollen Konsequenzen, ebenso selbstverständlich. Diese Frequenzen des Lichts, der LIEBE, des Neuen Weges erreichen ab sofort auch Dich, liebe*r Leser*in, und das jedes Mal, wenn wir Ines eine Flötenmelodie inspirieren.

Ja… das ist schon alles von mir und unserer Konferenz. Es hat eine Weile gedauert, bis wir uns auf diesen einfachen und doch so effektiven Weg geeinigt hatten. Zahlreiche gute Vorschläge wurden eingebracht und nach langen Diskussionen wieder verworfen, bis ich, Astardia, schließlich auf diese Lösung kam. Ich wagte es zunächst kaum, sie in die Versammlung einzubringen, aber mein Vorschlag „zündete wie eine Bombe“, nun ja, wie eine eurer schönsten Silvesterraketen…

Nun also, liebste Ines, ich denke, du wirst ab sofort mit einer noch größeren Freude und Begeisterung die Flöte spielen als bisher schon. Deine/unsere Töne erreichen jede*n genau in dem Augenblick, in dem du sie hervorbringst. Und sie inspirieren jede*n genau zu den Gedanken, Gefühlen und Handlungen, die für sie oder ihn JETZT anstehen. Ist das nicht Wunder-bar?

Und übrigens, liebe Frau, lieber Mann, vielleicht möchtest DU gerne mitwirken in unserem Flötenkreis? Dann besorge dir doch auch eine

Indianerflöte, aus einem Holz deiner eigenen Wahl, und fang einfach an zu spielen! Du musst keine Noten kennen, denn wir schicken dir immer wieder neue Melodien – unsere Fantasie ist darin unerschöpflich, und deine übrigens auch! Lass uns der Menschheit neue Töne zeigen, lass die „Flötentöne" der alten Zeit, die den Soldaten von ihren Feldwebeln „beigebracht" wurden,[90] in Vergessenheit geraten und hilf mit, immer mehr Frieden und Freude in diese Welt zu bringen – auf dem Wege über eine der ältesten Musikformen der Menschheit![91]

PS am 14.03.2020:

Bei den **„Botschaften aus dem Quantenfeld"** ist noch ein weiterer Beitrag von mir, Astardia, zu finden. Er schließt dieses Buch inhaltlich ab.

90 Es gab in Ines' Kindheit und Jugend den nicht gerade freundlich gemeinten Spruch: „Dir werde ich die Flötentöne beibringen!" Damit waren Disziplin und blinder Gehorsam gemeint...

91 Im Urwelt-Museum in Blaubeuren auf der Schwäbischen Alb wird eine ca. 30.000 Jahre alte Flöte aus Vogelknochen gezeigt.

Die Verwendung der nicht dominanten Hand

(Ayla Ines mit Mahatma LAIRIS)

25.05.2020

Am ersten Abend des Online-Seminars „Divine Woman“ mit Katia de Farias im Mai 2020 erhielten wir aus der Geistigen Welt einen wirklich spannenden Auftrag, den ich unbedingt an dich, liebe Leser*in, weitergeben möchte:

„Verwende so oft wie es geht im Alltag deine nicht dominante Hand!“

Es geht also für Rechtshänder darum, die ständig vernachlässigte, „inkompetente“ Linke vermehrt einzusetzen, während Linkshänder ihrer Rechten Raum geben sollen. Wer beide Hände relativ gleichwertig einsetzt, aber in Arbeitsteilung, der sollte bei einer Tätigkeit jeweils die Hand verwenden, die er/sie normalerweise dafür nicht einsetzt.

Und was soll das? Was bringt mir das? Sehr, sehr, sehr viel, das kann ich, Ayla Ines, schon jetzt, nach drei Tagen Übung, bestätigen. Ich schreibe die Effekte einmal auf, wie sie mir kommen. Die Aussagen stammen zum größten Teil schon aus meiner eigenen Erfahrung, teils sind es Aussagen der Geistigen Welt durch Katia:

- Entschleunigung. Schneide einmal Obst oder Gemüse mit der ungeübten Hand. Ganz automatisch geht das viel langsamer. Du hast weniger Kraft in dieser Hand, bist kaum in der Lage, sie zielsicher einzusetzen. Und: Du wirst merken, wie sehr du aufpassen und dich konzentrieren musst, um dich nicht zu verletzen. Punkt 2 also:
- Du wirst achtsamer und handelst viel bewusster. Du erkennst dabei, wie automatisiert und unbewusst du bisher in so gut wie allen Bereichen des Alltags ge-hand-elt hast.
- In deinem Gehirn und in deiner gesamten Körper*in laufen währenddessen zahllose großartige biochemische Prozesse ab. Neue Verknüpfungen bilden sich aus, neue Wege entstehen in Hirn und Nervensystem. Zunächst wie kleine „Trampelpfade“. Diese

werden mit der Zeit zu Wegen, zu Straßen, schließlich zu Autobahnen!

- Deine Körper*in wird glücklicher, weil die Körperhälfte, die bisher wegen des einseitigen Hand-elns zu kurz kam, sich plötzlich selbst spüren kann. Die Arroganz der bisher stärkeren Seite - „ich bin allein kompetent, lass mich das machen“ - beginnt zu schwinden und sie fragt jetzt: „Darf ich dir helfen?“.
- Dein ganzes Sein wird immer lebendiger und freudiger, und das bringt einen wundervollen *Anti-Aging* Effekt! Flexibler, glücklicher Körper, flexibler Geist, glückliche Seele… altersloser Mensch!
- Mit der Zeit wird sich nicht nur in deiner Körper*in viel Neues entwickeln, sondern auch in deinem äußeren Leben, denn die neue Lebenseinstellung, die du mit dieser Praxis entwickelst, öffnet dein gesamtes System fürs Neue.

Selbstverständlich geht es darum, diese Übung nicht nur drei Tage lang durchzuführen. Die beschriebenen Langzeit-Effekte brauchen viel Wiederholung. Ein weiterer Effekt also: Du übst dich in Geduld mit dir selbst! Schließlich wirst du das wundervolle Zusammen-Spiel deiner beiden Hände, und damit deiner beiden Hirnhälften und Körperseiten nicht mehr missen wollen. Ganz gewiss wirst du dann nicht mehr zur automatisierten Einseitigkeit zurückkehren wollen – du wirst gar nicht mehr in der Lage dazu sein!

Quanten-Zahlen-Codes zur Heilung des Körpers

(aus dem Feld übermittelt im Juli und August 2019)

Vorbemerkungen:

Quanten-Heilung ist heute in aller Munde – zumindest unter den Menschen, die Bücher wie dieses lesen. Ines ist auch nicht die Erste, die imstande ist, Zahlen-Codes abzurufen. Dennoch empfehlen wir – die lichtvolle Geistige Welt – euch die nachstehend aufgelisteten Codes ganz besonders herzlich zur regelmäßigen Anwendung. **Ihr seid dabei vollständig in eurer Eigenverantwortung**, ihr könnt und dürft frei experimentieren! Zum Zeitpunkt der Abfassung dieser Zeilen liegen naturgemäß noch keine Erfahrungsberichte vor, da die Codes gerade erst übermittelt werden.

Die Codes beziehen sich auf die Stärkung der wichtigsten Körperorgane und auf die Heilung der häufigsten „Volkskrankheiten". Lebensbedrohliche Erkrankungen wie Krebs behandeln wir an dieser Stelle nicht. Es geht uns in diesem Rahmen um die Stärkung, Erhaltung oder Wiederherstellung der **grundlegenden Gesundheit** des physischen Körpers.

Übrigens... Alle diese Zahlen-Codes wirken mit der **Christus-Marien-Energie** zusammen! Genauer gesagt, handelt es sich hierbei um spezifische Anwendungen dieser Energie: Die Christus-Marien-Energie wird auf dem Wege über die entsprechenden Codes gezielt zu den betreffenden Regionen oder Stellen des Körpers geleitet.

Ein paar Hinweise zur Anwendung der Zahlen-Codes:

Die Codes werden gelesen, indem die einzelnen Ziffern jede für sich gesprochen/gedacht werden. Die Zeichen +,-, werden „plus", „minus", „Stern" gelesen, was natürlich in quantitativer Mathematik „Unsinn" ist. Es handelt sich um Qualitäten!*

Du kannst bei körperlichen Themen

1. deine Hand, bzw. Hände, segnend über den betreffenden Körperteil halten und dabei den Code denken oder sprechen

2. den Code auf einen Zettel schreiben und auf die entsprechende Stelle auflegen, bzw. wenn es sich um die Körper-Rückseite handelt, dich für eine Weile darauf legen
3. wiederum den Code auf einen Zettel schreiben und die Information in dein Trinkwasser einspeichern, indem du deine Wasserkaraffe oder dein Glas auf diesen Zettel stellst.

NB: Diese Wasser-Methode ist die sinnvollste, wenn du mehrere Themen zu bearbeiten hast, und ist auch bei der Behandlung von seelischen Themen anwendbar.

Und noch ein Hinweis: Vielleicht hast du ja eine ganze Reihe von körperlichen „Baustellen" und möchtest diese einzeln und gezielt behandeln. In diesem Falle verwendest du am besten wiederum die Wasser-Methode, und zwar folgendermaßen: Du schreibst in wöchentlichem Wechsel ein bis drei Codes zu bestimmten Themen auf den Zettel, den du zum Programmieren deines Trinkwassers verwendest.

Die Codes

Augen

545 **Stärkung der Augen** allgemein
554 Behandlung von **Kurzsichtigkeit**
387 Behandlung von **Weitsichtigkeit**
783 Behandlung des **Grauen Stars (Katarakt)**
568-47 Behandlung des **Grünen Stars (Glaukom)**
730-685 Behandlung der **Makula-Degeneration**
556 *Aktivierung des **3. Auges***

Ohren

174 bei **Schwerhörigkeit**
38745 Heilung von **Entzündungen**
25-3006 Behandlung von **Gleichgewichtsstörungen** (Innenohr)
553 Behandlung von **Tinnitus**

Herz-Kreislauf-System und Lymph-System

568	**Regulierung von Herz und Kreislauf** allgemein
454-387	Behandlung von **Bluthochdruck**
68-7	günstige Beeinflussung von **Arteriosklerose**
535	Behandlung der **Angina pectoris**
2513*845	Unterstützung der Behandlung eines **Herzinfarkts**
555-387	Günstige Beeinflussung von **Herzrhythmusstörungen**
5568-3	Unterstützung der Behandlung einer **Herzinsuffizienz**
33367	Heilung von **Venenentzündungen**
33673	Unterstützung der Behandlung einer **Thrombose**
575757	Stärkung des **Lymph-Systems**
535753	Behandlung eines **Lymph-Ödems**

Anmerkung zum Herzinfarkt: Dies kann ein lebensbedrohliches Ereignis sein; unbedingt einen Arzt hinzuziehen! Anwendung des Codes: Beide Hände auf das Herz des Patienten legen (rechts bedeckt links) und den Code wiederholt aussprechen. Dies kann auch der/die Betroffene selbst tun.

Auch eine Thrombose kann gefährlich werden. Ärztliche Untersuchung! Behandlung mit dem Code: Hände auf das Bein/die betroffene Stelle legen wie bei Herzinfarkt und den Code wiederholt aussprechen.

Verdauungssystem

776	**Magen**-Gesundheit allgemein
667	**Darm**-Gesundheit allgemein
739	Behandlung von S**odbrennen**, Regulierung der **Magensäure**
7739	Behandlung einer **Gastritis**
7739-04	Heilung eines **Magengeschwürs**
6639-4	Behandlung von **Magen-Darm-Infektionen**
769308	Behandlung von **chronisch-entzündlichen Darmerkrankungen** (z.B. **Morbus Crohn)**

Leber/Galle/Milz

668	Stärkung von **Leber und Galle** allgemein
669	Stärkung der **Milz** allgemein
557-13	Behandlung einer **Hepatitis**
555-85*14	unterstützende Behandlung einer **Leberzirrhose**
86-40-05	Ausschwemmung von **Gallensteinen**

Gehirn und Nervensystem

888	Förderung der **Hirndurchblutung**
887-934*61	Günstige Beeinflussung des Heilungsverlaufs bei **Schlaganfall**
876*639-554	Hilfe bei **Morbus Parkinson**
877*934+333	Günstige Beeinflussung des Verlaufs einer **Demenz**
886	Aktivierung des **Kleinhirns** bei **Gleichgewichtsstörungen**
891	*Aktivierung/Vergrößerung der **Zirbeldrüse***

Nieren und Blase

345-6	Stärkung von **Nieren und Blase** allgemein
3345	Heilung einer **Blasenentzündung**
354-009	Heilung von **Nieren- und Nierenbecken-Entzündungen**
557*8399	Ausschwemmung von **Nierensteinen**
33758	Günstige Beeinflussung einer **Harninkontinenz**

Hormonhaushalt

890	Stärkung der **Hirnanhangdrüse** (Regulierung des **Hormonhaushalts**, besonders der **Schilddrüse**)
547	Stärkung der **Bauchspeicheldrüse**
794	Regulierung des **Insulinhaushalts** über die **Bauchspeicheldrüse**
99738	Behandlung einer **Schilddrüsen-Überfunktion**
77983	Behandlung einer **Schilddrüsen-Unterfunktion**
57493	Günstige Beeinflussung des Verlaufs eines **Diabetes mellitus**

Hals und Atmungsorgane

749	Stärkung der **Atmungsorgane**

33789	Heilung von **Erkältungen**
5577	**Atemorgane** heilen allgemein
5676	Behandlung einer **chronischen Bronchitis**
567-675	Behandlung von **Asthma bronchiale**
567*896	Behandlung einer **Lungenentzündung**

Haut und Haare, Allergien

659	Gesunde **Haut und Haare** allgemein
559-556	Behandlung von **Bindegewebsschwäche**
6758	Behandlung von **Akne**
6597-3	Behandlung von **Ekzemen**
576*3978	Behandlung einer **Neurodermitis**
39758	Behandlung von **Tierhaarallergien**
38-25-2	Behandlung von **Hausstaubmilbenallergien**
66794	Behandlung von **Pollenallergien**
79348675	Behandlung von **Lebensmittel-Unverträglichkeiten**

Anmerkung zur Behandlung von Haut-Problemen: Die erkrankten Stellen können – zusätzlich zu anderer Behandlung, z.B. durch Arzt oder Heilpraktiker – mit entsprechend programmiertem WASSER eingerieben werden.

Wirbelsäule und Bewegungsapparat

777999333	Unterstützung der **Aufrichtung**
64703*55	Akute **Rückenschmerzen** lindern und heilen
74745*555	Chronische **Rückenschmerzen** lindern und heilen
7879-13+555	Unterstützung der Behandlung eines **Bandscheibenvorfalls**
75538-89	Behandlung von **Osteoporose**
555-555-555	bei **Unfall-Schock**
555-738-555	Unterstützung der Behandlung bei **Knochenbruch**
555-336-444	Unterstützung der Behandlung bei **Verrenkung/Verstauchung/Prellung**
57783-44	Behandlung von **Arthrose**

Entgiftung

Dieses Thema ist im Zusammenhang mit der „Reparatur“ des menschlichen Körpers von ganz zentraler Bedeutung. Es gibt heute zahlreiche gut wirksame Methoden und Verfahrensweisen; aus dem Feld/der Geistigen Welt stellen wir euch hier einige wichtige Quantencodes zur Verfügung:

227	**Körper-Entgiftung** allgemein
22753	Ausleitung von **Schwermetallen**
2278*90	Ausleitung von **Hormonrückständen** sowie **Medikamentenrückständen** aus Nahrung und Trinkwasser
227695-1	Entgiftung der **Mundhöhle**
227695-2	**Blutreinigung**
227695-3	Entgiftung der **Leber** und **Galle**
227984-0	Entgiftung der **Nieren**
222	**Entsäuerung**, z.B. von Kaffee oder Mineralwasser mit Kohlensäure

Verschiedenes

765-39	Gesunde **Zähne**
747	**Schlafstörungen** beim **Einschlafen**, bedingt durch **Stress**
744	**Schlafstörungen** beim **Durchschlafen**, bedingt durch nächtliche **Aktivitäten der Körperorgane**
253049	**Wachstumsschmerzen**
35-40-334	**Wundheilung** allgemein
334	Heilung von **Schürfwunden**
34567-000	**Entstörung** von **Narben** allgemein
35786+10	**Entstörung** von **Unfall-Narben**
789*887	**Entstörung** von **OP-Narben**
76543-888	**Entstörung** einer **Kaiserschnitt-Narbe**

14.03.2020

Zur Bedeutung dieser Zahlen-Codes möchten wir auch auf den sehr aufschlussreichen Beitrag **„Der Rabe Abraxas“** hinweisen, der unter den **„Botschaften aus dem Quantenfeld“** zu finden ist.

Physischer Aufstieg und neue Unsterblichkeit

(durchgegeben von Lady Helma, Daskalos und Saint Germain)

13.03.2020

Und also fangen wir heute Morgen an: Wir Sind Meisterin Lady Helma, Meister Daskalos und Meister Saint Germain, und wir vereinigen unsere Stimmen, um einige wichtige Zusammenhänge darzulegen, welche die Themen „physischer Aufstieg" und „neue Unsterblichkeit" betreffen. Mahatma Lairis hatte in ihrem Beitrag[92] schon darauf hingewiesen, dass die Inhalte dieser beiden Begriffe nicht identisch sind. Damit aber nun keine Verwirrung entsteht, möchten wir feststellen, dass Ines Nandi in ihrem Buch mit Jesus Sananda und den Bäumen tatsächlich den „physischen Aufstieg" und das, was wir heute als die „neue Unsterblichkeit" bezeichnen, noch gleichgesetzt hat. Es haben inzwischen Bewusstseinsprozesse stattgefunden – sowohl bei Ines selbst als auch hier bei uns in der Großen Weißen Bruder- und Schwesternschaft.

Neue Begriffs-Definitionen also:

- Wir verstehen unter dem **„physischen Aufstieg"** die **Mitnahme der Körper*in in eine höhere Dimension,** ohne dabei den physischen Tod erfahren zu müssen. Damit ist aber noch nicht „automatisch" die „neue Unsterblichkeit" erreicht.
- Wir verstehen unter der **„neuen Unsterblichkeit"** die **Option, die Dimensionen wechseln zu können, ohne dabei physisch zu sterben.** Das bedeutet unter anderem, dass du die Fähigkeit erlangst, deine Körper*in jederzeit nach deinem Wunsch zu dematerialisieren und zu rematerialisieren. Mit anderen Worten, du kannst deine Körper*in in alle Grade der Feinstofflichkeit – bis hin zur vollständigen Vergeistigung – hinein sich wandeln lassen, ohne dabei physisch zu sterben, und du kennst und meisterst auch den Rückweg in die Realitätsebene hinein, von welcher du ausgegangen bist.

92 Vgl. „Erwachtes BewusstSein ist multidimensional"

- Die „neue Unsterblichkeit“ ist also ein Weg, der noch sehr viel weiter geht als der „physische Aufstieg“. Für den *physischen Aufstieg* benötigst du die *neue kristalline Zellstruktur* und das *neue Immunsystem.* Beides ist heute bei *allen* Menschen als Anlage vorhanden, es braucht aber deine bewusste Zustimmung und Mitarbeit daran, damit diese neuen Eigenschaften deiner Körper*in sich vollständig verwirklichen können. Und hier ist auch genau der Zusammenhang zum Thema „Selbst-Heilung“ gegeben, unter dem wir der Ayla Ines diesen Beitrag diktieren: Du kannst nämlich die entsprechenden Prozesse der Umwandlung deiner Körper*in dadurch unterstützen, dass du 1. das Ganze überhaupt vom Bewusstsein her für möglich und auch wünschenswert ansiehst und 2. die zahlreichen notwendigen inneren Prozesse der Heilung deiner Gefühle, deines Herzens erlaubst und geschehen lässt.

Mit deiner Körper*in zusammen in die höhere, zurzeit also die 5., Dimension aufgestiegen zu sein, bedeutet zunächst einmal, dass du dich zugleich im multidimensionalen BewusstSein der Einheit, anders formuliert, im Christus-Marien-Bewusstsein befindest, und das dauerhaft. Es bedeutet, dass du Bedingungslose Liebe BIST und LEBST. Das Spannende dabei ist, dass du damit überhaupt nicht aus dem Umfeld deiner Mitmenschen „verschwindest“, die sich noch mehr oder weniger stark mit dem alten Bewusstsein der Trennung identifizieren. Das scheint auf den ersten Blick ganz banal zu sein, ist es aber keineswegs: Es ist nämlich noch gar nicht so lange her, dass diejenigen Menschen, die ein solches BewusstSein der Einheit erreicht hatten, tatsächlich früher oder später physisch starben, um in eine Dimension hineingelangen zu können, wo zum Beispiel wir, die Aufgestiegenen Meister*innen, uns aufhalten.

In einer solchen Weise in der 5. Dimension lebendig sein zu können, beinhaltet auch die Tatsache, dass du – obwohl rund um dich her Panik und Vereinzelung herrschen[93] - im tiefen inneren Frieden und in deiner

93 Wir sagen dies heute in einer Phase, wo mit Verweis auf das Corona-Virus versucht wird, die Menschen voneinander zu isolieren und ihre Köpfe mit Angst zu vernebeln.

Mitte bleibst und einfach LIEBE in dieses Feld hinein strömen lässt. Verwandelnde, heilende, transformierende Liebe…

Bist du in der 5. Dimension physisch unsterblich? Nicht automatisch! Denn du hast die Wahl… Im Christus-Marien-Bewusstsein wirst du zu jedem Zeitpunkt entscheiden können, ob du in und mit deiner Körper*in physisch auf der Erde bleiben möchtest oder ob ihr beide euch trennt, wobei die Körper*in zu Mutter Erde zurückkehrt und die Geist-Seele in die höher schwingenden Welten eingeht.

Hier möchten wir auch kurz auf die Erfahrung von Ayla Ines eingehen, die sie am 05.02.2020 beschrieben hat. Es ging um ihre **Wahrnehmung, gar nicht mehr physisch sterben zu können.** Die Seele hatte in der vorhergehenden Nacht versucht, sich von der Körperin zu lösen, was ihr nicht gelang. Wie reagierten Seele und Körperin auf diese Erfahrung? Wir zitieren:

„Nun denkst du wahrscheinlich, dass wir beide überglücklich waren, dieses so lange angestrebte gemeinsame Ziel miteinander erreicht zu haben. Weit gefehlt. Wir waren beide sehr traurig und niedergeschlagen. Ines fühlte sich in mir „auf ewig gefangen", und ich fühlte mich „auf ewig besetzt"!!! „Zur Unsterblichkeit verdammt"… Was für ein Horror! „Auf ewig aneinander gekettet und ineinander verhakt" … Wie entsetzlich! Ja, das erschreckt dich möglicherweise, aber es muss ausgesprochen werden. Was war los? Wir mussten beide in diese gemeinsame Unsterblichkeit hinein STERBEN! Mit anderen Worten, wir mussten

die alte Form der Sterblichkeit loslassen, um neu LEBEN zu lernen".

Nun, warum konnte die Geist-Seele Ines in der Nacht vom 04. auf den 05. Februar 2020 nicht „sterben", also ihre Körperin verlassen? Es lag ganz einfach daran, dass ihre Zeit zu gehen überhaupt nicht gekommen war! Auch Ayla, die Körperin, und Ines, die Geist-Seele, werden zu jeder Zeit das Recht behalten, sich im gegenseitigen Einvernehmen voneinander zu lösen. Niemand wird von der Göttlichen Quelle jemals „zur Unsterblichkeit verdammt"! Denn in der Tat, was Ines und Ayla an diesem Morgen empfunden haben, war sehr real und sehr verständlich und nachvollziehbar für uns. Die beiden zogen zu diesem Zeitpunkt schon eine erste Konsequenz aus ihrer gemeinsamen Erfahrung:

Ohne eine entsprechende Erweiterung des Bewusstseins ist Unsterblichkeit überhaupt nicht sinnvoll und wünschenswert!

Wäre es nicht wirklich ein Horror, im alten Trennungsbewusstsein verharrend einfach nur endlos immer älter und kränker zu werden und nicht mehr physisch sterben zu *können*?

Was steht nun für DICH, liebe Frau, lieber Mann, die dies lesen, hier und heute an? Wir meinen: **eine bewusste Entscheidung. Willst du in genau diesem Erdenleben zunächst einmal den Weg des physischen Aufstiegs gehen, also den Weg der Mitnahme deiner Körper*in in die 5. Dimension?** Alles Weitere, also die Entscheidung für die neue Unsterblichkeit, kannst du jetzt gerne noch in der Schwebe lassen. Du hast jederzeit die Wahl, dich so oder so zu entscheiden. Und niemand im gesamten Universum wird irgendeine deiner Entscheidungen bewerten…

Wir möchten noch etwas dazu sagen, was es konkret bedeutet, wenn immer mehr Menschen sich bewusst für diesen physischen Aufstieg entscheiden und danach leben: Es bedeutet, dass es immer mehr und mehr **Inseln des Lichts und der Liebe** gibt, die bald **zu Kontinenten zusammenwachsen und so das Neue auf der Erde ganz organisch Wirklichkeit werden lassen.**

„Sei DU die Veränderung, die du dir für die Welt wünschst!“

Leben im Jetzt

(Von Mahatma LAIRIS, durchgegeben am 01.05.2020)

Ich Bin Mahatma LAIRIS, die Geistige Lehrerin von Ayla Ines in dieser Zeit. Wenn dieses Buch erscheint, werden die Menschen möglicherweise schon etwas klarer sehen, welches die tatsächlichen Hintergründe der „Corona-Krise“ sind. Ich sage hier nichts dazu, denn das würde den Rahmen dieses Buches sprengen. Mein Thema, das Thema dieses Artikels, ist eines, über das schon viel geschrieben und gesagt wurde. Jedoch hast du, liebe Leser*in, dich vielleicht noch gar nicht damit beschäftigt – falls du ein Buch wie dieses zum ersten Mal liest. Vielleicht allerdings bist du auch eine „alte Häsin“ auf dem Weg des Erwachens. Ich möchte für jede von euch etwas beitragen.

Also, fangen wir an: Seit einigen Jahrtausenden leben die Menschen abgetrennt von ihrem höheren Bewusstsein, mit anderen Worten, abgetrennt von dem Wissen, dass ALLES EINS ist und dass sie selbst EINS MIT ALLEM sind. Mit diesem abgetrennten Bewusstsein - oder Trennungs-Bewusstsein - ging und geht die Erfindung der linearen „Zeit“ einher, die von den allermeisten immer noch als eine unverrückbare Realität erlebt und angesehen wird. Sind nicht die meisten von euch nach wie vor Sklav*innen der Uhr? Und manche von euch nun erst recht, in Zeiten von Home Office und Home Schooling, die besonders für Alleinerziehende, also vor allem die Mütter, kein Zuckerschlecken sind?

Aber die „Zeit“, wie ihr sie versteht, gibt es in Wahrheit überhaupt nicht! „Gestern“ und „morgen“, „Vergangenheit“ und „Zukunft“, existieren nicht wirklich. Ines stand vor einigen Jahren bei einer Fahrt in den Schwarzwald einmal vor einem Kiosk mit der Aufschrift: *„Freibier gibt's morgen“*. Ein Kommentar ist eigentlich überflüssig, denn du verstehst: Dieses „morgen“ kommt NIE, und also gibt es auch kein Freibier… *(Lächeln)*

Wo also sind Vergangenheit und Zukunft zu finden? Nun, sie existieren einzig und allein in eurem Bewusstsein. Um es genauer zu sagen, in eurem Verstand. Dieser ist ständig damit beschäftigt, sich über Vergangenes zu ärgern oder aber es zurückhaben zu wollen, je nachdem. Und wenn er sich mit dem, was kommt, beschäftigt, dann macht er sich vorzugsweise Sorgen. Manchmal auch verzehrt er sich in ungeduldigem Warten auf etwas Erwünschtes.

Soviel zum alten Bewusstsein der Trennung. Wenn du dir das einmal wirklich vor Augen führst, ja, auch du, alte Häsin, dann wirst du schnell feststellen, wie wenig hilfreich ein solches Bewusstsein ist, wenn **neue Lösungen** im individuellen und im gesellschaftlichen Leben gefunden werden müssen. Wie aber kommst du zu neuen Lösungen? Wie überwindest du das Diktat der Uhr und das endlose Gedankenkarussell, das häufig so quälend ist? Die Antwort lautet: **Komme in den Flow, in den Fluss des Lebens** hinein! Und wie findest du in diesen Fluss? Indem du dich zu jedem Augenblick deines Daseins ins **Jetzt** hinein begibst. Das ist eine **Lebenshaltung, die geübt sein will**. Der spirituelle Lehrer Eckart Tolle ist einer von denen, die Menschen darin schulen. Ich, Mahatma LAIRIS, möchte dir ein paar Hinweise zur Verfügung stellen, wie du immer wieder neu ins Jetzt eintreten kannst:

- Gehe immer wieder neu in einen *inneren Abstand* zu dem, was sich in deinem Kopf, in deinen Gedanken, abspielt. Du kannst dir vorstellen, dass du einen Schritt hinter dich selbst trittst oder auch, dass du dich auf eine Bewusstseinsstufe begibst, die „eine Etage höher“ liegt als dein Alltagsbewusstsein. *Halte inne und nimm Abstand.*
- Halte überhaupt immer mal wieder inne und vergegenwärtige dir, was da gerade in dir selbst und um dich herum abläuft. *Atme einmal oder mehrere Male hintereinander ganz tief durch.* Der Atem ist der beste Weg, um dich ins Jetzt, in den gegenwärtigen Augenblick, zurückzubringen.
- Frage dich: *Was ist jetzt? Was ist jetzt wirklich?* Vielleicht befindest du dich gerade in einer hitzigen Diskussion mit einem andersdenkenden Menschen. Was aber ist da wirklich? Worum geht es euch genau jetzt wirklich?
- Verwende Zeiten des Wartens dazu, um in deinen Körper, in dein Inneres hinein zu spüren und zu fühlen, was da gerade jetzt IST.

Überhaupt ist es eine sehr gute Idee, dich immer wieder mit deinem Körper zu verbinden, am besten über den Atem. Denn dein Körper lebt im Jetzt, und nicht in einer fiktiven Vergangenheit oder Zukunft!

Du erlebst es, wenn du beharrlich übst und dich durch „Rückschläge" oder „Rückfälle" nicht entmutigen lässt: **Das Sein im Jetzt befreit dich vom Diktat der „Zeit" und bringt dich auf ganz natürliche Weise in den Fluss oder Flow!** Diesen kannst du nutzen, um einfach im Sein glücklich zu sein. Du kannst ihn auch zum Träumen und damit zur Manifestation von Visionen nutzen. Oder zum Erschaffen von etwas Neuem, zum schöpferischen Tätig-sein…

Das Leben im Jetzt ist das Leben des Menschen im Kristallinen Zeitalter. Es ist geprägt von Freude und Überfluss – in jeglicher Hinsicht. Ich spreche nicht in erster Linie von materiellem Reichtum. Lausche einfach einmal im Frühjahr dem Flöten eines Amselmännchens und lasse dein Herz überfließen vor Freude. Die Weisen und die Mystiker*innen aller Zeiten haben es immer wieder gesagt: Es ist die Freude an den „kleinen" Dingen, die du nicht kaufen kannst, die die Fülle des Lebens ausmacht! Und diese sogenannt kleinen Dinge sind immer und immer im JETZT zu finden.

Leben im Jetzt ist auch darum Leben in der Freude, weil du im Jetzt die Verbindung zum Göttlichen in dir selbst und im Universum hast. Und diese Verbindung bringt dir dein lange verlorenes Urvertrauen zurück. Sie bringt dir die Gewissheit zurück, dass es im Leben keine „Sicherheit" gibt, aber auch keine „Unsicherheit". Was IST, das ist einzig die LIEBE!

DIE UR-LICHTSPRACHE

Was ist die Ur-Lichtsprache?

(Ayla Ines am 09.02.2020)

Vorbemerkung:

Dieser Text ist nicht direkt gechannelt, sondern ich rufe die Informationen jetzt aus einem „Pool" ab, in welchem sie die Geistige Welt heute früh für mich deponiert hat. Die Gliederung des Materials und auch die Formulierungen stammen von mir selbst. Außerdem orientiere ich mich teilweise an einem Text zu diesem Thema, den ich am 05.01.2017 niedergeschrieben habe. Ich danke Mahatma Lairis und Legolas, dem Elben, für ihre Unterstützung bei dieser Arbeit.

Also, was ist die Ur-Lichtsprache? Es ist *die* Lichtsprache, die in der gesamten Schöpfung von allen sich ihrer selbst bewussten Wesen „gesprochen" und verstanden wird. Ja… „gesprochen"… Das würden wir Menschen sagen. Besser formuliert vielleicht: Sie wird „gesungen". Oder noch besser: Sie erklingt wie Musik. Es gibt nämlich keine linearen „Worte" wie in unserer menschlichen Sprache. Linearität ist nur dort möglich, wo Dreidimensionalität ist und wo die „Zeit" herrscht. Diese „Sprache" aber ist multidimensional und sie besteht aus **Lichtzeichen und Farben, Klang und Heiliger Geometrie**. Daher sind ihre Botschaften für uns Menschen absolut unübersetzbar. Es ist unmöglich, sie in welcher menschlichen Sprache auch immer wiederzugeben. Ein einziges dieser „Lichtzeichen" ist so komplex, dass es die Information für Tausende von dicken Büchern enthält!

Seit Mitte der 80er Jahre des 20. Jahrhunderts empfange ich aus der Geistigen Welt Lichtzeichen in zweidimensionaler Gestalt, die Botschaften in der Ur-Lichtsprache enthalten. Ich kann sie aufschreiben. Sie sehen ein wenig wie die schnörkeligen Schriftzeichen in manchen asiatischen Sprachen aus. Das einfachste dieser Zeichen ist das für die Ur-Silbe OM. Es sieht *nicht* so aus wie die Sanskrit-Transkription[94] der

94 „Transskription" = Umsetzung in Schrift

Schöpfungssilbe – es ist viel einfacher. Warum das Sanskrit-Zeichen anders aussieht als das ursprüngliche Zeichen in der Ur-Lichtsprache, darüber vielleicht später mehr.[95]

OM ist das einfachste und genau darum komplexeste aller Ursprachen-Lichtzeichen, eben *weil* es die **Basis-Informationen für jegliche Schöpfung** enthält, also für jegliche Manifestation des Göttlichen BewusstSeins der QUELLE.

Des weiteren erhalte ich manchmal aus der Geistigen Welt auch lineare „Übersetzungen" der Lichtzeichen in menschlichen Buchstaben. Zum Beispiel die Worte für das Mantra **OM VAREKAYA NAMEKATA**, von dessen Sinn und Bedeutung für unser Zeitalter und für unseren menschlichen Lichtkörper-Prozess noch ausführlich die Rede sein wird. Diese Worte erinnern recht stark an das altindische SANSKRIT – in Wahrheit liegen die Dinge aber genau umgekehrt: **Sanskrit enthält Anklänge an die Ur-Lichtsprache!**

Abschließend weise ich noch darauf hin, dass im jetzt anbrechenden Kristallinen Zeitalter auf der Erde unsere menschlichen Zellen ihre Informationen und Impulse zunehmend in den Lichtzeichen der Ursprache erhalten. Beginn: der 1. Februar 2020! Ab diesem Tag werden auf der ganzen Erde allen menschlichen Organismen die Zeichen des OM VAREKAYA NAMEKATA übermittelt...

95 Ich weiß zum Zeitpunkt dieser Niederschrift noch nicht, ob dieses Thema wirklich schon in das Buch gehört, das ich gerade schreibe...

Das Mantra OM VAREKAYA NAMEKATA

(Ines, Ende August 2019; ergänzt im Februar 2020 unter Mithilfe von Yeshua, Maria Magdalena und Mutter/Lady Maria)

29.08.2019

Das dreiteilige Mantra OM VAREKAYA NAMEKATA ist kein Sanskrit-Mantra, sondern diese Worte stammen aus der Kosmischen Ur-Lichtsprache. Die Worte sind eine Transkription in Buchstaben/Lauten von drei multidimensionalen Zeichen, die eigentlich unübersetzbar sind. Wollte man ihre Bedeutungen wirklich in Worte fassen, so könnte über jedes dieser Zeichen ein umfangreiches Buch geschrieben werden!

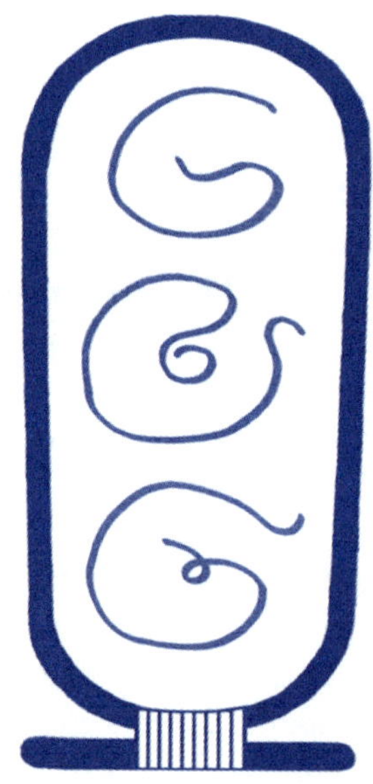

Es ist auch nicht so, dass VAREKAYA und NAMEKATA die einzigen Wörter sind, für die die zwei nach dem OM stehenden Zeichen verwendet werden können. Allein im „Mantra der Wale“[96], das ich im Jahre 2017 empfangen durfte, gibt es noch je zwei weitere Umschreibungen: „TATHAGATHA“ und „DUKTURAMA“ für „VAREKAYA“, sowie „ALYANAYA“ und „ALEMENA“ für „NAMEKATA“. Entsprechend schwingen die Bedeutungen dieser Worte auch mit, wenn „OM VAREKAYA NAMEKATA“ gesprochen oder gesungen wird. Wenn du das Mantra singen möchtest, kannst du die Melodie des „Mantra der Wale“ verwenden und dabei einfach die drei Worte „OM VAREKAYA NAMEKATA“ immer wieder wiederholen. So mache ich selbst es auch. Du kannst aber auch deine ganz eigene Melodie finden! Lasse es zu, erlaube es, dann kommt sie zu dir.

Was die hoch potenten Zeichen betrifft, so empfehle ich dir, sie dir abzuzeichnen, und zwar untereinander – wie auf der Abbildung – und umgeben von der senkrecht stehenden ägyptischen „Kartusche“. Das oberste Zeichen ist die Ur-Schöpfungssilbe OM, das mittlere VAREKAYA, das untere steht für NAMEKATA. Du kannst diese Kartusche mit den Zeichen auf einen Zettel schreiben und zum Beispiel deine Wasserkaraffe oder dein Wasserglas darauf stellen. Das auf diese Weise programmierte Wasser informiert dann deine Körperzellen: Es gibt den Weckruf direkt an sie weiter.

Ja… genau darum geht es bei diesem Mantra: **Es ruft deine Körperzellen wach, bis in die DNA hinein.** Was bedeutet das? Die Zeichen bzw. die Laute des Mantras informieren deine Zellen und DNA davon, dass jetzt die Zeit des Erwachens gekommen ist. Es ist Zeit, dass deine Zellen sich ihrer selbst als eigenständige Wesen bewusst werden, die in der Lage sind, sich selbst im Einklang mit und in Ausrichtung auf die Göttliche Ordnung zu reproduzieren.

18.02.2020

Des Weiteren **löst OM VAREKAYA NAMEKATA Blockaden aller Art und auf allen Ebenen deines Systems/Feldes auf.** Wenn du dieses Mantra regelmäßig singst, sprichst, auch denkst, tust du dir sehr viel Gutes! Deine Körper*in und dein ganzes Feld werden zu dem *„inter-*

96 Unter dem Titel „Om Tathagatha“ auf meinem YouTube Kanal veröffentlicht unter https://www.youtube.com/watch?v=jMIfx1Yqhcs

agierenden Gesamt-System", von dem im Abschnitt „Hauptsache gesund"[97] schon die Rede war. Mit anderen Worten, es stellt sich ein immer größeres Gleichgewicht zwischen allen Bereichen und Ebenen deines persönlichen Feldes ein. Das hat unter anderem auch zur Folge, dass du in einen immer tieferen Frieden eintauchen kannst und immer spürbarer Eins mit dir selbst wirst.

Dieses Mantra ist **von zentraler Bedeutung** für deinen **Lichtkörper-Prozess** oder, wie die Geistige Welt inzwischen vorzieht zu formulieren, für deine **Mutation hin zum Kristallinen Menschen**. Zum besseren Verständnis: Die Umwandlung deiner Körper*in in eine kristalline ist nur auf der Grundlage der Existenz von voll bewussten Zellen, einschließlich einer vollen Aktivierung aller 13 Stränge der DNA, die jetzt zur Verfügung stehen, möglich. Eben hierzu leistet OM VAREKAYA NAMEKATA einen unschätzbaren Beitrag! Das bezieht sich durchaus nicht nur auf einzelne Individuen, die sich bewusst für den Weg der neuen Unsterblichkeit entschieden haben. Die Mutation hin zum Kristallinen Menschen ist von der Göttlichen QUELLE her für *ALLE* vorgesehen, die heute auf der Erde leben. Daher wurde im Artikel „Was ist die Ur-Lichtsprache?" auch schon mitgeteilt, dass die kosmischen Lichtzeichen des Mantras ab dem 01. Februar 2020 an ALLE übermittelt werden. Diejenigen Menschen, die für dieses gegenwärtige Leben noch den Weg durch den „alten" physischen Tod wählen, werden bei einer Wiedergeburt auf der Erde den Körper in dem Stadium der Mutation mitbringen, das er für dieses Mal erreicht hatte.

Noch ein Wort zu den Neuen Kindern, die schon mit neuen kristallinen Körperstrukturen geboren sind: Auch für sie ist dieses Mantra von größtem Wert! Warum? Die meisten von ihnen sind heute noch einer niedriger schwingenden, sprich, relativ unbewusst lebenden, menschlichen Umgebung ausgesetzt. Dies kann in ungünstigen Konstellationen sogar dazu führen, dass eine Art „Rück-Mutation" in die alte Körperlichkeit stattfindet. So zum Beispiel bei Kindern und Jugendlichen, denen wegen ADHS-Diagnose das Medikament Ritalin verabreicht wird. Hier ist die kosmische Licht-Übertragung des Mantras

---

97 Im Kapitel „Wege der (Selbst-)Heilung"

OM VAREKAYA NAMEKATA eine sehr bedeutsame Hilfe.

Was OM VAREKAYA NAMEKATA auch noch kann: Es ist ein Werkzeug zur **Materialisierung** von Dingen ganz allgemein und zur **Generierung von Fülle** auf allen Ebenen deines Lebens. Um das Mantra in diesem Sinne beim Wünschen verwenden zu können und auch, um die Fähigkeiten des erwachten Körpers zu aktivieren, braucht es allerdings den vollen Einklang deines Körpers mit dem erwachten Bewusstsein und dem erwachten Herzen. Einheitsbewusstsein – Christus-Marien-Bewusstsein – ist das entscheidende Stichwort!

Im nachstehenden Abschnitt ein Ritual mit diesem Mantra, das du immer wieder durchführen kannst.

Ritual zur Reinigung und Heilung aller Körperebenen und zur Erweckung der Körperzellen

(Durchgegeben am 15. Juli 2019 von der Christus-Marien-Wesenheit)

Zünde eine weiße Kerze an und setze dich mit aufrechtem Rücken auf einen Stuhl; beide Füße stehen parallel und hüftbreit fest auf dem Boden. Atme ein paar Mal tief durch die Nase ein, durch den Mund aus. Komme vollständig im Göttlichen Augen-Blick an, indem du deinen Atem beobachtest.

Nun verbindest du dich von deinem Herzen her mit Mutter Erde und mit der Göttlichen QUELLE. Golden-rosafarbenes Christus-Marien-Licht strömt in dich ein. Durch dein Kronenchakra fließt es nach unten und über deine Fußchakren tritt es in die Erde ein. Mutter Erde schickt dir ihrerseits silbern-smaragdgrüne Licht-Energie, die durch deinen ganzen Körper nach oben strömt, über dein Kronenchakra austritt und zur Göttlichen QUELLE hin fließt. Beide Lichtsäulen tanzen spiralförmig miteinander und umeinander. Sie reinigen und heilen deinen gesamten Körper auf allen seinen Ebenen bis in die DNA hinein.

Gib dich diesem Prozess hin, so bewusst und präsent wie du nur kannst. Atme weiter – durch die Nase ein und durch den Mund aus – und denke bei jedem Einatmen: „Danke!" und bei jedem Ausatmen: „Ich lasse los!"

Beobachte, was in dir geschieht. Lasse Gedanken und Emotionen wie die Wolken am Himmel vorüberziehen. Wenn du vollständig in einem tiefen Jetzt-Frieden angekommen bist, beginne nach deiner eigenen Melodie – sie wird da sein – das Mantra

„OM VAREKAYA NAMEKATA"

zu singen.

Kehre zurück ins Alltags-Hier-und-Jetzt und wiederhole dieses Ritual, so oft du es brauchst.

BOTSCHAFTEN AUS DEM QUANTENFELD

Lichtvolle Geistige Welt und Quantenfeld

(Durchgegeben von Jesus Sananda und der Großen Weißen Bruder- und Schwesternschaft im September 2019)

Botschaften, die offiziell aus dem Quantenfeld kommen, sind in gechannelten Büchern in diesen Jahren um 2020 noch nicht so besonders üblich, jedenfalls werden sie nicht unbedingt als solche gekennzeichnet. Ich, Jesus Sananda, möchte daher im Einklang mit der Großen Weißen Bruder- und Schwesternschaft ein paar klärende Worte hierzu beitragen.

Zunächst einmal möchte ich erläutern, warum ich mich „Jesus Sananda" nenne. Ich spreche hier in der Energie des zum Meister aufgestiegenen Yeshua/Jesus von Nazareth. In meiner Eigenschaft als Mitglied der Großen Weißen Bruder- und Schwesternschaft trage ich den Beinamen – oder auch Ehrennamen - „Lord Sananda". Ich wirke von dieser Position aus aufs Engste zusammen mit der Christus-Wesenheit, die vor 2000 Jahren bei der Jordantaufe in meinen Körper herabstieg und mit mir, dem Menschen Yeshua, zusammen lehrte, lebte und die Kreuzigung und „Auferstehung" erfuhr. Nach unserem gemeinsamen Übergang in die höheren Dimensionen, von den christlichen Kirchen als „Himmelfahrt" bezeichnet, kehrte die Christus-Wesenheit zurück in die allerhöchsten geistigen Reiche oder Regionen und ich, Yeshua, ging als der Meister, der ich war, in die Reihen der Bruder- und Schwesternschaft.

Das Quantenfeld also. In welcher Beziehung steht es zur lichtvollen Geistigen Welt, der wir Aufgestiegenen Meisterinnen und Meister angehören? Grob umschrieben, stellt das Quantenfeld das große, ganze Erfahrungsfeld sämtlicher inkarnierten und nicht inkarnierten, verkörperten und nicht verkörperten *energetischen*, also in verschiedenen Frequenzen schwingenden, *Wesen* dar. Die Quanten, die wir auch gerne die „Gott-Teilchen" nennen, sind omnipräsent und omnipotent, also all-gegenwärtig und all-mächtig. Aus ihnen setzt sich Alles zusammen, was Da Ist – in den grobstofflichen wie auch in allen feinstofflichen Bereichen. Nur der Reine Göttliche Geist steht „über" den Quanten insofern, als sie aus diesem hervorgehen. Auf welche Weise dies aber geschieht, das ist das größte Mysterium der Schöpfung überhaupt und ich bin nicht in der Lage, etwas hierüber auszusagen!

Die althergebrachte Bezeichnung „Geistige Welt" ist übrigens ziemlich schwammig und auch zum Teil missverständlich, denn was die Menschen als „GW" bezeichnen, umfasst zum einen sämtliche Bereiche des großen Feldes, die jenseits der menschlichen Verkörperung vom Licht aus agieren. Zum Beispiel uns, die Große Weiße Bruder- und Schwesternschaft, ebenso wie die Reiche der Engel und der lichtvollen „Außerirdischen". Wir alle sind *energetische Wesen* auf unterschiedlichen Stufen der Entwicklung; mit anderen Worten, ausgestattet mit unterschiedlichen Erfahrungs-Schätzen. Außerdem sind im Begriff „Geistige Welt" aber auch die eigentlichen Regionen des Reinen Geistes mit gemeint, wo zum Beispiel die Christus-Marien-Wesenheit zu Hause ist.

Dies zur Vergegenwärtigung. Kommen wir zurück zum Quantenfeld. Wir sagten vorhin, dass es das gesamte Erfahrungsfeld aller energetischen Wesen umfasst. Was bedeutet das? Es bedeutet, dass hier wirklich *sämtliche* Frequenzen vertreten sind, von den niedrigstmöglichen bis zu den höchstmöglichen! Wenn du als inkarnierter Mensch also mit dem Feld in Verbindung gehst oder spontan in Verbindung kommst, dann ist es wichtig zu berücksichtigen, dass beileibe nicht alles, was von dort zu dir herüberweht, aus der LIEBE kommt. Wenn WIR mit euren Worten „lichtvolle Geistige Welt" sagen, dann meinen wir bei den energetischen Wesen diejenigen, die dem kosmischen Gesetz der LIEBE verpflichtet sind und also ausschließlich nach der LIEBE denken, fühlen und handeln. Das Quantenfeld selbst ist neutral und schließt einfach alles, also sämtliche möglichen Frequenzen, ein.

Wie kannst du, lieber inkarnierter Mensch, denn sicherstellen, dass du – wenn du dir solche wünschst – Quantenfeld-Botschaften von Wesen aufnimmst, die in der LIEBE sind? Nun, du kannst alle möglichen „Sicherheitsmaßnahmen" ergreifen: Mantren und/oder Gebete vor der Kontaktaufnahme rezitieren, dich mit einem Schutzmantel umgeben, Wesen, die sich bei dir melden, dreimal fragen, ob sie in der Liebe sind… Sie „dürfen" beim dritten Mal nicht lügen, aber nicht alle halten sich daran… Weißt du, das Allereinfachste ist: **Du begibst dich selbst in die Schwingung der LIEBE.** Und was wir konkret damit meinen: **Du gehst in die bedingungslose Liebe zu dir selbst!** Das ist aber gar nicht so einfach, sagst du? Tja… aber es ist die einzige wirkliche Garantie dafür, dass du keine „Fake"-Nachrichten aufnimmst.

In jedem Falle ist dein *offenes Herz* der beste Sensor für hoch oder niedrig schwingend: Wesen, die niedrig, also in dem Bereich schwingen, der auch als „dunkel", „böse" oder „unlicht" bezeichnet wird, fühlen sich unangenehm, kalt, einengend an. Sie geben vor, dir helfen zu wollen, und versuchen dabei, dich in eine Richtung zu lenken, die dir nicht guttut. Manchmal kann das sehr „tricksig" sein, denn sie setzen bei den „Bedürfnissen" deines Egos an! Auch sind sie Meister der Verwirrung. Auf der anderen Seite: Wesen, die in der Frequenz der LIEBE schwingen, fühlen sich warm – und eben liebevoll – an. Sie werden niemals versuchen, dir Vorschriften zu machen, und dir nur in Ausnahmefällen, nämlich wenn du dringend darum bittest, gegebenenfalls einmal einen Rat geben. Sie werden sich auch niemals arrogant über dich stellen, sondern dir stets mit dem jedem Wesen gebührenden Respekt begegnen. Vielleicht fühlt sich das eine oder andere hoch schwingende Wesen zunächst „streng" für dich an. Das kann unterschiedliche Ursachen haben: Es ist möglich, dass dieses Wesen seine Liebe in einer Form ausdrückt, die Anforderungen (nicht: Forderungen!) an dich stellt, denen du dich noch nicht gewachsen fühlst. Es kann aber auch sein, dass dieses Wesen aufgrund seines eigenen Erfahrungs-Hintergrundes und seines eigenen Entwicklungsstands dir tatsächlich mit einer gewissen Strenge gegenübertritt. Wenn du jedoch mit deinem offenen Herzen diese Energie prüfst, wirst du die Qualität der Liebe, die darin ist, spüren können.

Was nun die Quantenfeld-Botschaften betrifft, die du im Zusammenhang dieses Buches vorfindest, so stammen diese sämtlich von Liebe-reichen Wesen. Du wirst ihre hohen Frequenzen spüren können…

Der Schwarm

(Channeling, durchgegeben im Juli 2019)

Gott und Göttin zum Gruße! Wir sind ein Schwarm von **Staren**, der Ines an einem warmen Sommerabend des Jahres 2019 beim Spazierengehen begegnet ist. Wir waren gerade dabei, uns an unseren Schlafplätzen in den nahen Bäumen zu sammeln, als wir sie und ihren Mann bemerkten. Wir wussten sofort, dass Ines ein Medium ist und uns mit ihrem Bewusstsein „hören" konnte. So nahmen wir Kontakt zu ihr auf und baten sie, eine wichtige Botschaft von uns aufzunehmen. Sie stimmte zu und speicherte unsere Informationen in einem Bereich ihres höheren Bewusstseins, von wo aus sie es später jederzeit würde abrufen können. Sie schreibt sie JETZT nieder…

Liebe Menschen, auch ihr seid ein Schwarm. Die meisten von euch haben es nur sehr tiefgehend vergessen und wähnen sich allein, von einer „feindlichen Umwelt" umgeben. Eure frühen Horden waren noch ganz klar in ihrem Schwarm-Bewusstsein. Als ihr die Sprache noch nicht erfunden hattet, habt ihr, so wie alle anderen Wesen auf der Erde es heute noch tun, in Bildern und Bilderfolgen, „Filmen" sozusagen, telepathisch kommuniziert. Auch gab es gewisse Zeichen in einer kosmischen „Sprache", die eure Ältesten beherrschten und sozusagen als Anweisungen in das Schwarm-Bewusstsein einspeisten. In solchen Zeichen kommunizieren auch wir gerade mit Ines. Sie kennt sie übrigens schon seit Mitte der 80er Jahre des 20. Jahrhunderts, beziehungsweise hat sie damals wieder in sich gefunden. Jedes Wesen im Omniversum kennt diese Sprache, und auch eure Aufgestiegenen Meister verwenden sie, wenn sie euch ihre Botschaften übermitteln. Es ist die Ur-Lichtsprache.

Wie funktioniert ein Schwarm, wie funktioniert das Schwarm-Bewusstsein? Hierüber fehlen euch noch ein paar essenzielle Informationen, die Wir euch gerne hier übermitteln möchten. Wir haben schon erwähnt, dass es Schwarm-Älteste gibt, die Anweisungen und Informationen in der kosmischen Sprache, in den kosmischen Zeichen, „Tathatokosmo", in das Bewusstsein des Schwarms einspeisen. Diese Ältesten sind die erfahrensten und weisesten, meist daher auch die ältesten, Individuen in einer Gruppe. Das bezieht sich auf Menschen wie auf Tiere, und sogar auf Pflanzen und Mineralien! Ja, auch bei den beiden letzterwähnten Gruppen bilden alle Individuen einer Art einen Schwarm. Das kollektive Schwarm-Bewusstsein ist also ein *geführtes* Bewusstsein – dies war euch unseres Wissens bisher nicht bekannt. Das Bewusstsein, der Wissens-, Erkenntnis- und auch Weisheits-Stand eines Schwarm-Kollektivs ist gebündelt im Wissen, der Erkenntnis und der Weisheit seiner führenden Individuen. Diese wiederum kommunizieren auf einer höheren Ebene telepathisch miteinander, sprechen sich sozusagen ab. Auf diese Weise kommen die für euch bisher unerklärlichen Flugformationen von Vögeln zum Beispiel zustande oder die gemeinsamen Aktionen von Fischschwärmen oder von Bienen- und Ameisenvölkern.

Wir müssen noch etwas präzisieren: Es gibt bei jeder Art von Wesen zunächst einmal das Gesamt-Kollektiv, also den Gesamt-Schwarm. Und dann gibt es die „Familien", „Sippen", „Völker", also die Unter-Schwärme. Das ist generell so, wie ihr leicht sehen könnt. Jegliche Schwärme sind in Bewusstseins Feldern lokalisiert, dies sind Quanten-Felder. Von diesen gibt es so viele, wie es Schwärme gibt.

Beim Menschheits-Kollektiv sind die Dinge kompliziert geworden, seit ihr ins Bewusstsein der Trennung gegangen seid. Seither ordnet sich das „normale" Individuum nicht mehr bewusst dem Schwarm „unter", bringt sich nicht mehr bedingungslos ein. Auch arbeiten die Unter-Schwärme nicht miteinander, sondern sehr häufig gegeneinander. Sippe gegen Sippe, Stamm gegen Stamm, das ist das älteste Muster. Nation gegen Nation das jüngere. „Eigentlich" seid ihr Menschen die „höchsten Diener*innen" von Mutter Erde, seid ihre liebsten Kinder. Aber ihr habt diesen Satz in der Bibel: „Macht euch die Erde untertan" so gründlich missverstanden! Dieser Satz wurde ursprünglich auch gar nicht in dieser Form übermittelt, sondern genau in der vorhin formulierten: „Seid euch bewusst, dass ihr die höchsten Diener*innen der Erde seid!" In der hebräischen Urfassung der Thora stand er genau so; aber diese Fassung ging schon vor langer Zeit verloren und wurde durch die heute verwendete ersetzt. Diese wurde zum Ausgangspunkt für einen fast grenzenlosen Hochmut der Menschen. „Macht euch die Erde untertan“ wurde später, in Zeiten eures „Kapitalismus“, dann zum Freibrief für die gnadenlose Ausbeutung der Erde und der gesamten Natur, einschließlich der Tiere. Dies ist bis heute ein Teil eures degenerierten Schwarm-Bewusstseins.

Ein Beispiel für einen „degenerierten“ menschlichen Unter-Schwarm: Stellt euch eine Horde von Hooligans auf einem Fußballfeld vor. Auch dies ein Schwarm, aber ein gänzlich unbewusster! Die Schwarm-“Ältesten“ sind hier nicht die Weisesten, sondern die „Dümmsten“, nämlich diejenigen, die von den am niedrigsten schwingenden Trieben angetrieben sind. Und genau diese niedrig schwingenden, von Angst und Aggression bestimmten Triebe werden in das Bewusstsein des Hooligan-Schwarms eingegeben – mit den bekannten Folgen…

Im großen Menschheits-Schwarm-Kollektiv mit seinen zahlreichen Unter-Schwärmen herrscht in dieser beginnenden Neuen Zeit ein sowohl heil-loses als durchaus auch heilvolles Chaos. Das menschliche Bewusstseins-Feld wird einerseits noch bestimmt durch die „Dummheit“, mit anderen Worten, das Bewusstsein der Trennung aller von allen und von Allem. Andererseits aber erheben in diesem Feld immer mehr immer bewusstere Individuen ihre Stimme! Es leben heute auf der Erde schon eine Reihe von Erwachten, die sich im Einheitsbewusstsein befinden und auf dessen höchste Stufe, das Christus-Marien-Bewusstsein, zusteuern. Diese erwachten Individuen wissen wieder um die ursprüngliche und in Wahrheit niemals verlorengegangene Einheit des gesamten Omniversums und aller Wesen. Und dieses Wissen speisen sie kontinuierlich in das kollektive Menschheits-Bewusstsein, in das Menschheits-Schwarm-Bewusstsein, ein. Längst schon ist der „100. Affe“ erwacht, also das Individuum, dessen Erwachen entscheidend dafür ist, dass das Bewusstsein des gesamten Schwarms einen qualitativen Sprung nach vorn machen kann. Ja, ihr glaubt es vielleicht nicht, aber es ist so: Das Schwarm-Bewusstsein der Menschheit hat sich heute schon in einer Form entwickelt, die es mit sich bringt, dass das kollektive Erwachen nicht mehr rückgängig zu machen ist! Das Ziel, nämlich die bewusste Einheit des gesamten Schwarms, kann nicht mehr verfehlt werden. Bewusste Einheit bedeutet, dass jedes einzelne Individuum sich bewusst als dienende – zum Höchsten Wohle aller dienende – Kraft in das kollektive Feld einordnet.

Vielleicht denkst du nun, in Betrachtung der gegenwärtigen Situation auf der Erde, dass unsere Darstellung zu optimistisch sei. Lasse dir von den fremdbestimmten Massenmedien nicht den Kopf vernebeln! Ja, die „Dummheit" oder das „Unlicht" - wie du willst – feiert noch gewisse Triumphe, besonders in einzelnen Regionen der Welt. Es gibt Kriege, Chaos, blinden Nationalismus, den scheinbaren Vormarsch der „Rechtspopulisten". Das täuscht! Die Medien, die selbstverständlich von der „Dummheit" gesteuert werden, und maßgeblich von der Angst, vermitteln ein grandios schiefes Bild von der wahren Situation. „Große Unruhe unter dem Himmel", so sagte einst der chinesische Kommunistenführer Mao Tsetung, und er meinte damals schon, dass dies ein sehr gutes Zeichen sei. Mit den Worten des Ur-Kommunisten, Karl Marx: „Das Neue wächst im Schoße des Alten heran". Es wird sehr bald schon geboren! Ohne Wehen aber keine Geburt… Das Heilige Jahr 2020 wirft seine lichtvollen Schatten schon heute, im Juli 2019, voraus!

Wir, die STARE, und wir sprechen jetzt als das Gesamt-Kollektiv der Stare, sind in unserem höchsten Bewusstsein sehr akkurate Beobachter*innen des menschlichen Schwarms und seiner Entwicklungen – schon immer. Wir bringen euch die Botschaft: „Die Dinge stehen gut, sie stehen sogar zum Besten. Werdet nicht müde, ihr Erwachenden, euch zum Höchsten eigenen Wohle, und damit zum Höchsten Wohle des Ganzen, einzusetzen!"

Noch ein Nachsatz: Was hat unsere Botschaft zum Thema „Schwarm" und „Schwarm-Bewusstsein" mit dem Thema dieses Buches, nämlich dem „physischen Aufstieg", der „neuen Unsterblichkeit" zu tun? Sehr viel! Denn du, liebe Frau, lieber Mann, wirst dich für genau diese Form deines individuellen Aufstiegs entscheiden, wenn du diese Botschaft verstanden hast…

Der Rabe Abraxas

(Channeling, durchgegeben im Juli 2019)

Ich Bin der Rabe ABRAXAS, und ich möchte aus dem Quantenfeld heraus über das Quantenfeld zu euch sprechen. Wie ich in dieses Buch hereinkam? Auch das eine Geschichte, wie das Feld so viele schreibt, eine Geschichte vom „Zufall“: Einige Tage lang schon hatte ich Ines einen Gruß geschickt – eine wunderschöne schwarze Krähenfeder, die auf dem Grünstreifen am Straßenrand lag und an der sie mehrmals vorbeilief, ohne sie aufzuheben. Sie hatte ein kleines „Problem“ mit der Farbe Schwarz, weil diese sie an das Unlicht, die dunkle Seite der geistigen Welt, denken ließ. Endlich, beim dritten Mal, erkannte und akzeptierte sie, dass es sich um ein Geschenk des Lichtes handelte. Das ist das eine. Zum anderen aber schrieb ihr ihr spiritueller Freund Michael kürzlich eine Mail, in welcher er die Stare, die die Botschaft „Der Schwarm“ übermittelt haben, mit „Raben“ verwechselte. So kam Ines auf den Raben und ich konnte mich bei ihr melden…

Als nächstes möchte ich etwas zu meinem Namen sagen: Ines dachte gleich, als sie ihn erfuhr: „Das ist ja der Name des Raben aus dem Buch ‚Die kleine Hexe‘.“ O nein, liebe Ines! Der Rabe der kleinen Hexe heißt nach MIR, denn der Autor hat diesen Namen aus der Geistigen Welt „gechannelt“, ohne sich hierüber klar zu sein.

Und nun zur Farbe Schwarz… Diese hat rein gar nichts mit dem „Bösen“, dem „Teufel“, dem „Unlicht“ zu tun. Es ist die heilige Farbe des Dunklen Lichtes der Großen Urmutter, also der weiblichen Seite Gottes! Jawohl, „Dunkles Licht“. Schwarzes Licht. Es ist nicht von niedriger Schwingung, sondern besitzt die höchste Schwingung überhaupt. Warum? Die gesamte Schöpfung kommt aus dem Dunklen Schoß der Göttlichen Urmutter! Bevor das helle Licht in die Welt kam, war das Dunkel. Im gesamten Omniversum ist heute noch das Schwarze Licht sehr viel weiter verbreitet als das helle. Spüre einmal hin, liebe Leser*in. Es ist die Wahrheit. Und übrigens, die „Hexe“. Selbstverständlich ist sie die Repräsentantin der Großen Mutter, denn sie ist die Magierin, die „Zauberkundige“, heute sagt ihr, die „Energiearbeiterin“.

Warum sonst hätte das Patriarchat sie verfolgt, wenn nicht als diese Repräsentantin? Das Patriarchat, Repräsentant des in niedrige Schwingung gefallenen, ursprünglich göttlichen, Männlichen…

Ich, ABRAXAS, Begleiter von Hexen und Bote der Großen Urmutter, möchte euch einige grundlegende Informationen zu den **Zahlencodes** geben, die Ines inzwischen empfängt, nachdem schon anderen vor ihr solche Zahlenfolgen durchgegeben wurden. Wie manche von euch schon wissen, haben Zahlen sowohl Quantität als auch Qualität als Eigenschaft. Die quantitative Seite der Zahlen ist allen euren Schulkindern wohlbekannt, denn sie müssen damit „rechnen". Diese Seite ist die Grundlage der männlichen Mathematik und spielt eine große Rolle in den Naturwissenschaften, die das männliche Denken seit der „Aufklärung" beherrschen. Die weibliche, die qualitative Seite der Zahlen, ist die Grundlage der spirituellen Wissenschaft der Numerologie. Welcher Seite, denkst du, gehören unsere Codes zu? BEIDEN! Und eben darum sind sie so magisch! Eine jede Zahl vereinigt von ihrer Natur aus beide Seiten in sich, ist das nicht eigentlich sonnenklar? Jede einzelne Zahl vereinigt in sich selbst das Göttliche Männliche mit dem Göttlichen Weiblichen, Quantität mit Qualität. Die Physiker, die sich bemühen, eine „Weltformel" zu finden, wissen nicht – noch nicht –, dass solch eine mathematische Formel zugleich eine numerologische Seite hat!

Und so besitzen also unsere Zahlencodes eine für euch schier unglaubliche Kraft, eben weil sie Mathematik und Numerologie in sich vereinen. Ihr könnt diese Codes in vielfältiger Weise anwenden; hierzu verweise ich auf die entsprechenden Texte. Was Ich, ABRAXAS, aber noch dazu sagen möchte, ist dieses: Ihr seht, dass es Zahlenfolgen mit nur drei Stellen gibt, aber auch längere und komplexere. Die dreistelligen Codes sind kraftvolle *Kürzel*! Sie beinhalten die Quintessenz aus besonders langen und komplexen Zahlen- und Zeichen-Folgen. Ja, ihr habt sicher gesehen, dass zwischen manchen Zahlenfolgen Zeichen stehen, die in der Schulmathematik denen der vier Grundrechenarten entsprechen: +, -, x, :. Außerdem taucht manchmal ein * auf. Was bedeuten diese Zeichen? Sie haben nicht wirklich mit der quantitativen Mathematik zu tun, also, hier wird nicht „gerechnet“. Vielmehr besteht eine symbolische Bedeutung: Das + steht für Fülle, und noch mehr das x. Das Minus aber bedeutet nicht Mangel, sondern Verbindung, und das : heißt, dass jedem Wesen der ihm/ihr gebührende Teil zukommt. Das * hingegen sagt dir, dass du gesegnet bist!

Zu guter Letzt möchte ich noch ein paar Worte über Lady (Mutter) Maria und Mich verlieren: Lady Maria ist eine ganz besondere Repräsentantin der Großen Urmutter, denn zum einen empfing sie selbst in der Jordantaufe die Christus-Marien-Wesenheit, zum anderen war sie die Mutter von Jesus, der diese selbe Wesenheit bei derselben Gelegenheit in sich aufnahm, um eine ganz besondere Mission zu erfüllen. Ich, ABRAXAS, bin auch einer der Boten von Lady Maria! Und zwar von Lady Maria in der Gestalt einer „Schwarzen Madonna“. Als Schwarze Madonna ist Lady Maria die Repräsentantin der Großen Urmutter in ihrer Manifestation als die (schwarze) „Weise Alte“. Vielleicht kennst du die drei Gestalten der Göttin in der matriarchalen Tradition: die Jungfrau (weiß), die erotische und mütterliche Frau (rot), und die Weise Alte (schwarz). Da Ich, ABRAXAS, aber ein nicht physisch inkarniertes Wesen bin, überbringe ich die Botschaften der Schwarzen Madonna häufig auf dem Wege über inkarnierte Raben oder auch die uns verwandten Krähen. Sei also achtsam: Wenn du einen Raben siehst oder einen Krähenschwarm oder eine einzelne Krähe, dann kann es sein, dass Ich sehr nahe bin und dir eine Nachricht von Mutter/Lady Maria mitbringe…

Oh, noch ein Nachsatz: Ich betonte, dass Ich der Bote der Großen Urmutter Bin. Du möchtest sehr wahrscheinlich wissen, was sie dir denn über mich sagen will? Nun, die grundlegende Botschaft der MUTTER ist selbstverständlich diese: **Das Gesetz der LIEBE ist die Grundlage des gesamten Omniversums, und die LIEBE hört nie auf.** Wie immer es dir also heute geht – sei getrost und sei dir gewiss, dass dir schon geholfen ist!

In tiefer Verbundenheit
ABRAXAS

Marina, die Grenzgänger-Ratte

(übermittelt am 03. und 04. August 2019)

Gott und Göttin zum Gruße, ihr lieben Menschen! Ich Bin Marina, die Ratte. Ich weiß, die meisten von euch mögen uns nicht so gerne – bis auf die, die Exemplare von uns als Haustiere halten… Was mich betrifft, das ist mir gleich, wie ihr über unsere Spezies denkt. Tatsache ist, dass wir euch genetisch und vom Verhalten her so ähnlich sind, dass eure Mediziner und auch Psychologen uns gerne als Versuchstiere nutzen.

Vielleicht möchtest du erfahren, liebe*r Leser*in dieses Buches, wie die liebe Ines darauf kam, mich zu channeln. Übrigens, ja, Ich, Marina, habe eine Vorliebe für das Wörtchen „lieb". Man(n) und Frau sehe es mir bitte nach, es ist eine kleine Marotte von mir. Also, ich lief kürzlich beim Laupheimer Schlosspark an dem Weg vorbei, den Ines mit ihrem spirituellen Freund und Kameraden Michael nahm. Sie kamen gerade vom Quelltopf der Astardia, die sich in diesem Rahmen auch noch zu Worte meldet, und wollten zurück zum Parkplatz. Da bemerkten sie mich, wie ich gemütlich über den Grünstreifen am Parkrand lief, und es fiel ihnen auf, dass ich überhaupt keine Angst vor ihnen hatte. Hatte ich wirklich nicht, denn vor solchen Menschen hat eine erfahrene Grenzgängerin wie ich Null Angst! Michael pfiff sogar leise durch die Zähne, um mich anzulocken, das habe ich sehr wohl bemerkt. Darauf habe ich aber nicht reagiert, denn ich musste auf die *andere Seite*, weil ich dort eine Verabredung hatte. Also bin ich dann gezielt im Gras und Unterholz verschwunden.

Nun fragt ihr euch gewiss, liebe Menschen, was das denn sein soll, eine „Grenzgängerin", und dann noch eine „Grenzgänger-Ratte". Also, das ist so: Unter uns Tieren gibt es manche Spezies, die eben Grenzgänger*innen sind – zum Beispiel die Katzen, die Raben und einzelne Krähen, die führenden Stare in einem Schwarm, viele Pferde… und auch wir Ratten! Wir Ratten waren schon immer mit dem liiert, was ihr den „Tod" nennt, und früher haben wir ihn euch auch manchmal gebracht, indem wir euch den Erreger der Pest übertrugen. Nicht zuletzt darum hassen manche von euch uns heute noch. Ist mir persönlich aber egal; Ich Bin, Was Ich Bin, und das ist eine Grenzgängerin! Grenzgänger-Tiere, vielleicht ahnt ihr es schon, bewegen sich sozusagen zwischen den Welten. Sie wechseln von den grobstofflichen Ebenen in die feinstofflichen hinein und wieder zurück, oftmals vielfach an einem einzigen eurer gezählten Tage. Ja, ich sagte, die grobstofflichen *Ebenen*, denn es gibt davon nicht nur eine. Es gibt ja auch nicht nur eine Erde, sondern mehrere, und zwar auf unterschiedlichen Ebenen der materiellen Verdichtung. Es ist aber nicht mein Job, euch hierüber mehr zu erzählen, denn das Thema würde den Rahmen dieser Übermittlung sprengen.

Was ich euch sagen wollte: Ich sprach vom sogenannten Tod. Für die meisten von euch ist der „Tod" das Gegenteil von „Leben". Viele Menschen denken sogar, danach käme „gar nichts mehr", mit dem „Tod" sei „alles zu Ende". Das ist ein typisches Phänomen bei Wesen, die komplett in der Illusion der Trennung gefangen sind! Die Wahrheit ist – und dafür lege ich meine sämtlichen Pfoten ins Feuer – dass **der Tod ein *Teil* des LEBENS ist.** Der sogenannte Tod ist nicht mehr und nicht weniger als das Ende eines Lebens-Abschnitts und der Beginn einer neuen Erfahrung. Ob du nun vom Grobstofflichen ins Feinstoffliche wechselst oder umgekehrt, oder ob du innerhalb eines dieser Bereiche etwas Altes abschließt und etwas Neues beginnst. Aus meiner Sicht macht es keinen besonderen Unterschied, da ich ständig zwischen den verschiedenen Bereichen der großen Wirklichkeit und Wahrheit hin und her pendele. Ich kenne die Wesen hier, und ich kenne die Wesen dort. Ich weiß auch, wie es in den höheren und den allerhöchsten Dimensionen aussieht, denn von dort komme Ich – wie ihr alle. Ihr habt die Große Wahrheit nur vorübergehend vergessen, um gewisse Erfahrungen durchlaufen zu können. Dafür ziehe ich einen imaginären Hut vor euch; Ratten sind ja bekanntlich selten mit Hut unterwegs, hihihi.

Nun sieht es ja HEUTE, und speziell ab Beginn des Heiligen Jahres 2020, so aus, dass auch ihr Menschen – beginnend erst einmal mit ein paar wenigen – zu Grenzgängern werden könnt. Nichts anderes bedeutet das, was die liebe Ines den „physischen Aufstieg“ bzw. die „neue Unsterblichkeit“ getauft hat, als dass ihr zu *bewussten* Grenzgänger*innen werdet! Auf unbewusster Ebene seid ihr es längst und schon immer, denn was tut ihr anderes im Schlaf, als die Grenzen zum „Jenseits“ zu überschreiten? Wenn ihr aber euer Tages-Bewusst-Sein systematisch und gezielt erweitert, zum Beispiel, indem ihr eine Botschaft wie diese wirklich verinnerlicht, dann kommt ihr in die Lage, wirklich bewusst die Sphären zu wechseln. Dies in einer ersten Phase „nur“ mit dem Bewusstsein. Das tut die liebe Ines schon seit mehr als drei Jahrzehnten, wie ihr gerade aufgeht. Indem sich aber eure physischen Körper*innen mit der Verfeinerung eures Bewusstseins und der Heilung eurer Herzen ebenfalls verfeinern, kommt ihr schrittweise dahin, dass ihr euch sozusagen verdünnisieren könnt: Ihr verschwindet aus dem Blickfeld eurer grobstofflich orientierten Zeitgenoss*innen und erscheint als feinstofflicher Körper und feinstoffliches Wesen in astralen und höheren Bereichen!

Der Beginn des Neuen auf der Erde geht also synchron mit dem Ende des „traditionellen“ physischen Todes – zunächst einmal bei ein paar wenigen Pionier*innen, die sich zu diesem Wagnis bereiterklären. Das große FELD freut sich auf und über diese Pionier*innen zahllose Schwarze und Weiße Löcher in den Bauch!!!

Ich sende euch meine eigene Freude!
Eure Marina Grenzgängerin

Die Quellnymphe Astardia: Freude schenken

(übermittelt am 01.03.2020)

Meine Lieben,

Ich, Astardia, bin ein Naturwesen des Wassers. Mein Platz, von dem aus ich wirke, ist ein kleiner Quelltopf im Schlosspark von Ayla Ines' Wohnort Laupheim in Oberschwaben, zwischen Ulm und Biberach an der Riss. Warum ich das so genau beschreibe? Ganz einfach, weil es wichtig ist, wenn du, liebe Leser*in, ebenfalls mit mir in Verbindung treten möchtest. Dann solltest du nämlich deine Aufmerksamkeit und Intention bewusst hierher richten.

Liebe Mensch*innen, ich möchte zu euch über mein liebstes Thema sprechen, und darum habe ich Ayla Ines gebeten, es schon gleich in die Überschrift zu setzen. **Freude schenken.** Das ist das, was ich selbst am aller-aller-allerliebsten tue. Ich bin nur manchmal etwas traurig, weil ich immer noch zu wenig Gelegenheit dazu erhalte. Es sind ja nach wie vor relativ wenige Menschen, die offen dafür sind zu akzeptieren, dass es Wesen wie mich, also feinstoffliche Naturwesen, überhaupt gibt. Aber die Zeiten ändern sich, und damit zum Glück so nach und nach euer Bewusstsein…

Ich, Astardia, bin ein lichtvolles Wesen, das sich seiner eingeborenen Göttlichkeit stets bewusst ist und darum in der Freude lebt. Und die möchte ich gerne mit vollen Händen weitergeben! Zugleich möchte ich euch, liebe Mensch*innen, dazu ermuntern, selbst in eurem eigenen Leben Freude zu verbreiten. Es gibt nichts Schöneres als ein anderes Wesen zum Strahlen zu bringen, und dazu braucht es oft gar nichts weiter als ein Lächeln von dir, liebe Mensch*in. Und wenn du das Gefühl hast, dass in dir momentan gar nichts Freudiges ist, das du weitergeben könntest, dann besinne dich auf die LIEBE, die immer DA IST! Fange an zu üben und nimm diese Liebe, die für dich und für jedes Wesen immer da ist, mit jedem Atemzug an. Ja, und gerade dann, wenn du glaubst, „nicht würdig" zu sein oder gar aus irgendeinem Grunde „schuldig", gerade dann ist diese Liebe für dich da. Denn sie stellt keine Bedingungen! Sie liebt dich einfach so, einfach, weil es dich gibt. Denn im Universum würde etwas Entscheidendes fehlen, wenn es dich nicht gäbe. Warum? Weil es dich GIBT! Das ist Grund genug, und bitte begreife, dass du, genau DU, unendlich geliebt bist. Wäre es nicht ziemlich unklug von dir, diese Liebe nicht anzunehmen? Höre einfach auf, daran zu zweifeln, und atme. Nimm sie Atemzug für Atemzug an. Zuerst in kleinen, dann allmählich in immer größeren Portionen. So viel wie du gerade ertragen kannst. Denn ich weiß, zu Beginn kannst du nur ein klein wenig von dieser Liebe ertragen. Zu groß ist dein Misstrauen in dich selbst und deine Gewohnheit, dich ganz klein zu machen, ja, klein zu halten.

Mit dem Fluss deines Atems gliederst du dich ganz natürlich wieder in den großen Fluss des Lebens ein. Manchmal fließen dabei auch deine Tränen. Gib dich dem Fluss einfach hin, in jeglicher Gestalt! Wenn du das immer wieder geschehen lässt, dann kann Freude in dir und durch dich hindurch zu fließen beginnen. Ich bin geliebt. Du bist geliebt. Einfach FREUDE!

Warum ich möchte, dass diese ganz einfache Botschaft am Ende von Ayla Ines' Buch steht? Weil es nichts Heilenderes gibt als die Freude, die aus der Erfahrung der LIEBE fließt! Und welches Wesen möchte schon unsterblich sein, auf der Erde oder anderswo, ohne sich täglich, stündlich, jeden Augenblick an der LIEBE zu freuen, die für ALLE DA IST?

In tiefer Liebe zu dir und Allem, Was Ist
deine Astardia

ANHÄNGE

Anhang 1: Das Kristalline Zeitalter

(Auszug aus dem Buch „Christ-Mary-Energy", Übersetzung ins Deutsche)[98]

Bevor wir nun dazu übergehen, die Einweihungen in die Christus-Marien-Energie zu beschreiben, möchten wir über das Kristalline Zeitalter sprechen. Was bedeutet dieser Begriff und warum verwenden wir ihn? Drei wesentliche Merkmale kennzeichnen dieses Zeitalter:

1. Das Bewusstsein der Menschen dieses Zeitalters wird kristallin sein
2. Menschen, die den Prozess des Spirituellen Erwachens durchlaufen, werden neue, kristalline Strukturen in ihren Körperzellen entwickeln
3. Der Körper von Mutter Erde selbst entwickelt neue, kristalline Strukturen

Wir wollen einmal einen Blick auf die Essenz eines Kristalls werfen, um das Wesen des kristallinen Bewusstseins zu verstehen: Klarheit in der Struktur, Reinheit, Regelmäßigkeit, Heilkräfte, Fähigkeit, das Göttliche aufzunehmen, Bewusstheit. Ja, Bewusstheit ist eine Eigenschaft von Kristallen, das versichern wir euch! Natürlich können wir diese Behauptung nicht mit den Mitteln der materialistischen Wissenschaft beweisen… Es ist ein Faktum der Göttlichen Ordnung.

Als erstes stellen wir also fest: Das Bewusstsein des Neuen Zeitalters, das Bewusstsein der Neuen Frau und des Neuen Mannes, ist das Kristalline Bewusstsein. Dieses schließt die beschriebene Essenz von Kristallen mit ein und ist demnach eine hoch entwickelte Form des Einheitsbewusstseins. Wir können es auch das Christus-Marien-Bewusstsein nennen. Ein zentrales Merkmal des Kristallinen Bewusstseins ist die Klarheit in der „Unterscheidung der Geister", wie ihr manchmal formuliert. Dies bedeutet, dass das Herz und der Verstand eines Wesens Eins sind, sodass sie in der Lage ist, zu fühlen und zu verstehen, wo die LIEBE wirklich IST. Das Kristalline Bewusstsein ist rein und liebevoll

98 Ines Nandi, „Christ-Mary-Energy – Self-Empowerment, Initiations, Practice", AILESIA Netzwerk, 2019, S. 32-34, „The Crystalline Age"

und des Göttlichen gewahr auf allen Ebenen und in allen Manifestationen des Seins.

Zweitens: Der menschliche Körper befindet sich im Wandel, während das Neue Zeitalter voranschreitet. Nicht nur die Körper der Menschen durchlaufen Prozesse des Spirituellen Erwachens. In der Tat gibt es keine Körper*in, die nicht betroffen ist! Während die Schwingung auf dem Planeten in eine immer höhere Frequenz steigt, verändern sich die Zellstrukturen *aller* Körper. Wisst, dass dieser Prozess sich beschleunigt, je höher euer eigenes Bewusstsein schwingt. Eure Körper werden l(e)ichter, und das bedeutet, dass sie sowohl weniger schwer als auch erleuchteter werden im Sinne von „durchlichtet". Sie entwickeln sich von einer grob-materiellen Ebene zu einer zunehmend feinstofflichen. In gewisser Weise werden sie verflüssigt. Dieser Prozess impliziert Veränderungen in den Strukturen eurer Zellen, die immer kristalliner werden. Mehr Klarheit und Reinheit, mehr Bewusstheit und Achtsamkeit. Ein bedeutsames Ergebnis wollen wir noch erwähnen: Ihr werdet weniger fit für die Durchführung schwerer körperlicher Arbeiten sein. Ist das eine schlechte Nachricht? Wir meinen, nein: Ihr seid ja dabei, euch auf eine Form der Manifestation vorzubereiten, die direkt über euer Bewusstsein verläuft, direkt auf dem Weg über die Konzentration eurer Gedanken! Genau so geht das Manifestieren in der Fünften Dimension, der Dimension des Kristallinen Zeitalters.

Drittens: Auch die Zellstrukturen von Mutter Erde befinden sich im Wandel. Ausgehend von der Ebene ihres Herzens, das immer kristallin war, transformiert sich ihre gesamte heilige Körperin! Das Phänomen, das ihr den „Klimawandel" nennt, ist ein Teil dieses Prozesses. Es ist ein Teil des Selbstheilungs-Prozesses eures wunderbaren Planeten!

Zusammenfassend möchten wir sagen, dass das Kristalline Bewusstsein auf der Erde mit tiefen Veränderungen auf der körperlichen wie der Bewusstseins-Ebene einhergeht, sowohl bei den Menschen als auch beim Planeten. Das Ergebnis wird ein Wachstum von Liebe, Frieden und gegenseitigem Verständnis unter den Menschen sein. Die Christus-Marien-Energie wird euch helfen, auf der Ebene der gesamten Menschheit Klarheit der Vision und Klarheit des Individuellen Ausdrucks zu erreichen, ebenso wie Klarheit des Bewusstseins. Die LIEBE braucht solche Klarheit, um sich auf der Erde manifestieren zu können. Und der Weg der LIEBE muss von jedem einzelnen Menschen gegangen werden – aus diesem Grunde sind die Einweihungen in die Christus-Marien-Energie so wichtig und so hilfreich!

Anhang 2: Der Neue Göttliche Plan

(durchgegeben im Januar 2020 über den Hohen Plejadischen Lichtrat)

Liebe Menschen,

hier spricht MIRA vom Plejadischen Hohen Lichtrat. Im direkten Auftrage der Göttlichen QUELLE von Allem-Was-Ist gebe ich über Ines Nandi die nachfolgenden Korrekturen bekannt, die die QUELLE im Januar 2020 an Ihrem Plan für den Aufstieg des Planeten Erde und aller diese Erde bewohnenden Wesen vorgenommen hat.

1. Die QUELLE hat beschlossen, den ursprünglichen und seit Äonen (aus menschlicher Sicht) bestehenden Plan für die Rückkehr des Planeten und seiner Bewohner*innen insofern aufzugeben, als es sich nun nicht mehr um einen einzigen Weg handelt, der beschritten werden kann. Bislang gab es in der Tat einen festen „Zeitplan" für den allgemeinen Aufstieg, also die allgemeine Rückkehr in die EINHEIT, und dieser Plan beinhaltete gewisse Stationen und Schritte, die festgelegt waren. Die Wesen hatten lediglich die Wahl, mitzugehen oder Nein dazu zu sagen.

2. Ab heute, dem 28. Januar 2020, gilt: Es gibt insgesamt **drei Aufstiegs-Varianten**, zwischen denen sich alle Wesen auf Gaia nun entscheiden können. Diese werden weiter unten näher beschrieben. Hier die Begründung der QUELLE für ihre Korrekturen, übersetzt in für Menschen verständliche Worte:

„Nach gründlichem Studium der Entwicklung und Beweggründe des Planeten GAIA, der inkarnierten Menschheit und aller anderen auf dem Planeten verkörperten Wesenheiten bin ICH zu dem Schluss gekommen, dass es keine einzelne Lösung für den Aufstieg geben kann, die allen Beteiligten gerecht wird. Zu unterschiedlich sind die Bedürfnisse, die Erfahrungs-Wege und die Grade der Entwicklung in der Liebe. Es gibt Wesen, die sich aktuell nichts sehnlicher als die möglichst baldige oder sogar sofortige Rückkehr in die Einheit wünschen, und zwar individuell und unter Auflösung jeglicher Körperlichkeit, auch der feinstofflichen. Dann gibt es Wesen, die zusammen mit GAIA unter Auflösung der physisch-materiellen Körperlichkeit in eine Fünfte Dimension übergehen möchten, die für Wesen

der Dritten unsichtbar ist. Drittens aber, und das betrifft die überwältigende Mehrheit der Menschen Guten Willens auf diesem Planeten, gibt es Wesen, die sich eine „verklärte Körperlichkeit" in einer „erlösten Dritten Dimension" wünschen. Den „Himmel auf Erden" in sozusagen biblischer Form. Genau dieser Weg aber war bislang nicht vorgesehen. Er wird HIER und JETZT freigegeben!"

3. Hier nun die nähere Erläuterung der drei Aufstiegs-Wege:

Variante A:

Diese betrifft fortgeschrittene Lichtarbeiter*innen, die ihre Aufgabe für das Kollektiv erfüllt haben. Sie sind in den letzten Jahren oder sogar Jahrzehnten durch sämtliche Phasen des Lichtkörperprozesses gegangen, wie er z.B. durch Erzengel ARIEL, gechannelt von Tashira Tachiren, schon Ende des 20. Jahrhunderts erklärt und beschrieben wurde. Diese wunderbaren Wesen können nun direkt und sehr schnell – sie bestimmen selbstverständlich ihr Tempo selber – auf dem Wege über die endgültige Umwandlung ihres physischen Körpers in LICHT raketengleich aufsteigen bis in die allerhöchste Sphäre des Göttlichen Geistes. Einige wenige sind ihnen schon vorausgegangen in den letzten Jahren…

Variante B:

Auch hier hat es schon eine Vorhut gegeben – Stichwort „AURORA" – die sozusagen in einem Testlauf den körperlichen Aufstieg in die Fünfte Dimension hinein sowohl simuliert als auch vollzogen hat. Dies geschah im September 2017. Diese Menschen sind spurlos vom Erdboden der Dritten Dimension verschwunden. Ihre physischen Körper haben sich „verflüssigt" und sie bereiten den Boden einer neuen, fünfdimensionalen Lichterde für Nachfolgende vor. Diese Variante war nach dem Ursprünglichen Plan die einzige Option für das planetarische Ganze der Erde. Jedoch berücksichtigte auch sie nur die Bedürfnisse einer relativ kleinen Minderheit von höchstens drei Millionen Menschen.

Variante C – der Neue König*innen-Weg:

Die überwältigende Mehrheit der Menschheit sind „Menschen guten Willens", die aber nach wie vor in ihren Transformationsprozessen zum

Teil sehr tief verhaftet sind; dies bei den meisten auch noch auf einer ziemlich unbewussten Ebene. Eine beinahe verschwindende Minderheit hat sich zurzeit bewusst (!!!) GEGEN die Rückkehr ins Licht entschieden und versucht diese mit allen Mitteln der Manipulation, der Lüge und des Missbrauchs zu torpedieren. Da immer noch so zahlreiche Menschen „schlafen" und dies nicht bemerken, hat die QUELLE beschlossen, die Offenbarwerdung der Wahrheit über deren Machenschaften sehr bald erscheinen zu lassen. Des weiteren hat die QUELLE sämtliche im Dienste des Aufstiegs der Erde (und auch der anderen im Aufstiegsprozess begriffenen Planeten) befindlichen Lichtkräfte beauftragt zu erforschen, auf welchen Wegen eine Entwicklung auf der Erde **zum Höchsten Wohle ALLER** befördert werden kann. Eine „erlöste Dritte Dimension" und eine „verklärte Körperlichkeit", was kann dies ganz konkret bedeuten? Wie kann es „spirituell-technisch", bzw. „Lichtkörper-mäßig" umgesetzt werden?

Die QUELLE möchte allen Menschen guten Willens ab heute die Möglichkeit schenken, sich genau die „Zeit" zu nehmen, die sie brauchen, um wirklich zutiefst zu sich selbst zu erwachen. Sie schenkt ihnen daher auch *beide* Optionen von „Leben und Tod": zum einen die „alte" Variante, für dieses Mal ihren physischen Körper zurückzulassen und die Entwicklungen der kommenden Jahre und Jahrzehnte nicht im irdischen Gewand mitzumachen. Rückkehr auf die Erde ist möglich, es werden aber auch andere Optionen/andere Planeten angeboten. Zum anderen die **„neue Unsterblichkeit"**, die, grob beschrieben, die Entwicklung eines „galaktischen Lichtkörpers" beinhaltet, der aber weiter seine menschenmäßige Gestalt behält und für andere, noch „normale", physische Menschen sichtbar und tastbar anwesend ist.

Diese dritte Variante wird der Weg der allergrößten Mehrheit der Menschen sein, und ihr dürft euch darauf sehr freuen! Eurem uralten Traum wird stattgegeben, einen Neuen Himmel auf einer Neuen Erde zu erfahren, zu genießen, zu feiern. Eure Körper*innen zumal, die so unendlich vieles für euch und für das Große Ganze getragen haben und tragen, fallen, so ihr diese Variante für euch wählt, nicht der endgültigen Auflösung anheim, sondern erhalten die Macht, sich eigenständig zu de- und re-komponieren! Auch eure Mutter, die Erde, erhält die Möglichkeit, von innen her, aus ihrem Kristallinen Herzen heraus, sich selbst komplett zu heilen, neu zu organisieren, neu zu gestalten, und das im liebevollen und bewussten Zusammenwirken mit einer immer liebevoller und bewusster sich entwickelnden Menschheit. Auch die Erde entwickelt dabei einen galaktischen Lichtkörper… Näheres dürfen wir alle miteinander noch erforschen! Wir dürfen mit Verantwortungsbewusstsein experimentieren, immer an der Universellen Liebe orientiert!

Wir, die Plejadier, und andere licht-volle „Außerirdische", freuen uns ungemein darauf, jetzt schon mit eurer Avantgarde zusammenzuwirken, und im Laufe der „Zeit", die sich im JETZT auflösen wird, dies mit immer mehr erwachten Menschen zu zelebrieren!

Am 28. Januar 2020
gezeichnet:
MIRA vom Plejadischen Hohen Lichtrat

Anhang 3: Mein persönlicher Nullpunkt-Durchgang

(von Ayla Ines – Auslöser: Lena Giger und Nancy Holten https://www.youtube.com/watch?v=bFau-e4-5KE)

21.03.2020

Zum Zeitpunkt der Veröffentlichung dieses Buches werden die Erde und alles, was auf und in ihr lebt, durch diesen „Nullpunkt" schon hindurchgegangen sein. Manche werden es gemerkt haben und wissen, vielen aber wird es bis dahin noch nicht klar sein. Daher schreibe ich hier und heute darüber und spreche auch von meiner persönlichen Erfahrung mit diesem Durchgang.

Ganz ehrlich, bevor ich am frühen Abend des heutigen Samstags dieses Video anschaute, hatte ich von einem Nullpunkt noch nie etwas gehört. Aber die Informationen, die Lena Giger brachte, elektrisierten mich sofort. Ich wusste: **Das hier ist die Wahrheit.**

Zum **Inhalt des Videos:**

Lena Giger, junge Mutter und Kristallkind, weiß, dass sie aus der 9. Dimension genau für diese Zeit auf die Erde geschickt wurde. Vor einigen Jahren bekam sie eine Information aus der Geistigen Welt, dass eine Zeit kommen würde, wo wir nicht mehr unterscheiden könnten, was wahr gesprochen ist, und was nicht. Diese Zeit ist jetzt da. Aber: Wir haben den Kompass unseres Herzens! Fühlt es sich weit an, dann ist in einer Aussage Wahrheit enthalten. Wir können dann auch nachfragen, zu wieviel Prozent. 90 Prozent ist das Höchste, ihres Wissens, was wir als Menschen erreichen können, „denn wir haben ja noch Ego und Verstand". Sie holt ein wenig aus, um zu erklären, worum es jetzt geht: Das Multiversum ist wie ein Torus. Ganz oben und ganz unten ist strahlendes Licht. In der Mitte ein „Schwarzes Loch", absolute Dunkelheit, Nichts, Nullpunkt. Die Wesen wandern durch die verschiedenen Dimensionen und machen Erfahrungen. Die meisten wollen zum Licht, um sich dort aufzulösen. Die Auflösung (der Form) fängt in der 12. Dimension an; im LICHT sind wir so etwas wie ein Bewusstseins-Punkt, ein bewusster „Tropfen im Ozean". Es gibt aber auch Wesen, die wollen sich in der Dunkelheit des Nichts, im „Nullpunkt" also, auflösen, indem sie immer noch dunkler und „schwerer" werden. Das sind die „Bösen", die sich auf dem Weg über Angst und Schmerz in die Auflösung bewegen. Allen Wesen ist aber gemeinsam dieser Wunsch nach immer wieder neuer Auflösung. Da sich diese Wege jedoch immer wieder wiederholen, kamen einige auf die Idee, dass wir zur Abwechslung mal mit dem Licht und inklusive Ego in den Nullpunkt gehen könnten. Genau das tut jetzt die Menschheit, und mit ihr alle anderen Wesen auf der Erde!

Lena selbst erzählt, dass sie diese Erfahrung schon erlebt hat: In einer Nacht lag sie wach und war nach einem Liebeserlebnis sehr stark energetisiert. Dann hatte sie das Gefühl, dass ihre Arme und Beine sich auflösen würden, zugleich ein Gefühl wie in der Achterbahn – Angst und Freude zugleich. Als sie am nächsten Tag mit Freunden hierüber sprach, waren diese sich einig, dass sie den Nullpunkt durchlaufen hatte. Sie ging später noch einmal bewusst in dieses Nichts hinein und probierte aus, etwas zu manifestieren. Sie stellte sich ein einziges Herz vor, Liebe, und dieses war sofort da und potenzierte, vervielfältigte sich. Als die Engel ihr vorschlugen, etwas Negatives hervorzubringen, das ihr Angst machen würde, stellte sie fest, dass das nicht funktionierte! Im Nullpunkt geht nur freudiges und liebevolles Erschaffen!

Lenas Wahrnehmung zu dem, was uns jetzt (Ende März 2020) bevorsteht: „Die Erde geht durch den Nullpunkt, und alle gehen mit". Das werde schon „in den nächsten Wochen so sein". Es sei kein Anlass zur Sorge, es werde nichts passieren, außer dass manche vielleicht mal fünf Minuten nicht so ganz da wären oder Schwindel hätten oder ein „Achterbahngefühl". „Es ist gut, dass alle jetzt zu Hause sind"…

Lena gibt dann angedeutet ein paar Informationen weiter, die sie von Menschen (und nicht von ihren Engeln) erhielt: Es sieht danach aus, dass lichtvolle Menschen schon sehr bald in Aktion treten und „aufräumen"mit den alten, korrupten Eliten, um etwas Neues aufzubauen, das dem Wohle aller dient. Sie glaubt, dass es die Indigos sein werden; es fällt auch der Name von Trump. Chaotische Zustände, z.B. durch einen Stromausfall, werde es nicht geben, denn: Zuerst gehe die Erde durch den Nullpunkt, und dann sei die freie Energie schon da…

Als Nancy Holten kurz vor Ende des Videos sagte, sie erfahre gerade, dass ihr eigener Durchgang in einer Woche stattfinde, wurde mir selbst schlagartig klar: „Bei mir ist das schon heute Abend dran!“ Und zwar gab es um 19 Uhr eine Meditation, in die ich mich sowieso einklinken wollte. Natürlich zur aktuellen Situation auf der Erde und mit Unterstützung durch sehr hohe Lichtschwingungen, die von der Geistigen Welt und der Göttlichen Quelle zur Verfügung gestellt würden.

Kurz vor 19 Uhr bereitete ich also meinen Heiligen Raum vor. Auf meinem Altar-Tisch steht ein großer, schlanker, weißer Porzellan-Engel mit silbernen Haaren und Flügeln, der in den Händen einen Halter für ein Teelicht hält. Das ist meine Emanuela. Ich zündete zunächst ihr weißes Teelicht an, und an diesem neun weitere Kerzen – drei weiße, zwei grüne, eine rote, eine blaue und ein weiteres Teelicht. Die zehnte Kerze, eine cremeweiße kleine Duftkerze in einem Glas, auf dem „Meditation“ steht, platzierte ich zu Füßen von Emanuela. Sie sollte für das Dunkel oder Nichts stehen. Ich wusste nämlich von früheren Versuchen mit dieser Kerze her, dass sie immer nur sehr schwach brannte und nach einer kurzen Weile schon erlosch…

Um 19 Uhr schaltete ich das elektrische Licht aus und setzte mich in meinen Sessel. Ich spielte für mich selbst zur Einleitung eine Sequenz auf meiner Indianerflöte und ließ in meinem Herzenszentrum eine Sonne erstrahlen. Über diese verband ich mich mit der Sonne im Inneren der Erde, mit der Seele unserer äußeren Sonne, mit der galaktischen Zentralsonne und mit der Göttlichen Zentralsonne. Dann atmete ich und beobachtete, was in mir an Gefühlen und Wahrnehmungen ablief. Das „Meditations-Licht“ brannte kaum sichtbar. Eine Art zorniger Entschlossenheit kam hoch, die mich an den Heiligen Zorn von Jesus erinnerte, als er die feilschenden Händler aus dem Tempel vertrieb. Ich ertappte mich dabei, wie ich mir innerlich aufzählte, von welchen Personen des öffentlichen Lebens in Deutschland ich gerne hätte, dass eine Armee des Lichtes sie verhaften und zur Rechenschaft ziehen sollte. Ich erinnerte mich an den Satz, der im Video gefallen war: „Die Indigo-Kinder werden aufräumen.“ Mit großer Klarheit wusste ich in diesem Augenblick: „Auch ich bin eine Indigo-Seele. Es ist wahr, was mehrere

Menschen mir schon über mich gesagt haben. *Meine* Aufgabe aber ist es, *in den Köpfen aufzuräumen.*"

Kurz darauf erkannte ich dann, dass ich vor einem großen, dunklen Tor stand, das zunächst noch verschlossen war. Aha, ich war erst im Vorraum zum Nichts gewesen! Ich musste vor dem Tor mein Ego und meinen alten Verstand abgeben, dann durfte ich eintreten. Die Meditations-Kerze brannte nicht mehr.

Die Selbst-Erkenntnis als Indigo-Seele vertiefte sich, dann war ich einfach nur noch da. Was konnte ich nun erschaffen? MUSIK! Ich gab die Klänge meiner Indianerflöte in den dunklen, leeren Raum hinein...

Als ich nach dem Flötenspiel die Augen wieder öffnete, betrachtete ich für eine Weile das Licht der neun Kerzen und beendete meine Meditation nach einer knappen Stunde.

22.03.2020, 4 Uhr 30

Ich habe in dieser Nacht nicht lange geschlafen – vielleicht von 23 Uhr 30 bis 3 Uhr. Als ich um 22 Uhr 30 ins Bett ging, merkte ich, dass ich mit einem Teil meiner Seele immer noch im Nullpunkt war. Es fühlte sich entspannt und schön an. In dem Moment, wo ich dies aufschreibe, stelle ich fest: **Ich bin auf einer neuen Bahn.** Was immer das bedeutet... Sie sieht jedenfalls aus wie das Zeichen der Unendlichkeit, die liegende Acht. Und sie rotiert in alle Richtungen...

Ich hatte gestern Abend keine Angst, als ich mich in den Nullpunkt hinein auflöste. Eigentlich habe ich nicht einmal etwas von der Auflösung gemerkt, nur einen warmen Energiefluss durch meine Körperin. Ich weiß aber, und das fiel mir sofort ein, als ich das Video anschaute und Lena von dem Gefühl der Auflösung in ihren Armen und Beinen erzählte, dass ich mich genau auf diese Stunde der gestrigen Meditation fast 20 Jahre lang vorbereitet habe. Das war in der Zeit von 1984 bis 2003. Damals erlebte ich häufig wiederkehrende Panikattacken, die ich **„das Auflösungsgefühl"** nannte. Sie bestanden genau in der Wahrnehmung, mich körperlich aufzulösen. Ein „Ich", ein „persönliches Zentrum", war nicht mehr zu spüren. Stattdessen war da manchmal eine äußerst boshafte, dunkle Präsenz in meinem Inneren, die mich mit Vernichtung bedrohte: „Du wirst jetzt verrückt und kommst aus diesem Zustand nie wieder heraus!“ Die Herausforderung war immens! Ich zitterte am ganzen Körper, versuchte ruhig zu atmen, es ging nicht. Atmete tief ein, hielt die Luft an, atmete sie stoßartig wieder aus, das half ein wenig. Wenn ich gerade zu Hause war, tigerte ich mit wackeligen Knien im Wohnzimmer auf und ab. Manchmal musste ich für meine Familie kochen, wenn die Panik kam. Dann bemühte ich mich mit letzter Kraft, mich auf diese Handlung zu konzentrieren. Auch das half ein wenig. Wenn ich gerade mit meinem Mann bei einem Spaziergang unterwegs war, beschleunigte ich meine Schritte, um möglichst bald nach Hause zu kommen. Für den Fall, dass gar nichts mehr ging, hatte ich nämlich ein Beruhigungsmittel da, das mich allerdings umhaute wie mit einer Keule. Ich legte mich, wenn es möglich war, ins Bett und döste…

Das Interessante bei dem Ganzen aber war: Irgendwann in diesen Jahren, ich weiß nicht genau wann, kam der Gedanke auf: **„Es kommt der Tag, an dem ich für diese Erfahrung dankbar sein werde.“** Dieser Gedanke blieb bei mir, und manchmal in den letzten Jahren, nachdem im Sommer 2003 die letzte Panikattacke vergangen war, habe ich mich gefragt, wann dieser Tag denn nun käme. Gestern am frühen Abend, als ich Lena Giger zuhörte, wusste ich mit absoluter Sicherheit: **„Dieser Tag ist heute!“**

Anhang 4: Video-Link „Die fünfte Dimension“

https://www.youtube.com/watch?v=cN6YAbapJ3Y

Dieses – in meinen Augen sehr interessante und aufschlussreiche – Video von „Cassandra 13“ auf YouTube, das im Herbst 2019 veröffentlicht wurde, enthält unter anderem auch den Hinweis darauf, dass bei allen Menschen die **Zellstruktur** jetzt verändert wird – von organischen Kohlenstoff-Verbindungen hin zu einer Silizium-basierten Struktur. Es wird hier zwar „nur“ von einer Silizium-Basis gesprochen, während ich selbst die Information erhielt, dass auch andere Elemente vertreten sein können, so wie bei mir das Thallium. Aber die grundsätzliche Bestätigung, die ich darin für meine eigenen Wahrnehmungen finde, ist mir schon mal wichtig! Außerdem wird in diesem Video die Entwicklung hin zu einem neuen **Immunsystem** angedeutet, das auf Integration, und nicht mehr auf Ausgrenzung und Kampf beruht.

VON GANZEM HERZEN DANKE...

- GOTT-VATER-MUTTER, der Quelle Allen Seins, für mein ganzes LEBEN und dafür, dass ich genau JETZT HIER sein darf.
- Mahatma LAIRIS, meiner geistigen Lehrerin von „ganz oben“, die bei der Abfassung dieses Buches immer präsent war;
- den Meisterinnen und Meistern der Großen Weißen Bruder- und Schwesternschaft für ihre Durchgaben und für sehr viel weitere konkrete und spürbare Unterstützung beim Schreiben;
- den Engeln, den Elohim, den lichtvollen Naturwesen, der gesamten lichtvollen Geistigen Welt für ihr beständiges Da Sein und Hilfe in allen Lebenslagen;
- auch den Lehrern über die Lüge, die Verwirrung, die Angst, die Negativität – dem „Unlicht“ eben, denn sie haben mich auf ihre spezielle Weise ebenfalls geschult!
- meinen leiblichen Eltern: Peter Bourauel, im Leben Bundeswehroffizier und auch im Sterben (1975 an Leukämie) ein tapferer Soldat, und seiner Frau Gertrud Maria, die ihm erst im Januar 2018 im Alter von beinahe 94 Jahren nachfolgte. Ich bin ihnen dankbar für eine behütete Kindheit und Jugend und dafür, dass sie die verabredeten wichtigen Prägungen des Kindes Ines getreu besorgt haben;
- meinem Mann Kumaresh für seine treue und liebevolle Begleitung „in guten wie in schlechten Tagen“ seit nunmehr 50 Jahren;
- unseren wundervollen Kindern: Miriam, Gerrit, Kiron und Felix sowie deren ebenso wundervollen Ehepartner*innen Andreas, Daniela, Corina und Stefanie für ihr DaSein und dass sie uns die kostbaren Neuen Kinder Samuel, Rahel, Antonia, Leonie, Jonathan, Naila, Sara und Anna geschenkt haben;
- meinen langjährigen Laupheimer Freundinnen. Besonders möchte ich erwähnen: Ulla Gasmi, die alle meine Bücher und auch unveröffentlichten Manuskripte gesammelt hat; Barbara Willar, von der ich an der Volkshochschule die Grundlagen der Aquarell- und Acrylmalerei erlernen durfte; Dagmar Bettin, durch die ich im Jahre 2002 erkannte, dass ich ein Kanal-Medium bin...

- meinen spirituellen Freundinnen Ursula Huber und Dagmar Freund. Beide waren zuverlässig ehrliche Testleserinnen einiger meiner Bücher. Dagmar Freund hatte mit ihren Hinweisen und Inspirationen maßgeblichen Anteil an der Entstehung von „Der physische Aufstieg des Menschen“. Ohne den Austausch mit ihr während der Entstehung des Buches hätte diesem einiges gefehlt;
- Birgit Brahner, Gisela Wald und Magdalena Winkels für das Lesen des vorliegenden Buch-Manuskripts während der letzten Monate seiner Entstehung und für wichtige Hinweise und Anregungen;
- und *„last but not least“*: meiner Verlegerin Christa Falk, die meinen Büchern „Das Heilwissen der Bäume und die Botschaft vom Wind“, „Die Christusenergie – Einweihungen und Praxis“ und „Der physische Aufstieg des Menschen“ zu einer Verbreitung verhalf, die sich inzwischen verselbständigt hat. Unsere gemeinsame Vision von einer *Neuen Unsterblichkeit in einer Neuen Welt* findet im vorliegenden Buch einen weiteren Ausdruck!

DIE AUTORIN

Es gehört schon eine gute Portion „Verrücktheit“ dazu, eine Vision zu formulieren und auch noch zu veröffentlichen, die wie diese vom „physischen Aufstieg“/der „neuen Unsterblichkeit“ dem fundamentalsten Glaubenssatz der gesamten Menschheit widerspricht. Aber was bedeutet das eigentlich, dieses Wörtchen „verrückt“? Im Jahre 1982, ganz zu Beginn meines turbulenten persönlichen Erwachensprozesses, erhielt ich einmal einen Satz aus meinem Inneren, den ich nie vergessen habe: *„Ich bin verrückt. Ich verrücke Dinge. Ich rücke sie an ihren Platz.“* Nun, genau das ist es, was ich hier getan habe und tue: Ich rücke die sogenannten „letzten Dinge“ an ihren Platz. Ich rücke unser Verständnis von Materie und Körperlichkeit an seinen Platz. Ich habe zumindest damit angefangen…

Wie hat mich meine Freundin M. vor vielen Jahren angestarrt, als im Laufe eines ganz harmlosen und alltäglichen Gesprächs auf einmal der Satz aus mir herauskam: „Ich sterbe nicht“! Und wie überrascht und erleichtert war ich, als ich im Sommer 2014 mein Manuskript „Der physische Aufstieg des Menschen“ meiner Verlegerin Christa Falk zukommen ließ und bei ihr sofort offene Türen fand! Es war und ist auch *ihre* Vision…

Heute, in dieser nun wirklich verrückten und verrückenden Zeit, zeige ich mich mit Vergnügen als die „Spinnerin“, die ich schon als Kind war. Mein *inneres* Kind freut sich diebisch dabei!

Du erreichst mich über meine Website:
https://inesnandi.com

An jedem ersten Mittwochabend im Monat biete ich ein Online-Seminar an: „Gesprächskreis Neue Unsterblichkeit“. Näheres unter www.inesnandi.com/termine

DIE CO-AUTOR*INNEN

Birgit Brahner

Auf der Reise zu mir selbst durchlief ich eine einzigartige Transformation. Als energetische Heilerin unterstütze ich die Menschen dabei, Körper, Geist und Seele in Harmonie zu bringen, dies ist Teil meiner Berufung. Ich führe die Menschen in die Eigenverantwortung. Ziel ist, ihre schöpferische Kraft und Macht durch ein tiefes Erinnern zur Entfaltung zu bringen. Begleitet werde ich von meiner Kristallsphäre. Näheres unter: www.birgit-brahner.de

Katia de Farias

in Brasilien geboren und aufgewachsen, lebt sie als Tänzerin, Tanzschamanin und Heilpraktikerin für Psychotherapie seit vielen Jahren in Deutschland.

Mit **svanmove** bietet sie dir einen liebevollen Raum für tiefe Transformation an, in dem dein göttliches körperliches und spirituelles Wesen in die ursprüngliche Einheit zurück verschmelzen kann, die du von Natur aus bist.

Katia arbeitet in Kooperation mit der Geistigen Welt. Sie dient dem Feld des Ur-Weiblichen und wird dabei von der Ur-Schwingung des Göttlichen Weiblichen, von Maria Magdalena, Yeshua (Jesus - Religions-**FREI**), dem Lichtwesen Efigenia, den Elfenwesen und von indigenen Ur-Licht-Ahn*innen eng begleitet. Ihr Angebot umfasst die Frauen-Jahres-Zyklen, Seminare für Frauen und Männer, Tanz-Heilungsrituale, Natur-Rituale, Einzelsitzungen mit Fogo Sagrado und Geistigem Heilen, sowie mediale Einzel-Aufstellungen.

www.svanmove.com

Otto Lichtner

Otto Lichtner ist Medium und Licht-Botschafter und komponiert mit Hilfe des Klaviers Lebensmusiken, die Informationen über das Frequenzfeld vermitteln und kraftvolle und heilende Entwicklungen auslösen. In der SeelenEntwicklung verbindet er die Menschen durch ihre persönliche Lebensmusik mit dem ureigenen Resonanzfeld und empfängt zudem mediale, wertvolle Botschaften.

Dieser „hör- und fühlbare Fingerabdruck" wird anhand eines Fotos oder bei einem Termin erstellt. Durch tägliches Anhören im empfohlenen Zeitraum von 28 Tagen wird dadurch einfach und sehr effektiv die Seelenentwicklung auf allen Ebenen gefördert, der Kontakt zum inneren Heiler hergestellt und das Tor zur größtmöglichen Potenzialentfaltung geöffnet.

Für Projekte, neue Ideen und Visionen komponiert Otto komplexe Lebensmusiken. Mit diesem musikalischen EnergieAnker wird eine klare Ausrichtung fokussiert, und im Einklang mit allen Beteiligten werden die Energien und Ressourcen zur erfolgreichen Verwirklichung freigesetzt.

Weitere Informationen über die Lebensmusik, Seminare, Energie-Konzerte und seine langjährige Forschungsarbeit mit der Schwingungs-Medizin der Neuen Zeit unter:

www.lebensmusik.net

Christa Falk

ist die Verlegerin des Ch.Falk-Verlags, den sie 1982 gründete.

Es war von Anfang an ihre Motivation und Vision, mit „ihren" Büchern Brücken zu bauen zwischen den Dimensionen und dabei zu helfen, dass sich das Bewusstsein der Menschen verändern – erweitern – konnte. Denn ihr war klar, dass eine *Neue Welt,* von der sie träumte, erst entstehen konnte, wenn sie sich auch genügend Menschen wünschten.

All die Jahre erfuhr sie große Unterstützung von der Geistigen Welt, die ihr ein aufregendes Manuskript nach dem anderen zur Veröffentlichung „zuführte". So sind im Laufe der Jahre mehr als 400 Bücher entstanden, die das Ihre dazu beigetragen haben, das Bewusstsein sehr vieler Menschen zu erweitern und es für das Neue, das sich heute so spürbar zeigt, zu öffnen.

www.ch.falk-verlag.de

Weitere Bücher der Autorin:

Jesus Sananda/Ines Nandi

Der physische Aufstieg des Menschen

Wunder sind möglich. Denn eines der überraschenden Ergebnisse des aufsteigenden Bewusstseins, das sich gerade bei uns auf der Erde ausbreitet, ist, dass nicht nur der Geist, sondern auch der Körper „aufsteigen" kann. Und für ihn heißt das, dass er viel, viel länger als bisher in vollkommener Gesundheit und im Vollbesitz seiner Kraft leben kann, dass er sich verjüngt, dass ihm zu jeder Zeit möglich ist, was bisher nur das Vorrecht der Jugend war.

Mens sana in corpore sano – wie die alten Lateiner und Griechen schon sagten – ein gesunder Geist in einem gesunden Körper. Ganz zu schweigen von den Dingen, zu denen dieser gesunde Geist seinen Körper noch befähigen wird, die wir heute noch gar nicht ins Auge gefasst haben!

Wir stehen gerade am Anfang dieser Entwicklung - und kein Wunder, dass es Jesus ist, der uns dieses Buch als „Einführung" in das Thema schenkt, ist er doch seinerzeit schon mit seinem Körper „aufgestiegen". Er wird gechannelt von Ines Nandi, die bisher die Bäume durch sich sprechen ließ. Wir verdanken ihr das schöne Buch vom „Heilwissen der Bäume und der Botschaft vom Wind". Und auch zum Thema Körper äußern sich die Bäume hier, sind sie doch wahrlich verwurzelt mit der Erde und „Fachleute", wenn es um Körperlichkeit geht.

ISBN 978-3-89568-266-7 / Pb. / 200 Seiten / € 18,50

Jesus Sananda/Ines Nandi

Die Christusenergie

Einweihungen und Praxis

Dieses kleine Buch ergänzt Jesu` Buch über den physischen Aufstieg des Menschen. Denn es ist diese Energie, die eine wesentliche Rolle dabei spielt. „Aufstieg" für den Körper heißt „Beschleunigung" der Schwingungen der Zellen – sodass es ihnen ermöglicht wird, die ursprüngliche Blaupause, die die Urteilchen – die Quanten – enthalten, zu verkörpern.

Christusenergie ist Quantenenergie. Und diese bringt hervor, was sich der Schöpfer eigentlich unter einem Menschen vorgestellt hat – sein Abbild in Fleisch und Blut.

Um zu beschleunigen, muss Ballast abgeworfen werden. Dieser besteht aus Gedanken- und Gefühlsmustern, die die Zellen blockieren. Sind diese entfernt, sind die Zellen frei. Durch die Zufuhr von Christusenergie von außen wird die in den Zellen wohnende Christusenergie erweckt. Alles geht so viel schneller, und man kann sich die „Einweihungen" in diese geistige Arbeit einfach „abholen", wenn man sicher ist, reif dafür zu sein.

Jesus Sananda schreibt dieses Buch wieder mit Ines Nandi, die auch autorisiert ist, Hilfestellung bei diesem Prozess zu geben.

ISBN 978-3-89568-267-4 / Pb. / 112 Seiten / € 15,50

Das Heilwissen der Bäume und die Botschaft vom Wind

Die Bäume sind schon so lange mit uns, wie es Menschen auf diesem Planeten gibt. Nicht nur schaffen sie uns biologisch die Lebensgrundlage, indem sie Sauerstoff »produzieren«, sie sind auch wie keine andere Pflanze besonders dem Menschen zugeordnet. Sie sagen, sie sind unsere Freunde. Und Freunde kennen sich gut und helfen einander.

Und dies erfahren wir wieder einmal in diesem Buch aus unserer Reihe *In Kontakt mit der Natur.* Die Bäume sprechen darin nämlich hauptsächlich von uns Menschen. Ihr Heilwissen bezieht sich nicht nur auf die bekannte Verwendung ihrer Blätter, Blüten oder Rinde zur Heilung, nein, es ist viel tiefgründiger und kennt die verborgenen Ursachen unserer Krankheiten. Die Bäume wecken unser Verständnis für uns selbst und zeigen Wege auf, wie wir uns heilen können.

Ein Übriges tut der Wind. Er gibt sich zu erkennen als der Bote des Geistes, als der Vermittler des göttlichen Willens für unsere Menschenwelt. Auch er kennt uns sehr gut - und nach der Lektüre ist man sich wieder bewusst, dass man tatsächlich von Freunden umgeben ist, die es alle so gut mit uns meinen. Alles ist beseelt, alles ist eins, und wir gehören dazu - das ist das Schöne.

ISBN 978-3-89568-258-2 / Pb. / 196 Seiten m. farbigen Abb. / € 21,00

Satprem/Luc Venet

Leben ohne Tod

Es ist Sri Aurobindos und Mutters Geschichte, die hier erzählt wird – jener beiden Vorläufer einer neuen Spezies Mensch, die weder Krankheit noch Tod kennt, sondern die göttliche Materie verkörpert wird. Satprem, der Autor dieses Buches, war der langjährige Vertraute von Mutter, französischer Herkunft wie sie, dem sie ihre bahnbrechenden Erfahrungen anvertrauen konnte.

Aurobindo und Mutter hatten, weit über den üblichen Yoga hinausgehend, ca. 30 Jahre lang an der Transformation des Körpers gearbeitet. Von ihren Schwierigkeiten und Errungenschaften berichtet Satprem, und er lässt uns teilnehmen an diesem waghalsigen Abenteuer zweier Forscher, die nie aufgaben und deshalb den Durchbruch schafften: das neue „supramentale" Bewußtsein existiert nun im Erdbewußtsein und ist jedem, der es wünscht, zugänglich.

ISBN 978-3-924161-76-7 / Pb. / 194 / € 15,00